ULLSTEIN

W0319304

Die Autorin

Silver wurde im Herzen von Pennsylvania geboren und interessiert sich seit ihrer Kindheit für die magischen Künste. »In York, Cumberland und Lancaster ist die Magie noch lebendig«, sagt sie. »Wenn man als magisch denkender und handelnder Mensch von anderen akzeptiert werden will« – so Silver –, »lernt man diese am besten erst einmal gut kennen. Wenn man sich erst kennen gelernt und die gegenseitigen persönlichen Werte und Prinzipien schätzen gelernt hat, dann sind unterschiedliche Einstellungen zur Religion nicht mehr so wichtig. Teilen Sie sich anderen mit – das ist wichtig für Sie selbst und Ihre Arbeit. Das gilt eigentlich für jedermann.«
Silver wurde am 11. September 1956 geboren und ist eine echte Jungfrau. Sie erstellt liebend gern Listen und bringt Ordnung in ihre Umgebung. Sie ist ganz eindeutig eine Frau des 21. Jahrhunderts und lässt sich nicht gern festlegen. »Ich verbringe viel Zeit mit meinen vier Kindern«, sagt sie. »Sie haben in meinem Leben stets Vorrang – alles andere kann warten.«
Silver lehrt verschiedene magische Wissenschaften und unterrichtet in ganz Amerika. Sie ist eine anerkannte Wicca-Priesterin, Oberhaupt des Black Forest Clans in mehreren US-Bundesstaaten und Älteste der Serphant-Stone-Familie. Außerdem ist sie Direktorin der International Wiccan/Pagan Press Alliance. Im Internet ist sie unter der Adresse *www.silverravenwolf.com* zu erreichen.

Von Silver RavenWolf sind in unserem Hause bereits erschienen:

Die schützende Kraft der Engel im täglichen Leben
Zauberschule der Neuen Hexen: Ritual und Harmonie
Zauberschule der Neuen Hexen: Magie und Macht
Zauberschule der Neuen Hexen: Sprüche und Beschwörungen

Geldzauber – für Neue Hexen
Liebeszauber – für Neue Hexen
Schutzzauber – für Neue Hexen

Das Zauberbuch der Freien Hexe: Geschichte und Werkzeuge
Das Zauberbuch der Freien Hexe: Zauberkraft im Alltag
Das Zauberbuch der Freien Hexe: Übung und Meisterschaft

Halloween

Silver RavenWolf

Das Zauberbuch der Freien Hexe

Geschichte & Werkzeuge

Aus dem Amerikanischen übertragen
von Thomas Görden

Ullstein

Besuchen Sie uns im Internet:
www.ullstein-taschenbuch.de

Ullstein Esoterik
Herausgegeben von Michael Görden

Aus dem Amerikanischen von Thomas Görden
Titel der Originalausgabe
THE BOOK OF SHADOWS, Part 1
Erschienen bei Llewellyn Publications, St. Paul, Minnesota, USA

Umwelthinweis:
Dieses Buch wurde auf chlor- und säurefreiem Papier gedruckt.

Ullstein Verlag
Ullstein ist ein Verlag der Ullstein Buchverlage GmbH, Berlin
1. Auflage Oktober 2004

Umschlaggestaltung: FranklDesign, München
Titelabbildung: Katlyn Breene / Mermade Magical Arts
Gesetzt aus der Sabon
Satz: LVD GmbH, Berlin
Druck- und Bindearbeiten: Ebner & Spiegel, Ulm
Printed in Germany
ISBN 3-548-74139-8

Laut der im Jahre 1871 von Sir Edward Taylor aufgestellten grundlegenden modernen Definition ist der Glaube an die Existenz spiritueller Wesen und das Bedürfnis der Menschen, mit solchen Wesen zu kommunizieren, das entscheidende Merkmal jeder Religion.

Ronald Hutton[1]

Magie, auf ehrenhafte Weise praktiziert,
verleiht dir eine Macht,
die deine kühnsten Träume übersteigt.

VORWORT

Dieses Buch enthält eine Sammlung von magischen Techniken, Zaubersprüchen, Ritualen und Definitionen, die speziell für moderne Hexen (weibliche und männliche) gedacht ist, und doch gründet es fest auf der magischen Arbeit von Menschen aus alter Zeit. Du wirst etwas über die Magie aus vielen Jahrhunderten erfahren und lernen, diese zu praktizieren. Alle Informationen sind auf benutzerfreundliche Weise zusammengetragen und kombiniert, sodass sich damit die gleichen Resultate erzielen lassen wie vor Hunderten oder Tausenden von Jahren.

Auch wenn es zur Zeit der alten Ägypter, Griechen oder Kelten keine Cafeterias, Schulglocken, Cheerleader, Skateboards, weder Internet noch Aktiengeschäfte oder Abiturfeiern gab, kannten die Menschen auch damals schon Schulden, boshaftes Gerede, Einschüchterungsgehabe, Partys, Schularbeiten, eine soziale Hackordnung, Straßenbanden, Krankheit, Armut, häuslichen Streit, das Bedürfnis, Liebesbeziehungen einzugehen (und zu erhalten), und die drängende Frage: »Wozu bin ich auf der Welt?«

Das führt uns vor Augen, wie wahr das alte Sprichwort ist: Je mehr sich die Dinge ändern, desto mehr bleibt alles beim Alten. Ob du es mir glaubst oder nicht – die Hexenkunst gab es schon immer, um uns bei der Lösung unserer Probleme zu helfen und uns geistige Werkzeuge an die Hand zu geben, mit denen wir unser Leben entsprechend unseren Wünschen formen können. Alles, was wir dazu aufbringen müssen, ist der Glaube, dass solche Dinge möglich sind.

Was dich in diesem Zauberbuch erwartet

Wie bei den mittelalterlichen Zauberbüchern handelt es sich hier um eine Sammlung praktischer Zaubersprüche, Beschwörungsformeln und Rituale, kurz, aller möglichen Formen der magischen Kunst. Im Gegensatz zu vielen Sachbüchern bildet dieser Text keine in sich geschlossene Argumentationskette, die auf einen bestimmten Schluss hinausläuft – die Aufgabe, Schlüsse zu ziehen, bleibt dir selbst überlassen. Nimm die einzelnen Informationshäppchen und setze sie in einer Weise zusammen, die sich für dich richtig anfühlt. Wenn du die Gelegenheit hast, einen Blick in *The Grimoire of Lady Sheba* oder andere unveröffentlichte Bücher berühmter magischer Hexen-Logen oder aus dem Kreis der europäischen Volksmagie zu werfen, wirst du dort die gleiche offene, ungeordnete Struktur antreffen. In vielen Zauberbüchern, besonders in einigen Büchern aus Deutschland, die ich mir angeschaut habe, erhielten Schüler oder Schülerinnen eine zentrale Zauberformel und eine durchgängige Ritualform, damit nicht alles bei jedem Zauberspruch und Ritual im Buch erneut umständlich ausgeführt werden musste. In früheren Zeiten war Papier ein kostbares Gut, das es nicht paketeweise im Supermarkt zu kaufen gab. Auch in diesem Buch findest du mehrere Rituale, die sich für eine Vielzahl von Zaubersprüchen und Beschwörungen anwenden lassen.

Sowohl in diesem wie auch in den beiden anderen Bänden vom *Zauberbuch der Freien Hexe* (*Übung & Meis-*

terschaft und *Zauberkraft im Alltag*) wird das Vergangene ebenso gewürdigt wie das Neue. Sie sind ein Medium für persönliche Deutung, Magie und Glauben, sie sind magisches Kochbuch, Enzyklopädie, Wörterbuch und mehr. Und das alles wurde zur besseren Übersicht in Kategorien unterteilt, die jeweils alphabetisch geordnet sind.

Und schließlich werden alle Kategorien nicht nur in modernen Begriffen erläutert, sondern soweit möglich auch zu ihren historischen Wurzeln in Beziehung gesetzt. Wenn man dich irgendwann einmal auffordert, die Geschichte deiner Religion zu erläutern, findest du hier einen reichen Wissensvorrat.

Neu ist der Anmerkungsteil, den ich für Quellenangaben und weitere Erläuterungen nutze. Bei manchen Lesern wird das lautes Stöhnen hervorrufen, wofür ich mich hiermit entschuldige. Aber Nachforschung und Quellenstudium sind wichtig. Außerdem kannst du die Anmerkungen als unseren Geheimcode betrachten.

Am Ende der Kapitel finden sich häufig Lektüreempfehlungen oder Webadressen. Das bedeutet nicht, dass du sofort losrennen und diese Bücher kaufen oder Bruder, Schwester oder Freund den Computer entreißen musst, um die genannte Internetadresse aufzurufen. Ich möchte dir auf diese Weise einfach nur Anregungen geben, welche Bücher und welche Webseiten für dich interessant sein könnten, wenn du mehr über das jeweilige Thema erfahren möchtest.

Wie du dieses Buch nutzt …

… liegt ganz bei dir. Es steht dir völlig frei, die Passagen zu überspringen, über die du bereits Bescheid weißt. Ebenso kannst du aber auch Abschnitt für Abschnitt in alphabetischer Reihenfolge lesen – ganz wie du willst. Nicht jedes Thema ist einer eigenen Kategorie zugeordnet, da manche Wicca-Begriffe oder magische Praktiken nicht klar voneinander abzugrenzen sind und sich gegenseitig ergänzen. Schau also im Index nach, wenn du etwas nicht finden kannst, wonach du suchst. Wenn in einem Kapitel Informationen aus einem anderen Kapitel oder Band benötigt werden, habe ich entsprechende Verweise eingefügt. Alle drei Bände sind sowohl für Anfänger wie auch für fortgeschrittene Schüler gedacht. Wenn du also etwas nicht gleich verstehst, lies den betreffenden Abschnitt noch einmal sorgfältig durch.

Wenn du andererseits den Eindruck hast, dass die hier gegebenen Informationen zu einfach gehalten sind und nicht genug in die Tiefe gehen, bitte ich um Nachsicht – es ist nicht meine Absicht, deine Intelligenz zu beleidigen, ich versuche nur, einen goldenen Mittelweg zu beschreiten, um Anfängern und Fortgeschrittenen gleichermaßen gerecht zu werden. Wenn du mit der Hexenkunst noch gar nicht vertraut bist, kannst du die nachfolgende Basislektüre als Einstieg benutzen:

Freche Hexen von Silver RavenWolf. Für Teenager, erste Stufe.

Zauberschule der Neuen Hexen (3 Bände) von Silver RavenWolf. Für Erwachsene, erste Stufe.

Wicca: Eine Einführung in die weiße Magie von Scott Cunningham. Für Erwachsene, erste Stufe.

Vor allem aber ist dieses Buch wie auch die beiden anderen Bände als begleitendes Übungsbuch zu meinen oben aufgeführten Titeln gedacht, als praktische Ergänzung meiner Buchreihe über die neue Hexenkunst. Daher verweise ich an einigen Stellen auf diese anderen Bücher, um unnötige inhaltliche Wiederholungen zu vermeiden. Ich hoffe aufrichtig, dass meine Bücher Fragen beantworten und den Schülerinnen und Schülern einen tiefen Einblick in die Zunft der Weisen ermöglichen.

Das Wesen der Hexenkunst …

… ist Transformation. Im Grunde geht es darum, dass du das »Ich«, das du gegenwärtig der Welt präsentierst, nimmst und daraus etwas Besseres, Größeres, Stärkeres und unglaublich Dynamisches machst. Hexe zu sein bedeutet, jeden Tag fest entschlossen daran zu arbeiten, ein besserer Mensch zu werden. Wenn *du* dich veränderst, bleibt der Welt um dich herum gar nichts anderes übrig, als sich ebenfalls zu verändern. Das ist unvermeidlich. Alle diese Veränderungen können eine Menge Arbeit machen – und bestimmte Teile des Weges erfordern Zeit, Anstrengung und Energie. Zwar lassen sich mit den in diesem Buch vorgestellten Methoden viele Wünsche in kurzer Zeit verwirklichen, doch gibt es in deinem Leben sicher auch Bereiche, wo du nur mit viel Geduld, stetem Bemühen und beharrlichem Üben deine höchsten Ziele erreichen wirst. Das ist völlig in Ordnung so. Wenn alles immer leicht und mühelos ginge, warum solltest du dann überhaupt Zeit und Energie auf das Erlernen der Hexenkunst verwenden? Um eine Hexe zu sein, musst du allen Aspekten deines Innenlebens tapfer ins Auge sehen und den Mut aufbringen, das zu verändern, was dir dort drinnen nicht gefällt. Hexe zu sein heißt nicht in erster Linie, Zaubersprüche und Rituale anzuwenden und sich ungewöhnlich anzuziehen – das ist der angenehme, vergnügliche Teil. Hexe zu sein heißt, nach persönlicher Transformation zu streben.

Lass dich vom Geist führen. Viel Glück und viel Spaß beim Zappen! Aber denke immer daran: Bleibe niemals in den Dogmen anderer Leute stecken (auch nicht in meinen).

Noch ein abschließender Hinweis: Die Hexenkunst kann von Frauen und von Männern gleichermaßen praktiziert werden. Wenn in diesem Buch von »Hexen« die Rede ist, sind stets auch »Hexer«, »Magier« oder »Zauberer« gemeint.

Mein besonderer Dank geht an Ronald Hutton, Professor für Geschichte an der Universität Bristol, für seine Durchsicht des Buches und die hilfreichen Anregungen im Dienste der historischen Genauigkeit. Sollten sich dennoch geschichtliche Fehler eingeschlichen haben, so ist das ganz allein meine Schuld.

Teil 1

Religion & Mysterium

INHALT

ANRUFUNG DER GÖTTIN

Die Anrufung der Göttin gehört zu den beliebtesten rituellen Invokationen im modernen Wicca. Die Grundlagen dieses Rituals entstammen dem Buch *Aradia, die Lehren der Hexen: Mythen, Zaubersprüche, Weisheiten, Bilder* von Charles G. Leland, das erstmals 1899 erschien. Irgendwann nach 1955 schrieb Doreen Valiente (eine der begabtesten Wicca-Poetinnen der Gegenwart) verschiedene Gedichte, in denen sie diese Informationen verarbeitete, während sie Charles Gardner bei der Zusammenstellung jenes Materials assistierte, das später für die Gardnersche Unterweisungsmethode Verwendung fand. Die hier abgedruckte Version erschien 1972 in *The Grimoire of Lady Sheba.* Später wurde die Anrufung in zwei Teile gesplittet, wobei der zweite Teil unter dem Titel »Die Anrufung der Sternengöttin« eigenständig verwendet wurde.

Je nachdem, wie es die einzeln praktizierende Hexe oder der Coven bevorzugt, wird die Anrufung gelesen

* zu Beginn eines Rituals; die Mitglieder des Covens können dazu tiefe Atmung, Erdung und Zentrierung oder Meditation praktizieren
* vor der Kommunion
* am Ende eines Rituals, als Abschluss
* während eines Initiationsrituals
* während der täglichen Devotion
* während persönlicher Zauberrituale.

Lauscht nun den Worten der Großen Mutter, die unter den Menschen seit altersher heißt Artemis, Astarte, Dione, Melusine, Aphrodite, Cerridwen, Diana, Arionhod, Bride und noch viele andere Namen trägt.

An meinem Altar brachten die Jünglinge von Lacedemon in Sparta ihre Opfer dar. Wann immer es euch an etwas fehlt, versammelt euch einmal in jedem Monat, am besten zur Vollmondzeit, an einem geheimen Ort, um meinen Geist zu ehren, die ich die Königin aller Zauberkundigen bin. Dort sollen sich all jene versammeln, die im Stillen danach streben, alle Zauberkünste zu erlernen, aber meine tiefsten Geheimnisse noch nicht kennen. Jene will ich lehren, was noch unbekannt ist. Und ihr sollt frei sein von aller Sklaverei und als Zeichen, dass ihr wahrhaftig frei seid, sollt ihr singen, tafeln und musizieren, alles in meiner Gegenwart. Denn mein ist die Ekstase des Geistes und mein sind die irdischen Freuden. Denn mein Gesetz ist die Liebe zu allen Wesen. Haltet eure höchsten Ideale rein und strebt stets danach, sie zu erfüllen. Lasst euch darin durch niemanden aufhalten oder vom Weg abbringen. Denn mein ist das Geheimnis, welches euch die Tore der Jugend öffnet, und mein ist der Becher des Lebensweines und der Kessel von Cerridwen, der Heilige Gral der Unsterblichkeit. Ich bin die Gnädige Göttin, die den Herzen der Menschen hier auf Erden Freude schenkt. Ich verleihe das Wissen des Ewigen Geistes, und über den Tod hinaus schenke ich Frieden und Freiheit und die Wiedervereinigung mit jenen, die vor euch gegangen sind. Keine Opfer fordere ich, denn sehet, ich bin die Mutter aller Dinge und gieße meine Liebe aus über die Erde.

Anrufung der Sternengöttin (Teil 2)

Hört die Worte der Sternengöttin, der die Gestirne des Himmels zu Füßen liegen wie Staub und deren Körper das ganze Universum umschließt.

Ich, die ich die Schönheit der Grünen Erde und des Weißen Mondes bin, unter den Sternen und über den geheimnisvollen Wassern wohne, ich, nach der jeder Mensch sich im Herzen sehnt, ich rufe nach euch. Mögen eure Seelen sich erheben und zu mir kommen. Denn ich bin die Seele der Natur, die dem Universum Leben schenkt; aus mir entspringen alle Dinge, und zu mir müssen alle Dinge zurückkehren. Ihr, die Geliebten der Götter und Menschen, deren innerstes göttliches Selbst sich entfalten wird in der Ekstase des Unendlichen, betet mich aus vollem Herzen an. Freut euch, denn sehet: Alle Handlungen der Liebe und der Freude sind Rituale in meinem Namen. Also sollen in euch wohnen: Schönheit und Stärke, Macht und Mitgefühl, Ehre und Demut, Heiterkeit und Hingabe. Ihr, die ihr nach mir sucht, wisset, dass ihr nur finden werdet, wonach ihr sucht, wenn ihr das Geheimnis kennt, das da lautet: Wenn ihr das, wonach ihr sucht, nicht in euch selbst findet, werdet ihr es nirgendwo finden. Denn sehet! Ich bin bei euch seit dem Anbeginn der Zeit, und ich bin das wahre Ziel all eurer Wünsche und Bestrebungen!

Anrufung und Beschwörung

(Siehe auch unter dem Stichwort »Zaubersprüche« in *Das Zauberbuch der Freien Hexe – Zauberkraft im Alltag*. Dort findet sich eine ausführliche Erörterung zum

Thema Anrufungen und Beschwörungen.) Beachte dabei bitte, dass der Anrufung im Wicca und in der zeremoniellen Magie unterschiedliche Philosophien zugrunde liegen, abhängig davon, welche Ausbildung die einzelne Hexe durchlaufen hat. Normalerweise werden Beschwörungen und Anrufungen praktiziert, nachdem der Kreis beschworen und die Himmelsrichtungen angerufen wurden und bevor die eigentliche magische Arbeit beginnt.

Anrufung (Invokation): Die Präsenz oder Macht einer Gottheit oder einer positiven Energie wird herbeigerufen.

Beschwörung (Evokation): Positive Energie aus dem eigenen Inneren wird aktiviert.

Beschwörung der Hexe

Ich bin eins mit dem Universum.
Ich bin das Nichts und ich bin alles.
Ich bin die Sterne und der Mond,
ich bin der Sturm und das Meer,
der Atem des Lebens,
die alchemistische Wandlung,
die Lebenden und die Toten.
Ich bin!

Ich bin die Macht und die Freude.
Ich bin der Geist und der Tanz.
Ich bin die Magierin und der Priester,
die Hexe und der Zauberer,
die Engel und die Elemente,
allmächtig,

allgegenwärtig.
Ich bin!

Ich bin Vergangenheit, Gegenwart und Zukunft.
Ich bin die Leere,
und ich bin die Manifestation meines Begehrens.
Ich bin!

Anrufung der Göttin

Ich rufe dich herbei, o meine große Königin!
Tritt ein in meinen Körper
und vereinige dich mit meinem Geist.
Sei jetzt bei mir, während ich meine Bestimmung erfülle
und im Einklang mit deinem Willen
Magie praktiziere.
So sei es.

Anrufung der Kreisviertel

Auch wenn die Anrufung der Kreisviertel eine Vielzahl von Assoziationen haben kann, ist sie doch im Wesentlichen mit den vier Himmelsrichtungen und den vier Elementen verknüpft. (Siehe dazu auch den dritten Band dieser Buchreihe – *Übung und Meisterschaft* – in dem Kapitel »Elemente«. Dort findest du Erläuterungen und Übungen zu den Elementen.) Hier ist die einfachste und vermutlich bekannteste Anrufung, die für das jeweilige Kreisviertel gesprochen wird, nachdem der Kreis beschworen wurde:

Heil, ihr Wächter des Nordens, Element der Erde, und ihr alle aus dem Reich der Feen, ich (nenne deinen Namen) *rufe euch herbei, damit ihr Zeugen dieses Rituals seid und diesen heiligen Raum beschützt. So sei es.*

Heil, ihr Wächter des Ostens, Element der Luft, und ihr alle aus dem Reich der Feen, ich (nenne deinen Namen) *rufe euch herbei, damit ihr Zeugen dieses Rituals seid und diesen heiligen Raum beschützt. So sei es.*

Heil, ihr Wächter des Südens, Element des Feuers, und ihr alle aus dem Reich der Feen, ich (nenne deinen Namen) *rufe euch herbei, damit ihr Zeugen dieses Rituals seid und diesen heiligen Raum beschützt. So sei es.*

Heil, ihr Wächter des Westens, Element des Wassers, und ihr alle aus dem Reich der Feen, ich (nenne deinen Namen) *rufe euch herbei, damit ihr Zeugen dieses Rituals seid und diesen heiligen Raum beschützt. So sei es.*

Anrufungen der Richtungen sind dazu gedacht, ausschließlich jene Energien herbeizurufen, die du in deinem magischen Kreis haben möchtest. Für alle anderen heißt es: »Betreten verboten!« Nur das, was du selbst dazu einlädst, kann in deinen Kreis eintreten. Deshalb gibt es so viele verschiedene Kreisviertel-Anrufungen – für die Elemente, die Engel, die Totemtiere, die Gottheiten der verschiedenen Pantheons, Drachen, Airts (Luftgeister), Winde, die Verstorbenen, alte Archetypen, die eigene Abstammungslinie, und/oder die Wachtürme (stellar/zeremoniell)[1].

Die Kreisviertel-Anrufung erzeugt für das, was du herbeirufst, eine Einbahnstraße in deinen Kreis hinein. Es muss dann dort verharren, bis das Ritual beendet ist, und du musst anschließend dieser Energie einen Nachhauseweg öffnen. Deshalb darfst du nicht vergessen, die Kreisviertel wieder freizugeben, wenn du fertig bist. Man kann sich das in etwa so vorstellen: Du schlägst deiner besten Freundin vor, sich mit dir auf einer Party zu treffen. Sie sagt: »Cool, aber ich habe keine Mitfahrgelegenheit.« Du erwiderst, dass das kein Problem sei, darum würdest du dich kümmern. Wenn die Party vorbei ist, kannst du deine Freundin nicht einfach dort sitzen lassen. Du hast ihr versprochen, dich auch darum zu kümmern, dass sie wieder sicher nach Hause gelangt – genauso verhält es sich mit den Anrufungen der Richtungen. Du hast die Energie in deinen Kreis geholt, und deshalb bist du dafür verantwortlich, dass die Energie anschließend auch wieder an ihren Ursprungsort zurückkehrt. »Hupps, hab ich ganz vergessen«, ist keine Entschuldigung!

Mit der oben zitierten Standard-Anrufung lädst du Folgendes in deinen Kreis ein:

* Du zitierst das Element herbei, das zu diesem Kreisviertel gehört.
* Du weckst deine verstorbenen Ahnen auf positive Weise.
* Du rufst die göttliche Energie an, die zu diesem Kreisviertel gehört.

Wenn du die vier Richtungen angerufen hast (wobei du, wenn du schamanisches Wicca praktizierst, im Norden beginnen solltest, während jene, die eher die zeremonielle Magie bevorzugen, im Osten beginnen), ist die Kreisenergie anschließend feiner abgestimmt, vorbereitet für das Erscheinen der Gottheit, das sich vollzieht, wenn du die von dir ausgewählte Anrufung für diese Gottheit sprichst.

Kreisviertel-Anrufungen werden häufig durch bestimmte Körperbewegungen und Visualisierungen ergänzt. Manche Hexen zeichnen mit ihren Zauberstäben, Athames oder den Fingern Pentagramme in die Luft, während andere einfach nur mit ihrem Zauberwerkzeug auf das jeweilige Kreisviertel deuten. In beiden Fällen stehen sie aber mit dem Rücken zum Kreismittelpunkt. Wenn du eine sanftere Öffnung, ein sanfteres Einströmen der Energie anstrebst, solltest du dich breitbeinig hinstellen. Kreuze die Arme über der Brust. Neige den Kopf etwas nach vorn (das ist die Gottes-Haltung). Während du die Anrufung sprichst, hebe langsam den Kopf und breite die Arme aus, als würdest du einen Vorhang auseinander ziehen. Visualisiere ein sich öffnendes Tor, durch das die Kraft, die du angerufen hast, in den Kreis eintreten kann. Mit den abschließenden Worten der Kreisviertel-Anrufung sollten die Arme ausgebreitet sein wie ein Y, wobei die Handflächen dem Kreisviertel zugewendet sind (die Göttinnen-Haltung). Andere Hexen öffnen die Kreisviertel, indem sie während der Anrufung eine Kerze in der Farbe des jeweiligen Kreisviertels anzünden. Die Farbe wird entsprechend der Tradition ihres Hexen-Covens ausgewählt. Die gebräuchlichsten Farben sind: Grün für den Norden, Gelb für den Osten, Rot für den Süden und Blau für den Westen.

Da die meisten Hexen nicht das Glück haben, über ein eigenes Ritualzimmer zu verfügen (also ein Zimmer, das ausschließlich der magischen Praxis vorbehalten ist), verwenden sie keinen eigenen Schrein für jedes Kreisviertel, der die Elemente und die anderen Energien repräsentiert, die sie üblicherweise in ihren Kreis rufen. Die Dekorationen für die Kreisviertel sind zumeist nur vorübergehend, werden vor dem Beschwören des Kreises aufgestellt und wieder weggeräumt, wenn er aufgehoben wird.

Die Gottes-Haltung und die Göttinnen-Haltung

Zur Dekoration können Kerzen gehören, spezifische Gegenstände, die zu den Energien des betreffenden Viertels in Bezug stehen (beispielsweise eine Schale mit Wasser für das Westviertel) oder Dinge, die für das jeweilige Ritual bedeutsam sind (etwa der Jahreszeit entsprechende Dekorationen passend zu einem Sabbat).

Zu jeder Form der Kreisviertel-Anrufung (Engel, Drachen etc.) gehört eine angemessene Entlassung der Richtungen und das Aufheben des Kreises, wobei beides zu der durchgeführten Anrufung passen muss. Die Standard-Entlassung für die einzelnen Richtungen lautet beispielsweise:

Hüter des (Himmelsrichtung), Element des (Element), ich danke euch dafür, dass ihr in dieser Nacht (an diesem Tag) in meinen Kreis gekommen seid. Geht nun, wenn ihr müsst, bleibt, wenn ihr es wünscht. Seid gesegnet und lebt wohl.

Auch bei der Aufhebung des Kreises werden die Worte oft durch eine Handbewegung unterstützt. Wenn du zuvor die Arme gekreuzt hattest, beginne nun mit ausgebreiteten Armen, die du langsam kreuzt, während du gleichzeitig das Tor visualisierst, das du nun wieder verschließt. Die Kreisviertel/Richtungen werden entlassen, nachdem der Gottheit gedankt wurde und bevor der Kreis aufgehoben wird. Dabei beginnst du immer mit dem Viertel, das zuletzt geöffnet wurde. Wenn du also mit dem Norden begonnen und dann Osten, Süden und Westen angerufen hast, schließe zuerst den Westen, dann den Süden, den Osten und zuletzt den Norden. Die Kreisviertel werden im Uhrzeigersinn beschworen und entgegen dem Uhrzeigersinn wieder entlassen. Wenn du das verwirrend findest, stell dir eine Spiralfeder vor – du hast sie im Uhrzeigersinn angezogen, als du mit dem Ritual begonnen hast, und nun löst du die Spannung wieder, indem du die Energie auf demselben Weg, auf dem sie in den Kreis gekommen ist, auch wieder hinauswandern lässt. Denk daran: Im Uhrzeigersinn heißt im Wicca *deosil,* entgegen dem Uhrzeigersinn nennt man *widdershins.*

Was passiert, wenn du vergisst, die Kreisviertel zu entlassen? Die Energie beginnt sich zu zersetzen und ruft infolge dieses Verfallsprozesses Chaos hervor – manchmal nur sehr geringfügig, manchmal nicht unerheblich, je nachdem, wie viele Menschen in diesem magischen Kreis miteinander gearbeitet haben. Auch wenn manche Leute sagen: »Ach, was soll's? Ich habe es nun einmal vergessen. Und jetzt ist schon eine Stunde vergangen, also kümmere ich mich einfach nicht mehr darum«, wird dies von vielen doch als magische Verantwortungslosigkeit betrachtet. Vielleicht solltest du, wenn du dein Versäumnis bemerkst, besser zurückkehren und die Richtungen doch noch entlassen. Das wird dir helfen, beim nächsten Mal weniger nachlässig zu sein, und außerdem räumst du die Unordnung weg, die du hinterlassen hast. Um die Kreisviertel bei der Aufhebung des Kreises nicht zu vergessen, rufen manche Hexen die Richtungen beim Schlagen des Kreises an. Dann schließen sich die Viertel automatisch, wenn der Kreis aufgehoben wird. Doch heutzutage ist es gängige Praxis, die Kreisbeschwörung und die Anrufung der Kreisviertel gesondert durchzuführen, weil jede dieser Handlungen ihre eigene Visualisierung erfordert. Werden diese Visualisierungen getrennt ausgeführt, kommt es weniger leicht zu Fehlern, was besonders wichtig ist, wenn du mit Hexen-Neulingen arbeitest.

Warum muss man die Richtungen überhaupt anrufen? Wenn du dir vergegenwärtigst, dass es bei dieser Anrufung um die Feinabstimmung der Energien in deinem Kreis geht und darum, Unterstützung für deine Arbeit zu erhalten, kannst du von Fall zu Fall entscheiden, ob du davon Gebrauch machen willst. Bei den meisten magischen Ausbildungsprogrammen müssen die Schüler alles über die Kreisviertel-Energien lernen und sie mindestens ein Jahr lang bei jedem Zauberspruch und Ritual anrufen. Wenn du diesen Aspekt des Trainings überspringst, wird die Qualität deiner Arbeit darunter leiden. Wenn du später über genügend magische Erfahrung verfügst, kannst du eventuell dazu übergehen, bei einem Zauberspruch oder Ritual nur noch ein Kreisviertel zu öffnen.

Wenn du beispielsweise daran arbeiten möchtest, persönliche Transformation zu erreichen und dich von störenden Emotionen zu befreien, stellst du vielleicht fest, dass du dafür ausschließlich die Energie des westlichen Viertels benötigst. Hast du dann schon über ein Jahr lang mit allen vier Vierteln gearbeitet, wirst du ganz selbstverständlich darauf achten, einen angemessenen Ausgleich für die nicht angerufenen Viertel zu schaffen. Nachfolgend sind die Rituale aufgelistet, bei denen in praktisch allen Wicca-Traditionen die Kreisviertel angerufen werden:

* Sabbate
* Esbate
* Taufen
* Eheschließungen
* Beisetzungen
* Dedikationen, Initiationen und der Aufstieg in einen höheren Grad
* alle magischen Praktiken für Schüler im ersten und zweiten Jahr.

esbat

Die Wörter »Esbat« und Sabbat« sollen auf das französische Wort *s'battre* zurückgehen, das so viel wie »fröhlich feiern« bedeutet. In den zwanziger Jahren des vorigen Jahrhunderts stellte die englische Anthropologin Margaret A. Murray die These auf, dass frühere Hexengruppen, in denen sowohl Bauern wie Adlige Aufnahme fanden, acht größere Feuerfeste (Sabbate) feierten und regelmäßige Zusammenkünfte abhielten, die Esbate genannt wurden. Murray behauptete außerdem, dass diese Hexen sich in Coven mit jeweils dreizehn Mitgliedern organisierten. Während manche Forscher glauben, dass Murray zu ihren Schlussfolgerungen gelangt war, indem sie die Akten der Inquisitionsprozesse studierte, sind andere Historiker der Auffassung, dass Murray nicht so weit zurückgriff. Ich zitiere aus einem privaten Brief von Ronald Hutton, Historiker an der Universität von Bristol, vom 9. August 2002:

»Bei den einzigen Prozessakten, die sie einsah, handelte es sich um im neunzehnten Jahrhundert veröffentlichte Druckfassungen älterer schottischer Dokumente (und in Schottland gab es keine Inquisition). Ihre Informationen über Sabbate und Esbate bezog sie aus den Werken von Dämonologen aus Kontinentaleuropa – die über Esbate sogar nur von einem einzigen, Pierre de Lancre, dessen Text zugleich unsere einzige Informationsquelle über Hexen des Baskenlandes ist. De Lancre war zwar selbst kein Baske, aber ein äußerst fantasiebegabter französischer Verwaltungsbeamter, der Berichte darüber, was die Basken angeblich glaubten, überarbeitete.«

Margaret Murray betonte außerdem, dass die Hexenkunst sich zurückverfolgen lasse bis in »vorchristliche Zeiten und offenbar die alte Religion Westeuropas war«[2]. Auch wenn die Arbeit Murrays in den nachfolgenden Jahren zu einem großen Teil von Geschichtsforschern widerlegt worden ist, waren ihre Ideen dennoch äußerst faszinierend und beeinflussten das, was wir heute als moderne Hexenkunst praktizieren. Ob es früher nun »echte« Sabbate und Esbate gab oder nicht, ändert nichts an der Tatsache, dass wir heute beides feiern.

Für die moderne Hexe ist ein Esbat eine Mondzeremonie. Er wird auch als Arbeitsnacht bezeichnet, in der zwei oder mehr Hexen zusammenkommen, um zum Wohle der gesamten Gruppe Magie zu praktizieren. Häufig orientieren sich diese Zusammenkünfte an bestimmten Mondphasen oder Planetenstellungen. Je nach Vorliebe der jeweiligen Gruppe können die Treffen einmal im Monat oder auch wöchentlich stattfinden. Wie der Esbat gefeiert wird, hängt stark von Ausbildung und Tradition der beteiligten Hexen ab. Während manche Gruppen bei ihren Ritualen einer genau festgelegten Routine folgen, lassen andere mehr Raum für Spontaneität und Kreativität. Wieder andere nutzen Esbat-Nächte als Schulungszirkel, wo Unterricht stattfindet oder ein Gastredner einen Vortrag hält. Im Computerzeitalter kann auch per Videokamera ein Tochter-Coven Fernunterricht von seinem Mutter-Coven erhalten. Wenn der Esbat auf einen Vollmond fällt, können auch Dedikationen, Initiationen, Totenfeiern und Taufen durchgeführt werden. Wenn keine besondere Zeremonie geplant ist, gehört zu fast allen Vollmond-Esbaten das Ritual »Den Mond herabziehen« (ich habe es in *Das Zauberbuch der Freien Hexe – Übung & Meisterschaft* ausführlich beschrieben). Manche Hexen treffen sich auch nur, um dieses Ritual zu vollziehen.

Ein Sabbat wird dagegen normalerweise nur an den acht Hohen Heiligen Tagen gehalten und ist dem Gott/der Göttin gewidmet, wobei anschließend ein Fest gefeiert wird. Das Ritualschauspiel während des Sabbatrituals gilt in der Regel als Höhepunkt der Festlichkeiten. Es handelt sich um ein kleines Schauspiel oder eine andere Darstellung einer Szene aus einer Legende, die in besonderer Beziehung zur eigenen Gruppe oder Tradition steht (siehe Seite 168] *Das Rad des Jahres*).

Moderne, ohne die Unterstützung einer Gruppe frei arbeitende Hexen integrieren ebenfalls Esbate in ihre religiöse Praxis, auch wenn die Zeremonien bei ihnen oft weniger lang sind als bei Ritualen in einer Gruppe (die idealerweise fünfundvierzig bis sechzig Minuten dauern sollten). Diese Hexen nutzen den Abend, um zu meditieren, zu beten, Kräuter zu pulverisieren, Puder anzumischen, Tinkturen und heiliges Wasser herzustellen, magische Schnüre zu knüpfen, Amulette, Talismane und Püppchen anzufertigen, magische Werkzeuge herzustellen oder zu reparieren und um Zaubersprüche anzuwenden und/oder Rituale zu vollziehen, je nachdem, was sie individuell bevorzugen. Ein Esbat gibt der allein arbeitenden Hexe Gelegenheit, sich einen Vorrat jener Werkzeuge und Hilfsmittel anzulegen, die sie im Laufe des Monats benötigt. Bei ihren Ritualen folgen manche streng einer bestimmten Tradition, während andere ihre eigenen Rituale entwerfen und dazu Ritualbücher und andere magische Werke zu Rate ziehen. Neulinge halten sich anfangs meist an die Vorgaben aus diesen Büchern, bis sie im Laufe der Zeit selbst kreativ werden. Das Erlernen von Ritualen und magischen Praktiken ist ein unaufhörlicher Prozess, bei dem unsere Fähigkeiten allmählich wachsen.

Esbat-Feier (Basis-Ritual)[3]

Benötigte Materialien: Altar und rituelle Hilfsmittel (Erde, Luft, Feuer, Wasser, Kerzen zur Beleuchtung). Die Gestaltung des Altars wird in Teil 2 dieses Buches beschrieben. Welche Werkzeuge du benutzt, etwa das Athame oder den Zauberstab, entscheidest du selbst. Kerzen und andere Symbolgegenstände werden an den vier Kreisvierteln aufgestellt (Osten, Süden, Westen und Norden) – welche Farben du jeweils wählst, bleibt ebenfalls dir überlassen.

Anleitung:

Schritt eins: Reinige den Ritualraum, indem du nacheinander die Symbolgegenstände, die die einzelnen Elemente repräsentieren, im Uhrzeigersinn um den rituellen Bereich herumträgst, ein Element nach dem anderen.

Schritt zwei: Öffne die Altar-Energien, indem du die vier Elemente segnest (oder den Altar weihst, wie ich es in *Zauberschule der Neuen Hexen – Sprüche & Beschwörungen* beschrieben habe).

Schritt drei: Zünde die Beleuchtungskerzen an.

Schritt vier: Beschwöre den magischen Kreis (im Uhrzeigersinn).

Schritt fünf: Entzünde die Kerzen für die Kreisviertel und rufe die Kreisviertel an.

Schritt sechs: Rufe die Gottheit an.

Schritt sieben: Verkünde laut das Ziel des Rituals.

Schritt acht: Ziehe den Mond herab (wenn es sich um ein Vollmond-Esbat handelt).

Schritt neun: Vollziehe deine magische Arbeit, was beinhalten kann, Energie herbeizuziehen und das Energielevel anzuheben.

Schritt zehn: Nimm die Kommunion zu dir (falls gewünscht).

Schritt elf: Danke der Gottheit, den Kreisvierteln, entlasse die Energien und lösche die Kreisviertel-Kerzen.

Schritt zwölf: Hebe den magischen Kreis auf (gegen den Uhrzeigersinn). Versiegele die Altar-Energien und lösche die Beleuchtungskerzen.

Schritt dreizehn: Säubere (wenn du die Kommunion vollzogen hast) die Trankopferschale außerhalb deines Ritualraumes.

Alle zweieinhalb Tage wandert der Mond in ein anderes Sternzeichen, was bedeutet, dass er während seines etwa 28,5-tägigen Zyklus alle Sternzeichen besucht. Dabei steht der Vollmond in jedem Monat in einem anderen Zeichen. Unser heutiger Kalender und die Mondphasen sind nicht völlig kompatibel. Die Tageszahl der zwölf Monate variiert, während der Mond stets unerschütterlich bei seinem 28,5-Tage-Zyklus bleibt. Dadurch gibt es in jedem Kalenderjahr einen Monat mit zwei Vollmonden. Dieser zusätzliche Vollmond wird als »blauer Mond« bezeichnet. Ihn nutzen die Hexen, um die Verwirklichung von Zielen zu planen, besondere Wünsche zu formulieren oder ganz spezielle Zeremonien abzuhalten.

Bei der Planung deiner Esbate solltest du im Auge behalten, in welchem Sternzeichen der Mond gerade steht. Bei Neumond stehen Sonne und Mond im selben Zeichen. Die nachfolgende Übersicht dient der Planung von Esbaten, du kannst sie selbstverständlich aber auch für andere Zeremonien und magische Rituale benutzen. Wenn du dir im Alltag durch ein Ritual einen Energieschub verschaffen möchtest, solltest du immer erst im Kalender nachschauen, in welchem Zeichen der Mond gerade steht. Auch über die Mondphasen solltest du orientiert sein, wenn du Magie praktizierst. Mehr darüber findest du in *Das Zauberbuch der Freien Hexe – Zauberkraft im Alltag* im Abschnitt über den Mond.

Von den nachstehenden beiden Tafeln dient die erste zur Planung von Magie und Ritualen für Neumond-Esbate, die zweite widmet sich dem Vollmond-Esbat. Diese Tafeln helfen dir, entsprechend den Mondstellungen den richtigen Zeitpunkt für deine Rituale zu wählen. Jedoch sind sie bei weitem nicht das letzte Wort zu diesem Thema.

* WIDDER

Grundenergie: Macht, Kraft, Ausdruck, Selbstsicherheit, Selbstbewusstsein, Spontaneität, Furchtlosigkeit, Enthusiasmus.
Tierkreis-Farbassoziation: Rot
Primäres Element: Feuer
Empfohlene magische Handlungen: Rituale und Zauber zur Stärkung des Selbstvertrauens, um Neues zu lernen, für sportliche Aktivitäten, um Furcht oder Wut in den Griff zu bekommen, für einen Sieg, um ein Projekt zu starten, eine Vorreiterrolle zu übernehmen, etwas anzukündigen, sich durch Lektüre weiterzubilden, gut kalkulierte Risiken einzugehen.
Vermeide: einzelne Ritualschritte auszulassen oder Rituale schnell und unter Zeitdruck auszuführen.
Hüte dich vor: deiner eigenen aufbrausenden Ungeduld.
Besonders beachten: Denke daran, dass die Widder-Energie nicht sehr ausdauernd ist. Halte sie im Fluss, indem du, wenn etwas Zeit verstrichen ist, einen weiteren Zauberspruch folgen lässt.

* STIER

Grundenergie: Stabilität, Frieden, Zuneigung, Empfänglichkeit, Rettung, künstlerische Fähigkeiten, Hingabe, Harmonie.
Tierkreis-Farbassoziation: Rot-orange
Primäres Element: Erde
Empfohlene magische Handlungen: Rituale und Zauber für Wohlstand, finanzielle Fülle, um etwas zu behalten, das man bereits besitzt (beispielsweise einen bestimmten Notendurchschnitt in der Schule); zur Erzeugung und Bewahrung von häuslicher Harmonie, für den Erfolg

eines kosten- oder zeitaufwändigen Vorhabens, für langfristige Zielplanung, Zauber für geliebte Menschen, Heilungszauber für lang andauernde Krankheiten, Meditationen für den Frieden.
Vermeide: dir gute Gelegenheiten entgehen zu lassen.
Hüte dich vor: deiner eigenen Sturheit.

* Zwillinge

Grundenergie: Intellekt, Bewusstheit, Beweglichkeit, Anpassungsfähigkeit, die Fähigkeit, mehrere Aufgaben gleichzeitig zu bewältigen.
Tierkreis-Farbassoziation: Orange
Primäres Element: Luft
Empfohlene magische Handlungen: Rituale und Zauber für alles, was mit Lernen und Forschen zu tun hat; Zauber, um Altes abzuschließen und sich Neuem zuzuwenden; Zauber, der dir hilft, die vielen Projekte, an denen du gleichzeitig arbeitest, erfolgreich zu bewältigen; Zauber, um ein neues Auto oder einen neuen Job zu finden; Zaubersprüche für alle geistigen Künste, einschließlich Meditation, Divination, Arbeit mit dem eigenen Lebensweg und Telepathie; Magie, die dir hilft, deine Verwandten zu verstehen und gut mit ihnen klarzukommen.
Vermeide: zu viele magische Handlungen in ein Ritual hineinzupacken.
Hüte dich vor: Selbstverleugnung.

* Krebs

Grundenergie: Emotionen, Reife, mediale Fähigkeiten, Frieden, Schutz, Magnetismus, Sympathie, Mütterlichkeit.
Tierkreis-Farbassoziation: Bernstein
Primäres Element: Wasser
Empfohlene magische Handlungen: Rituale und Zauber

für Frauen; geistiger Reifeprozess, ohne dabei psychisch aus dem Gleichgewicht zu geraten; häuslicher Frieden; Schutz für sich selbst und nahe stehende Menschen; das Verhältnis zur Mutter; mediale Aktivitäten; die Umwandlung negativer Emotionen in positive; Traummagie, Divination und Telepathie; Zauber, um positive Dinge anzuziehen oder um eine schwangere Freundin oder Verwandte zu beschützen.
Vermeide: die Vorstellung, dass du dem Geist gehörst, der höheren Macht ausgeliefert bist.
Hüte dich vor: einem Übermaß an Emotionen.

* LÖWE
Grundenergie: Stärke, Positivität, Führungsqualitäten, Zuversicht, Großzügigkeit, Güte, Erfolg.
Tierkreis-Farbassoziation: Gelb
Primäres Element: Feuer
Empfohlene magische Handlungen: Rituale und Zauber für Mut, Stärke, positives Denken, Erfolg und dafür, eine gute Führungspersönlichkeit zu werden, die gütig, loyal und großzügig ist; Zauber zur Förderung dramatischer, schauspielerischer Talente und Fähigkeiten, für Freude am Strand oder allgemein während des Urlaubs, für persönlichen Wohlstand und um die eigenen Talente zur vollen Blüte zu bringen; Zauber, um ein passendes Haustier zu finden oder um die eigenen Begabungen zu entdecken.
Vermeide: zu viel Geld für rituelle Hilfsmittel und die Zauberausrüstung auszugeben.
Hüte dich vor: dem Prahlen mit deinen magischen Fähigkeiten. Denke an die Hexenpyramide: Wissen, Wagen, Wollen, Schweigen.

* Jungfrau

Grundenergie: Untersuchung, Analyse, Brillanz, Entscheidungen mit dem Kopf, nicht mit dem Herzen treffen; Präzision, Lösungen finden.
Tierkreis-Farbassoziation: Gelb-grün
Primäres Element: Erde
Empfohlene magische Handlungen: Rituale und Zauber, um Probleme zu lösen und Informationen, Dinge oder Menschen zu finden; Zauber als Hilfe bei einer schwierigen Entscheidung; Zauber, um bei Forschungsarbeiten Genauigkeit walten zu lassen, bei Prüfungen gute Noten zu erhalten und Fehler zu vermeiden; Zauber, der dir hilft, durch Selbstanalyse ein besserer Mensch zu werden oder die Ursache für trügerische medizinische Probleme zu finden, auf die die Ärzte keine Antwort wissen; Zauber, um die eigenen Fertigkeiten beim Durchführen von Ritualen und Magie zu verbessern; Einsichten gewinnen, wie du anderen auf gute Weise dienen kannst oder wie du selbst einen Menschen findest, der dir bei der Bewältigung einer bestimmten Aufgabe hilft.
Vermeide: dich in rituellen Details zu verlieren.
Hüte dich vor: einer allzu kritischen Einstellung.

* Waage

Grundenergie: Schönheit, Liebe, Umgänglichkeit, Zusammenarbeit, Originalität, Höflichkeit, Empfänglichkeit.
Tierkreis-Farbassoziation: Smaragdgrün
Primäres Element: Luft
Empfohlene magische Handlungen: Rituale und Zauber, die dir helfen, deine künstlerischen Talente (Musik, Malerei, Tanz, Literatur) auf gefällige Weise zum Ausdruck zu bringen; Zaubersprüche für Liebe, Freundschaft und Romantik und um Konflikte zu schlichten; Zauber, der

bewirken soll, dass andere dich fair behandeln; Zauber zur Stärkung deines ästhetischen Empfindens, für eine gute Zusammenarbeit mit anderen und um die Kommunikation mit einem Lehrer oder deinen Eltern zu verbessern und zur Verbesserung von Partnerschaften aller Art.
Vermeide: dir offen Feinde zu machen.
Hüte dich vor: Unentschlossenheit.

* Skorpion

Grundenergie: Intensität, Wiedergeburt, Transformation, Erleuchtung, Weisheit, Karma, Instinkt.
Tierkreis-Farbassoziation: Grün-blau
Primäres Element: Wasser
Empfohlene magische Handlungen: Rituale und Zauber für eine Situation, in der höchster Energieeinsatz vonnöten ist, die dringend transformiert werden muss oder bei der karmische Probleme eine Rolle spielen; Zauber zur Stärkung deiner Instinkte oder um eine schwierige Situation zu entwirren; Zauber, um Weisheit zu erlangen, ein altes Projekt wieder mit Leben zu erfüllen; Zauber, um (kalte) Aggression zu stoppen, einen Verbrecher zu fangen, gegen übles Gerede oder für die Auflösung ungesunder emotionaler Situationen; Zauber, um zu guten geschäftlichen Vertragsabschlüssen zu gelangen; Zauber, um eine Sache zu beenden (wofür sich allerdings der abnehmende Mond im Skorpion am besten eignet); Zauber, um den Kreislauf von Geburt, Leben, Tod und Wiedergeburt verstehen zu lernen; Zauber als Hilfe bei der Beschäftigung mit der Reinkarnation und der Rückführung in frühere Leben.
Vermeide: geheime Machenschaften.
Hüte dich vor: Grollgefühlen.

* Schütze
Grundenergie: Ausdehnung, Großzügigkeit, Glaube, Optimismus, Verständnis, Barmherzigkeit, Wohltätigkeit, Hoffnung.
Tierkreis-Farbassoziation: Blau
Primäres Element: Feuer
Empfohlene magische Handlungen: Rituale und Zauber zur Entfaltung von Projekten oder Talenten oder um eine schwierige Situation zu verstehen; Zauber, der dir selbst oder Freunden Hoffnung schenkt; Zauber, um deinen persönlichen Glauben zu stärken, deine Bewusstheit zu erweitern und Großzügigkeit dir selbst und anderen gegenüber zu praktizieren; Zauber, wenn du dir Geld leihen möchtest, eine Reise planst oder ein fremdes Land besuchen möchtest; Kraft und Inspiration für das Studium der Weltreligionen.
Vermeide: nachlässige Ausführung von Ritualen.
Hüte dich vor: Flucht vor deiner Verantwortung.

* Steinbock
Grundenergie: Struktur, Geduld, Sparsamkeit, Diplomatie, Aufrichtigkeit, Mäßigung, Ausdauer, Recht/Gesetz, Ordnung, Selbstdisziplin.
Tierkreis-Farbassoziation: Indigo
Primäres Element: Erde
Empfohlene magische Handlungen: Rituale und Zauber, um den richtigen Umgang mit Autoritätspersonen, Regeln und Organisationsstrukturen in Beruf oder Schule zu lernen; Zauber, der dir hilft, dein Sparkonto aufzubessern, göttliche Gerechtigkeit herbeizuführen oder eine Beförderung zu erreichen. Zauber, um Ordnung in eine chaotische Situation zu bringen, Selbstdisziplin zu lernen und die grundlegende Struktur eines kreativen Projektes zu erschaffen (in allen Lebensbereichen, auch, wenn du

beispielsweise ein neues Videospiel entwickelst). Die perfekte Mondphase für Studenten der politischen Wissenschaften.
Vermeide: deprimierende Rituale.
Hüte dich vor: deinem gnadenlosen persönlichen Ehrgeiz.

* WASSERMANN
Grundenergie: Unabhängigkeit, Originalität, fortschrittliche Ideen, Neugestaltung, universelle Liebe, Einfallsreichtum, gesteigerte Wahrnehmung, Individualismus.
Tierkreis-Farbassoziation: Violett
Primäres Element: Luft
Empfohlene magische Handlungen: Rituale und Zauber für Unabhängigkeit, um die Welt in neuem Licht zu sehen und Strukturen zu verändern, die du für falsch hältst (beispielsweise die Kleiderordnung an deiner Schule); Zauber, um die universelle Liebe zu entdecken; Zauber für neue Ideen und um die eigene Individualität wahrzunehmen; Rituale und Zauber, die dir helfen, Mathematik, Wissenschaft und Astrologie zu begreifen.
Vermeide: die Unterbrechung von Ritualen.
Hüte dich vor: einer zu starken Loslösung von der Alltagswelt.

* FISCHE
Grundenergie: Visionäre Schau, Inspiration, mediale Fähigkeiten, Mitgefühl, Kreativität, Hingabe, universeller Friede.
Tierkreis-Farbassoziation: Karmesinrot
Primäres Element: Wasser
Empfohlene magische Handlungen: Rituale und Zauber zur Stärkung deiner Imagination, zur Unterstützung von Visualisierungstechniken, bewusstem Träumen, Astralreisen, Telepathie und Divination; Zauber und Rituale

für die Toten; Zauber, der bewirkt, dass du dir selbst Mitgefühl entgegenbringst und von anderen mitfühlend behandelt wirst; Zauber für universellen Frieden oder für Frieden zwischen dir und deinen Freunden und um den großen Überblick zu bewahren, statt sich in Einzelheiten zu verlieren.
Vermeide: Selbstzweifel, wenn du dich auf deine Ziele konzentrierst.
Hüte dich vor: unlogischem Argumentieren.

Wenn dir das alles anfangs ziemlich kompliziert erscheint, ist das kein Grund zur Besorgnis. Arbeite mit dem Mond in allen Sternzeichen, dann wird deine Einsicht wachsen, und eines Tages weißt du instinktiv, welche Energien jeweils erreichbar und nützlich sind und welche nicht.

Denke daran, dass ein Vollmond (astrologisch gesprochen) in Opposition zur Sonne steht. Um beide Energien optimal zu nutzen, müssen wir eine gesunde Mitte zwischen ihnen finden. Schauen wir nun, wie wir auf bestmögliche Weise von der Vollmondenergie Gebrauch machen können, wobei wir Mondstellung und Sonnenstellung gleichermaßen berücksichtigen. Denke daran, dass der Mond die Emotionen repräsentiert, während die Sonne für deine Willenskraft steht. Die Sonne ist Kraft, der Mond ist Form.

Vollmond-Esbate

Vollmond im Widder

Sonne steht in der Waage.
Vollmond-Element: Feuer
Sonnen-Element: Luft
Empfohlene Ritualthemen: Verbesserungen in deinem

sozialen Umfeld, neue Freunde finden, mehr Leidenschaft in deine Liebesbeziehung bringen; Beschäftigung mit Musik oder Einsatz deiner Lieblingsmusik im Ritual; einer Herausforderung auf faire und ehrenwerte Weise begegnen.

Vollmond im Stier

Sonne steht im Skorpion.
Vollmond-Element: Erde
Sonnen-Element: Wasser
Empfohlene Ritualthemen: Erfolg für Investitionen jeder Art (Zeit, Geld, Energie); zu innerer Gelassenheit kommen oder Wege finden, wie du auf einzigartige Weise Geld sparen kannst.

Vollmond in den Zwillingen

Sonne steht im Schützen.
Vollmond-Element: Luft
Sonnen-Element: Feuer
Empfohlene Ritualthemen: Arbeit an magischen Studien; Versenden von Botschaften über große Entfernungen; Fernheilungen; Kenntnisse über fremde Kulturen, Religionen und Pantheons erwerben; Zaubersprüche und Rituale entwickeln.

Vollmond im Krebs

Sonne steht im Steinbock.
Vollmond-Element: Wasser
Sonnen-Element: Erde
Empfohlene Ritualthemen: häusliche Sicherheit und Stabilität; Schutz für dich selbst und deine Familie.

Vollmond im Löwen

Sonne steht im Wassermann.

Vollmond-Element: Feuer
Sonnen-Element: Luft
Empfohlene Ritualthemen: Arbeit, um humanitären Anliegen öffentlich Geltung zu verschaffen; das Erreichen persönlicher Ziele; Themen, die Gruppen oder Organisationen betreffen.

Vollmond in der Jungfrau
Sonne steht in den Fischen.
Vollmond-Element: Erde
Sonnen-Element: Wasser
Empfohlene Ritualthemen: auf visionäre Weise Antworten auf Probleme finden; Situationen mit Hilfe der Intuition und divinatorischer Hilfsmittel klären.

Vollmond in der Waage
Sonne steht im Widder.
Vollmond-Element: Luft
Sonnen-Element: Feuer
Empfohlene Ritualthemen: sozialen Situationen neues Leben einhauchen; Entscheidungen treffen; darum bitten, dass rasch eine gerechte Entscheidung getroffen oder ein gerechtes Urteil gefällt wird.

Vollmond im Skorpion
Sonne steht im Stier.
Vollmond-Element: Wasser
Sonnen-Element: Erde
Empfohlene Ritualthemen: Energie in das Wachstum deiner persönlichen Ressourcen lenken; Trommelklänge zur Transformation einsetzen; Beisetzungszeremonien.

Vollmond im Schützen
Sonne steht in den Zwillingen.

Vollmond-Element: Feuer
Sonnen-Element: Luft
Empfohlene Ritualthemen: das eigene Wissen erweitern; lernen, mit anderen auf positive Weise zu kommunizieren.

VOLLMOND IM STEINBOCK
Sonne steht im Krebs.
Vollmond-Element: Erde
Sonnen-Element: Wasser
Empfohlene Ritualthemen: das eigene Zuhause, die Schule oder dein magisches Leben so umgestalten, dass es deinen Bedürfnissen entspricht.

VOLLMOND IM WASSERMANN
Sonne steht im Löwen.
Vollmond-Element: Luft
Sonnen-Element: Feuer
Empfohlene Ritualthemen: Mut, Loyalität und Führungsstärke entwickeln, um persönliche Unabhängigkeit und ein gutes Selbstwertgefühl zu erlangen.

VOLLMOND IN DEN FISCHEN
Sonne steht in der Jungfrau.
Vollmond-Element: Wasser
Sonnen-Element: Erde
Empfohlene Ritualthemen: Analysiere deine Träume und Meditationen; übe dich darin, anderen durch magische Arbeit zu dienen (durch Kartenlesen, Heilungsarbeit etc.)

Gebet

Zu den Fragen, die mir in Interviews am häufigsten gestellt werden, gehört: »Beten Hexen eigentlich?« Natürlich tun sie das, und wenn ich antworte: »Ja, unbedingt«, schauen meine Gesprächspartner mich an, als sei ich verrückt. Das liegt daran, dass sie glauben, Gebete gäbe es nur in der Religion, mit der sie am vertrautesten sind (und das ist ganz sicher nicht Wicca).

Es stimmt, dass Hexen auf viel konzentriertere Weise beten als die meisten anderen Leute. Wir richten unsere Aufmerksamkeit darauf, den Ort, an dem wir beten, vorher zu reinigen, ebenso wie wir auch unseren Geist vorher reinigen. Eigentlich sind die meisten Zauberpraktiken nichts anderes als konzentrierte Gebete unter Zuhilfenahme magischer Gegenstände, ausgeführt an einem geweihten Ort. Wie in anderen Religionen auch gibt es bei uns Gebete und Rituale der Andacht, der religiösen Hingabe, Gebete für eine glückliche Reise und Gebete, die wir sprechen, wenn wir traurig sind. Wir haben Gebete, in denen wir um Hilfe bitten, und Dankgebete. Der einzige mir bekannte Unterschied besteht darin, dass Wiccas in ihren Gebeten nicht jammern und nicht weinerlich fragen: »Warum ich?«. Vielmehr dienen unsere Gebete dazu, uns zum Handeln zu motivieren, statt untätig herumzusitzen und uns in Selbstmitleid zu suhlen. Unsere Religion ermutigt die Menschen dazu, aus dem Herzen zum universellen Geist zu sprechen. Sei dabei aufrichtig und offen. Vermeide blumiges Wortgeklingel – sei wahrhaftig und genau.

Die folgenden Wicca-Gebete kannst du so benutzen, wie sie hier abgedruckt sind, oder sie deinen Bedürfnissen entsprechend umformulieren. Gebete funktionieren am besten, wenn du an einem heiligen Ort sprichst und dich vorher erdest und zentrierst. Und du solltest vor dem Beten eine Weile meditieren. Jedoch werden zu deinen machtvollsten Gebeten vermutlich jene gehören, die du in Zeiten großer Not oder aus einer spontanen Eingebung heraus sprichst. Wenn irgend möglich, solltest du laut und mit deiner magischen Stimme beten. Wiederhole das Gebet mindestens dreimal. (Mehr Informationen zum Erden und Zentrieren sowie zum Arbeiten mit der magischen Stimme findest du in *Das Zauberbuch der Freien Hexe – Übung & Meisterschaft.*)

Gebet bei finanziellen Notlagen

*Große Mutter, höre mich an, deine Wicca-Tocher/deinen Wicca-Sohn (*sage deinen Namen), *die/der sich in finanziellen Schwierigkeiten befindet. In meiner Stunde der Not rufe ich dich dreimal an.* (Zähle deine Bedürfnisse genau auf. Zum Beispiel: Uns ist das Essen ausgegangen, und meine Familie hat kein Geld, um neue Lebensmittel zu kaufen; ich habe kein Geld, um die Medizin für mein Haustier zu bezahlen; mein Vater kann nicht für die Zahnbehandlung zahlen, die er so dringend benötigt; meiner Mutter fehlt das Geld, um mir die Teilnahme am Karate-Wettkampf zu bezahlen; meinen Eltern wachsen die Schulden über den Kopf und ich fürchte, wir werden unser Haus verlieren etc.) *Ich bitte dich, lindere unsere Ängste bezüglich dieser Situation und bringe uns das, was wir brauchen, um unseren finanziellen Verpflichtungen nachzukommen. Bringe uns, was wir brauchen, und noch mehr.* (Füge stets hinzu »und noch mehr«, für den Fall, dass du etwas vergessen haben solltest. Der Große Geist hat ein besseres Gedächtnis als wir, besonders wenn wir aufgeregt sind.) *Ich weiß, dass das Universum ein Ort der Fülle ist und dass alle meine Bedürfnisse befriedigt werden, wenn ich diese Energie der Fülle in mein Leben einziehen lasse. Daher öffne ich meine Arme jetzt für die Fülle und danke dir für deine Gaben. Ich weiß, dass du mein Gebet beantworten wirst, und ich bin mir des Erfolges gewiss. Im Namen des Herrn und der Herrin, so sei es.*

Anmerkung: Nicht die weltfremde Annahme, du seist etwas so Besonderes, dass der Große Geist kommen und dich retten wird, ist es, die diesem Gebet Kraft und Gewissheit verleiht, sondern deine feste Überzeugung, dass alle Dinge möglich sind. Wenn du für dein finanzielles Problem selbst verantwortlich bist, weil du zu viel Geld ausgegeben oder unklug gewirtschaftet hast, solltest du diesen Umstand im Gebet offen und ehrlich ansprechen. Das bedeutet nicht, dass du dich in quälerischen Selbstvorwürfen ergehen solltest, aber achte darauf, beim Beten nicht in die Welt der Illusionen und Selbsttäuschung abzudriften. Bitte darum, dass dir geholfen wird, einen klugen Umgang mit dem Geld zu erlernen.

Heilungsgebet

Große Mutter, Spenderin unendlicher Liebe und Gnade, ich, deine Wicca-Tocher/dein Wicca-Sohn (nenne deinen Namen), *bitte im Namen von* (die Person, für die du betest) *um eine möglichst rasche Heilung. Schenke ihm/ihr deine spirituelle Hilfe, damit er/sie sein/ihr gesundheitliches Problem auf geistigem Wege überwindet, und schenke ihm/ihr Hoffnung und Zuversicht, sodass eine Genesung ermöglicht wird. Erfülle seinen/ihren Körper mit nährender Energie, erleichtere ihm/ihr seine/ihre Last und lindere seine/ihre emotionalen Schmerzen. Bringe Harmonie für Körper, Geist und Seele. Sorge dafür, dass sie/er von den richtigen Personen zur rechten Zeit die geeignete medizinische Hilfe erhält. Ich weiß, dass du dies für sie/ihn tun wirst, und vertraue darauf, dass er/sie empfängt, was nötig ist, und mehr. Im Namen des Herrn und der Herrin, so sei es.*

Gebet im Angesicht einer Katastrophe

Es geschieht nicht oft, aber von Zeit zu Zeit sehen wir uns einer wirklichen Katastrophe gegenüber, sei es, dass unsere Familie davon betroffen ist, unsere Stadt oder sogar das ganze Land. Sprich das folgende Gebet mindestens sechs Wochen lang jeden Abend, oder bis die Krise vorüber ist.

Gnadenreiche Mutter, deren Mitgefühl bis in die entlegensten Winkel dieses Universums reicht, und darüber hinaus, höre mich an (nenne deinen Namen), *deinen Sohn/deine Tochter, der/die in der Zunft der Weisen praktiziert. In einer Zeit verzweifelter Not rufe ich dich an. Wir sehen uns einer starken Macht gegenüber, die uns zu zerstören droht. Ich bitte dich, bereite mit deinem großen Einfluss dem Schrecken ein Ende. Höre mich an, o Mutter, während ich bete für die Kranken und Verwundeten, für jene, für deren Überleben nur wenig Hoffnung besteht, für jene, die voller Furcht und allein sind, für jene, die wütend und hasserfüllt sind, für jene, die emotional so erschöpft sind, dass ihnen die Kraft für weise Entscheidungen fehlt, für jene, die unermüdlich Hilfe leisten – und beschütze die Menschen vor jenen, die durch den Missbrauch ihrer persönlichen oder einer grö-*

ßeren Macht den Unschuldigen Schaden zufügen. Lasse nicht zu, dass irgendwelche Magie sich deiner starken Hand entzieht, und mache jeden Zauber unwirksam, der die Schuldigen schützen und sie vor deiner Gerechtigkeit verbergen soll. Sammle die positive Energie aller Gebete von überall auf der Welt und bündele sie, um einen machtvollen Strudel aus Liebe und Harmonie, Frieden und Freude, Schutz und Trost für alle zu erzeugen, die dessen bedürfen. Und ich bete für mich selbst, meine Mutter, dass ich diese Krise meistere und meine Energie dorthin lenke, wo sie am meisten gebraucht wird, dass ich nicht selbstsüchtig bin und dass ich in keiner Weise zu dem Übel beitrage, das uns heimgesucht hat. Ich weiß, dass du mich erhören wirst, und ich vertraue darauf, dass du unverzüglich allen beistehst, die deiner Hilfe bedürfen. Im Namen des Herrn und der Herrin, so sei es.

Gebetsbänder

Ein Gebetsband lässt sich für viele Arten von spirituellen Fürbitten verwenden. Eines oder mehrere dieser Bänder kannst du an deinem Altar aktivieren und dann draußen im Freien anbringen. Stell dir vor, dass deine Gebete, während die Bänder im Wind flattern, zum Großen Geist ausgesandt werden. Dies können Gebete um Schutz, Gesundheit, Weisheit, Erfolg und vieles andere mehr sein. Du selbst entscheidest, wofür du mithilfe der Bänder beten möchtest.

Benötigte Materialien: ein Holzpflock; Bänder (wähle Farben, die dir zu den Gebeten, die du aussenden möchtest, passend erscheinen); ein Salböl oder heiliges Wasser.

Anleitung: Ziehe einen magischen Kreis. Rufe die Kreisviertel an. Beginne dabei mit dem Nordviertel. Halte das Band (oder die Bänder) hoch und sprich dein Anliegen laut aus. Bitte um den Segen der Elemente für deinen Wunsch. Besprenkele die Bänder mit heiligem Wasser oder salbe sie mit heiligem Öl und sprich dabei dein Anliegen erneut laut aus.

Setze dich ins Zentrum deines magischen Kreises und halte das Band/die Bänder – wenn es sich um mehrere Bänder handelt, benutze für jedes Band jeweils ein eigenes Gebet. Halte das Band in der Hand und intoniere das Gebet. Wiederhole es immer wieder, bis du spürst, dass deine Finger warm werden und spiritueller Frieden und Glück dich umhüllen. Besiegele das Gebet, indem du das Band küsst. Wenn du deine Gebete abgeschlossen hast, binde das Band/die Bänder an den Holzpflock. Danke dem Großen Geist und den Energien der Kreisviertel, entlasse dann die Kreisviertel. Ziehe die Kreisenergie in den Holzpflock, indem du entgegen dem Uhrzeigersinn dreimal den Kreis abschreitest und dann sagst: »Der Kreis ist offen, aber niemals gebrochen.« Stell dir ganz deutlich vor, dass die Kreisenergie sich nun in dem Holzpflock befindet.

Bringe den Holzpflock nach draußen und stecke ihn senkrecht in den Boden. Stell dir vor, dass dein Gebet dabei so intensiv mit Erdenergie aufgeladen wird, dass es hinauf in den Himmel reisen kann wie eine Rakete. Streiche mit der Hand langsam von unten nach oben an dem Pflock entlang, unmittelbar über dem Boden beginnend, himmelwärts, und sprich dabei:

Heilige Göttin, Mutter Erde,
du, von deren unsterblichem Busen
Götter, Menschen und Tiere geboren werden

– Blatt und Halm, Knospe und Blüte – [4]
von der Erde in den Himmel
reisen meine Gebete,
und das Ohr meiner Mutter hört mich.

Geistführer und Engel

Ehe wir uns mit diesem Thema näher beschäftigen, möchte ich einige sehr wichtige Punkte bezüglich Geistführern und Engeln klarstellen:

* Beide gehören nicht zu einem bestimmten religiösen System. Der Glaube an Engel/Geistführer ist älter als die modernen Religionen.
* Engel oder Geistführer gehören dir nicht. Sie sind kein persönlicher Besitz.
* Engel/Geistführer machen keinen Unterschied zwischen den verschiedenen religiösen Bekenntnissen.
* Engel/Geistführer bauen Brücken zwischen den verschiedenen Religionen.
* Wenn du einen Engel/Geistführer um Hilfe bittest, erhebst du dich damit über religiöse Dogmen und berührst den universellen Geist.

Nachdem das geklärt ist und du nun weißt, dass du deinen Glauben an Engel ruhig beibehalten kannst, wenn du dich der Zauberkunst zuwendest, wollen wir das Thema ausführlicher beleuchten. So, wie es nicht »den einen richtigen Weg« der Religionsausübung gibt, existieren auch für den Umgang mit Engeln und Geistführern keine festen Regeln, auch wenn viele Leute versuchen werden, dir das einzureden. Und andere wiederum sind der Ansicht, dass es Engel/Geistführer überhaupt nicht gibt. Wieder andere halten Engel für ziemlich autoritäre Gestalten – ich denke da an die typische Vorstellung vom Erzengel Michael, gut aussehend, aber ein fürchterliches Schwert schwingend; oder vielleicht ist dir die John-Travolta-Version lieber? Wenn wir dagegen die Vorstellungen der alten Babylonier betrachten, so haben deren Engel viele Köpfe, eine Menge Augäpfel und rasiermesserscharfe Zähne. (Nun, nimm es ihnen nicht übel – die Leute damals konnten ihr Bedürfnis nach wohligem Gruseln nicht im nächsten Kino befriedigen, also mussten sie sich eben etwas anderes einfallen lassen ... schließlich gab es damals noch keinen Wes Craven!)

Der größte Teil unserer schriftlichen Informationen über Engel/Geistführer entstammt nicht den orthodoxen Texten der vier westlichen Religionen (Christentum, Judentum, der zoroastrischen Lehre und dem Islam). Im Lauf der Jahrhunderte wandelten sich die Vorstellungen von den himmlischen Heerscharen, abhängig davon, wer gerade über sie schrieb. Nach Ansicht vieler Wissenschaftler ist der Glaube an Engel aus der Vermengung verschiedener ägyptischer, sumerischer, babylonischer und persischer Mythen entstanden. Wenn wir tiefer nachforschen, stellen wir fest, dass der Glaube an Engel und geistige Führer weitaus älter ist als jede der heute praktizierten Religionen. Das spricht dafür, dass sie weit jenseits von allem stehen, was die Menschen in ihnen sehen wollen.

Engel und Geistführer existieren eben auf ihre ganz eigene Weise. Und sie sind nicht *nur* christlich, oder *nur* jüdisch, oder *nur* islamisch. Wenn wir uns etwas eingehender mit den historischen Zusammenhängen beschäftigen, lernen wir, dass Engel »Gedanken« sind, viel älter als alle zuvor erwähnten Religionen. Unsere Beziehung zu ihnen reicht zurück bis in die alten Stammeskulturen, bis in unser genetisches Gedächtnis und unsere spirituelle Erinnerung. Engel/Geistführer dienen keiner bestimmten Religion. Sie sind hier, um den Menschen und anderen Bewohnern dieser Existenzebene zu helfen – und damit natürlich auch uns Hexen. Die Vorstellung eines persönlichen Schutzengels geht höchstwahrscheinlich auf die Philosophen der Antike zurück, die behaupteten, über unsichtbare Gefährten zu verfügen und von diesen beschützt zu werden. Sowohl Plotin wie auch Sokrates berichteten von *Daemonen,* die ihnen nicht nur Führer, sondern auch Beschützer waren. Die Zauberer jener Zeit erwähnten ebenfalls solche persönlichen Helfer, die *parhedros* (göttliche Gefährten) genannt wurden. Viele Historiker glauben, dass die katholische Kirche diese Vorstellungen übernahm und daraus die Lehre von den Heiligen entwickelte[5]. »Platon erwähnt Geister *(daemones)* und Götter, nennt sie zusammen beim Namen, entweder weil die Götter ›Daemones‹ sind, was bedeutet, dass sie ›die Gabe haben, die Zukunft zu kennen‹, oder, wie Posidonius schreibt: »… weil beide gemeinsam haben, dass ihre Natur der himmlischen Substanz entspringt. Dieses Wort für Geister ist von *daiomenes* hergeleitet, was entweder ›verbrennen‹ oder ›etwas miteinander teilen‹ bedeutet.«[6] Es war (und ist) nicht ungewöhnlich, dass eine Religion magische Praktiken absorbiert und dann deren Herkunft für sich beansprucht – so ist es auch mit den Engeln geschehen.

Wenn du deinen Verstand wirklich anstrengen möchtest, denk einmal über Folgendes nach: Hexen sind getarnte Engel. Nun, ehe du dich jetzt von deiner Fantasie davontragen lässt und dir ausmalst, dass Hexen all jene magischen Kräfte haben, die du aus dem Fernsehen kennst, und dass sie alles tun können, was *Buffy* tut, untersuche diesen Gedanken genauer. Hexen sind Engel auf Erden in dem Sinne, dass sie einen Eid geschworen haben, mit dem Leben auf positive Weise klarzukommen. Und wenn sie ihr eigenes Leben einigermaßen gut in Schwung haben (nichts ist vollkommen, wie du weißt), können sie sich daranmachen, anderen zu helfen, und damit werden sie so etwas wie Schutzengel. *Dienen* ist hierbei das Schlüsselwort. Es ist cool, sich vorzustellen, dass man große flaumige Flügel und eine heiter gelassene Persönlichkeit hat. Große Aufgaben lassen sich dann leichter bewältigen. (Versuche nur nicht, von einem Hausdach zu springen. Imaginäre Flügel sind genau das – eben imaginär.) Übrigens gehört zu den ersten Ritualen, die ein zeremonieller Magier ausführen sollte, die bewusste Kontaktaufnahme mit seinem persönlichen Schutzengel. In der Santería wird der Schutzengel durch eine lange heilige Zeremonie geehrt, und diese Verbindung bleibt bis zum Tod des Menschen bestehen. Im Spiritualismus und im Voodoo gibt es ganz ähnliche Zeremonien. Bei der Ausübung der Magie einen persönlichen geistigen Führer zu haben ist weder neu noch ungewöhnlich.

Das schöne an Engeln/Geistführern ist, dass sie dir immer zuhören. Glaube mir, du bist niemals allein. Dass du die Engel nicht sehen kannst, bedeutet nicht, dass sie nicht da sind. Während du heranwächst und dich entwickelst, werden sie in deinem Leben unterschiedlich deutlich in Erscheinung treten. Manchmal wirst du dich an sie erinnern und sie um Hilfe bitten, doch zu anderen Zeiten wirst du so mit Sport, Hausaufgaben, deinem großen Auftritt beim Abschlussball oder den Freuden der Sommerferien beschäftigt sein, dass du keinen einzigen Gedanken an deine Engel verschwendest – aber sie sind trotzdem da. Und das besonders Schöne an ihnen ist, dass man kein großes Ritual braucht oder spezielle magische Werkzeuge oder einen besonderen Ort, um mit ihnen Kontakt aufzunehmen. Alles, was du tun musst, ist den Mund aufmachen und mit den Engeln reden. So einfach ist das!

Viele Leute haben zu Hause (oft sogar im Schlafzimmer) Engel-Altäre oder -Schreine, weil ihnen das ein gutes Gefühl gibt und weil es ihnen hilft, sich zu entspannen und mit den Engeln zu sprechen. Das ist völlig in Ordnung. Folge dabei ganz deinen persönlichen Bedürfnissen. Es gibt wirklich nette Engelfiguren zu kaufen, besonders in der Weihnachtszeit, und es zählt gewiss zu den schönsten Geschenken, die du einem Freund oder einer Freundin machen kannst, wenn du ihm oder ihr etwas schenkst, das mit einem Engelbild geschmückt ist und dadurch die Liebe der Engel zum Ausdruck bringt. (Natürlich solltest du darüber nicht die Liebe, das Lächeln und die tatkräftige Hilfe vergessen, die du selbst deinen Freunden schenken kannst!) Manche Leute glauben, dass man seine Liebe von Gott abwendet, wenn man an Engel/Geistführer glaubt, aber dieser Ansicht bin ich nicht. Schließlich sind wir alle Geschöpfe des Großen Geistes, auch die Engel und Geistführer. Wenn du an sie glaubst, glaubst du gleichzeitig daran, dass das Universum von einer freundlichen, gütigen Kraft regiert wird. Was ist daran schlecht? Engel sind großartige Freunde, weil sie sich niemals über dich lustig machen, niemals betrunken Auto fahren und mit Drogen nichts am Hut haben. Okay, man kann sie nicht sehen – na und? Es gibt wirklich Schlimmeres, als unsichtbar zu sein!

Bei magischen Handlungen Engel/Geistführer um Hilfe zu bitten ist eine uralte Praxis. Allerdings wirst du feststellen, dass Hexen oft eher mit Geistern, »Spirits«, arbeiten, etwa dem Geist eines Baumes, einer Blume oder eines Kristalls, und dann diese Spirits nicht als *Engel* bezeichnen. In der zeremoniellen Magie wirst du dagegen von Engeln lesen, die unseren Planeten, den Wind, die Tage und so weiter regieren. Grundsätzlich (von ein paar Ausnahmen abgesehen) handelt es sich dabei um die gleiche Energie, und du wirst feststellen, dass es verbindende Bereiche gibt (besonders bei den Engeln der Tage und der Planetenstunden), wo die meisten mit Magie befassten Menschen mit der Engel-Energie vertraut sind. Schwierig wird es allerdings, wenn wir uns mit mittelalterlichen Texten befassen. Da kann dann ein Engel in der einen Religion ein guter Junge sein, während er für eine andere Religion als Bösewicht gilt (während ich das schreibe, denke ich an Metatron). Außerdem herrscht in diesen alten Texten Uneinigkeit darüber, was ein Geist und was ein Engel ist, besonders wenn du Mathers' *Der Schlüssel Solomon* liest oder deine Nase in Bücher mit fragwürdiger Ethik steckst. Hier gilt der alte okkulte Rat: *Rufe nur Geister herbei, die du auch wieder loswerden kannst.* Meine Empfehlung: Wenn du etwas nicht gründlich erforscht hast, *lass die Finger davon.* Wenn das, was du liest, dir Unbehagen bereitet, dann wende dich lieber etwas anderem zu, besonders wenn es sich um Wissen aus dem Mittelalter handelt. Das Leben eines mittelalterlichen Klerikers (und von solchen Leuten wurden die meisten dieser Bücher verfasst) unterschied sich ganz erheblich von unserem heutigen Alltag. Vieles, was für dich heute eine Selbstverständlichkeit ist, etwa ein Aufzug oder eine automatische Tür, würde einem Menschen aus dem Mittelalter geheimnisvoll und magisch erscheinen. Letztendlich sind die Dinge immer das, wozu wir sie machen.

Zeremonie, um deinen eigenen Schutzengel herbeizurufen

Benötigte Materialien: Vier große weiße Säulenkerzen; eine mit Quellwasser gefüllte weiße Schale; eine leere weiße Schale (um darin die Kräuter zu mischen); eine Kerze in der Farbe des Planetenherrschers vom Tag deiner Geburt; sieben verschiedene Kräuter, die den planetaren Energien deiner Geburtsstunde entsprechen (siehe *Das Zauberbuch der Freien Hexe – Übung & Meisterschaft* unter dem Stichwort Astrologie); Weihrauch deiner Wahl; ein weißes Laken; ein Magneteisenstein; ein kleiner weißer Beutel mit einer Kordel zum Zuziehen; ein Stuhl mit gerader Lehne.

Zeitpunkt: Erstes oder zweites Mondviertel, vorzugsweise an einem Wochentag, der deinem Geburtstag entspricht. Wenn du zum Beispiel an einem Montag geboren bist, solltest du die Zeremonie auch an einem Montag ausführen. Die Anwesenheit von Haustieren ist bei diesem Ritual wegen der offenen Kerzenflammen nicht gestattet.

Ritual: Reinige und weihe alle Ritualhilfsmittel. Ziehe die Schuhe aus. Breite das weiße Laken auf dem Boden deines magischen Arbeitsbereiches aus. Stell den Stuhl vor dem Altar auf das weiße Laken. Beschwöre den Kreis und rufe die Kreisviertel an. Nun folgt die Anrufung der Gottheit. Stell die vier weißen Säulenkerzen in feuerfesten Ständern und auf feuerfesten Untersetzern rings um den Stuhl auf. Achte später darauf, sie nicht umzuwerfen oder mit Rock oder Hose an die Flammen zu kommen. Du kannst die Kerzen auch in sicherem Abstand auf kleine Hocker stellen. Vorerst bleiben sie unentzündet. Geh mit dem angezündeten Weihrauch im Uhrzeigersinn durchs Zimmer. Zünde die farbige Schutzkerze an und stelle sie in die Mitte des Altars. Bitte jetzt mit deinen eigenen Worten deinen Schutzengel, zu dir zu kommen. Vermische die Kräuter in der trockenen weißen Schale. Halte dann deine Hände über die Kräutermischung und sprich:

Ich beschwöre dich, o Blatt und Knospe der Natur,
im Namen des Herrn und der Herrin,
sende deine Energie in dieses Gebräu und
bring in die geschaffne Welt
(das, was du dir wünschst).

Lege den magnetischen Stein in die Schale mit dem Quellwasser. Stell diese Schale vor deinen Stuhl, aber nicht so nah, dass du sie versehentlich umstoßen könntest. Streue die Kräuter rings um die Schale auf das weiße Laken. Du musst sie später wieder einsammeln, verteile sie also besser nicht im ganzen Zimmer!

Zünde die vier um den Stuhl aufgestellten weißen Kerzen im Uhrzeigersinn an. Setze dich mit geradem Rücken auf den Stuhl, die Füße flach auf dem Boden. Lege die Hände mit den Handflächen nach oben entspannt in deinen Schoß. Atme siebenmal tief durch. Wiederhole die folgenden Worte leise, bis du anfängst, dich ein wenig schläfrig zu fühlen:

Schutzengel, komm zu mir, komm zu mir.
Ich brauche dich, ich lade dich zu mir ein.

Intoniere jetzt »Ich bin« und wiederhole diese zwei Worte so lange, bis du in einen meditativen Zustand gerätst. Sei dabei geduldig. Vielleicht erscheint vor deinem inneren Auge ein Bild, vielleicht aber auch nicht. Ein leichtes Druckempfinden auf dem Kopf ist ein gutes Zeichen, dass dein Schutzengel zu dir durchdringt. Wenn du ein spezielles Anliegen hast, ist nun die Zeit, es vorzubringen. Wenn du spürst, dass du die Zeremonie abschließen möchtest, bedanke dich bei deinem Schutzengel, zähle von eins bis fünf und öffne die Augen. Atme dreimal tief durch. Bleib noch für mindestens drei Minuten sitzen und spüre dieser Erfahrung nach.

Steh dann auf und lösch die Kerzen um den Stuhl im Uhrzeigersinn. Nimm den magnetischen Stein aus dem Wasser und trockne ihn gründlich ab. Sammle die Kräuter auf. Leg den Stein und die Kräuter in den weißen Beutel und diesen anschließend auf den Altar. Lass ihn dort liegen, bis die Kerze heruntergebrannt ist. Du kannst die Kerze aber auch löschen und sie wieder verwenden, wenn du das nächste Mal mit deinem Schutzengel kommunizieren möchtest. Danke der Gottheit, schließe die Kreisviertel und hebe den Kreis auf. Bewahre deinen Schutzengel-Beutel an einem sicheren Ort auf oder trage ihn im Alltag bei dir. Stelle einmal im Jahr mit diesem Ritual einen neuen Beutel her.

Götter, Göttinnen und Pantheons

Alle Götter sind ein Gott; und alle Göttinnen sind eine Göttin, und es gibt nur einen Schöpfer.
Dion Fortune, *Aspects of Occultism.* [7]

Wenn du dich dem wissenschaftlichen Denken und der Quantenphysik verschrieben hast, glaubst du wahrscheinlich, dass Gott die Vollkommenheit des Universums verkörpert. Ihm einen Namen und eine Persönlichkeit zu verleihen und um eine solche Vorstellung herum Mythen und Dogmen aufzubauen mag dann ziemlich albern und unsinnig erscheinen. In der Tat wirken all die blutigen Morde und anderen Untaten, die im Namen eines Gottes (vermutlich jedes Gottes) schon begangen wurden, schrecklich absurd. Aber nichtsdestotrotz sind wir nun einmal Menschen und brauchen dieses Gefühl der Verbundenheit zu einer persönlichen Gottheit – aus diesem Grund entstehen Religionen. Die Hexen-Religion stellt es den Menschen frei, im Hinblick auf die »lenkende Kraft im Universum« zu glauben, was immer sie wollen. Diese Glaubensfreiheit ist es, die unserer Religion so viel Kraft verleiht. Zwar wirst du immer wieder erleben, dass wir Hexen uns streiten – darüber, welches Kreisviertel zuerst angerufen werden soll, wie man auf richtige Weise einen Kreis beschwört, über bestimmte historische Informationen (darüber debattieren alle!) oder darüber, welche Traditionslinie gültig ist und welche nicht. Aber nie werden wir über die Gültigkeit des persönlichen Gottesbildes eines Menschen streiten (außer, jemand versucht, Dogmen aus anderen Religionen bei uns einzuschleppen – mit Dogmen sind hier feste Doktrinen und Glaubensregeln einer religiösen Organisation gemeint, etwa der christlichen Kirche). Die meisten Hexen glauben, dass das Universum von einer einzigen positiven Energie oder Kraft geleitet wird. Weil es uns Menschen schwer fällt, in Krisenzeiten mit einer unpersönlichen »Quelle« zu kommunizieren, haben wir sie als den Herrn und die Herrin personifiziert – männlich und weiblich. Manchmal werden sie auch der Meister und die Meisterin des Universums genannt. Wenn wir sagen »und zusammen sind sie eins«, meinen wir die vereinte Kraft des

Herrn und der Herrin als die Gesamtheit alles Positiven und Guten. Wenn du in meinem Buch *Das Zauberbuch der Freien Hexe – Zauberkraft im Alltag* den Abschnitt über Alchemie liest, wirst du erkennen, dass unser heutiges Konzept der Welt-Seele (die manchmal aufgeteilt wird in die weibliche Gottheit des Sternenhimmels und den Gott der Erde, der uns alle beschützt und für uns sorgt, und die zusammen eine Einheit bilden) auf die hermetische Lehre zurückgeht. Von den alten Griechen stammt die genau gegenteilige Vorstellung – dass im Himmel die männliche Gottheit wohnt, während die Erde das göttliche Weibliche verkörpert. Aber auch hier ergänzen sich diese beiden göttlichen Kräfte zu einer Einheit.

Manche Historiker glauben, dass es Charles Kingsley war, der in seinem Roman *Hypatia* (1852) die Vorstellung propagierte, die griechische Philosophie habe die Existenz einer einzigen wahren Gottheit anerkannt, von der die heidnischen Göttinnen und Götter lediglich Aspekte darstellten.[8] Ronald Hutton stimmt dem in einem privaten Brief vom 9. August 2002 zu. Er schreibt: »Kingsley lag damit ziemlich richtig, denn alle griechischen Philosophen lehrten das, besonders die Platoniker, Stoiker und Neuplatoniker.« (Diese drei philosophischen Schulen haben die moderne Hexenkunst stärker beeinflusst, als man denkt – es ist interessant, dass wir heute diesem Triumvirat mehr Bedeutung beimessen als die damaligen Zeitgenossen.) »Nur, und darin besteht das Problem für die Historiker, lassen sich keinerlei Anzeichen dafür finden, dass die große Mehrheit der alten Griechen und Römer dem, was ihre Philosophen lehrten, Beachtung geschenkt und von dem Glauben an viele Götter gelassen hätte.« Im modernen Hexenjargon ist viel von der Theorie des Aspektierens die Rede, wonach die Hexe die

Gottheit in sich hineinzieht und dann während des Rituals entweder das göttlich Weibliche oder das göttlich Männliche verkörpert – was dem Konzept des »Ich bin« in manchen alternativen christlichen Zirkeln entspricht. In diesem Fall stellt das Aspektieren eine Art göttliche Besessenheit dar – aber keine Sorge, soweit ich weiß, wälzt sich in Wicca-Kreisen dabei niemand auf dem Boden herum oder bekommt Schaum vor dem Mund. Das ist bei uns einfach nicht üblich.

Manchen Hexen hilft die Vorstellung, alle Gottheiten seien eins, dabei, ein Gefühl der Kraft und Verbundenheit zu erzeugen, das sie psychologisch benötigen, um sich auf das große Ganze der Natur einstimmen zu können. Sicher trifft es zu, dass heutige Wiccas und Heiden im Bemühen, alten Ideen neues Leben einzuhauchen, auf frühere Traditionen zurückgreifen, etwa auf die Literatur und Dichtung der romantischen Bewegung im ausgehenden achtzehnten Jahrhundert. Auch trifft es zu, dass die Mehrzahl der Heiden in der Antike aufrichtig glaubte, bei den verschiedenen Göttinnen und Göttern habe es sich um eigenständige Persönlichkeiten gehandelt. Nur in einem einzigen antiken Text, der am Ende der heidnischen Zeit verfasst wurde, erklärte der Autor, dass die von ihm bevorzugte heidnische Göttin eine Verkörperung aller anderen Göttinnen darstelle.[9] Auch wenn du das alles vielleicht furchtbar verwirrend findest, ist es dem modernen Wicca doch gelungen, gegenüber den unterschiedlichen Gottesvorstellungen seiner Anhänger aufgeschlossen zu bleiben.

Nachdem Ronald Hutton die soziale Dynamik in verschiedenen Wicca-Coven in England untersucht hatte, schrieb er:

Unter den Hexen habe ich Menschen angetroffen, die ihre Göttinnen und Götter als Archetypen der natürlichen Welt oder der menschlichen Erfahrung betrachten. Andere sehen in ihnen Projektionen menschlicher Bedürfnisse und Emotionen, die ein Eigenleben entwickelt haben. Einige betrachten sie lediglich als nützliche Symbole, und wieder andere glauben, dass es sich um eigenständige Wesen handelt, zu denen man eine persönliche Beziehung herstellen kann. ... Noch bemerkenswerter fand ich, dass mir alle diese Auffassungen innerhalb ein und desselben Covens begegneten, wo sie in perfekter Harmonie koexistierten, weil die Mitglieder nie das Bedürfnis verspürten, ... darüber miteinander zu streiten. [10]

Damit hat er vollkommen Recht.

Eine andere interessante alte religiöse Vorstellung, die sich unter Hexen großer Beliebtheit erfreut, ist die Idee der Dreifaltigkeit. Die Idee, dass »aus dreien eins wird«, ist den heutigen großen Religionen nicht fremd. Im Christentum kennen wir die Dreieinigkeit von Vater, Sohn und Heiligem Geist. Dabei sind der Vater und der Sohn männlich, während der Heilige Geist das Weibliche repräsentiert (auch wenn diese Auffassung immer wieder Stoff für Diskussionen liefert). In der jüdischen Kabbala gibt es mehrere Manifestationen der Dreifaltigkeit. Dazu gehören Tochter, Braut und Mutter von Malkhut (der weiblichen Gottesgegenwart, die manchmal als die Shekinah bezeichnet wird). Diese Manifestationen ermöglichen es, die Energien des Lebensbaumes in verschiedenen Dreier-Sequenzen zu kombinieren, sodass sie für Meditationen und für die Erfüllung der eigenen spirituellen Bestimmung genutzt werden können.

Die meisten modernen Hexen stimmen darin überein, dass sich in jedem Gott und jeder Göttin die Energie der

Geist (Quelle aller Dinge)

Gott
Der Herr/Vater, Sohn, weiser
Alter/männliche Gottheiten

Göttin
Die Herrin/Jungfrau, Mutter,
weise Alte/weibliche Gottheiten

»einen Quelle« manifestiert – doch was es mit dieser Quelle auf sich hat, ist Teil des Großen Mysteriums. Viele Wicca-Anhänger benutzen Pantheons (Stammbäume der Götter und Göttinnen, deren Verwandschaftsbeziehungen auf dem Glauben der jeweiligen Kultur beruhen) als Repräsentation der einen Quelle – wobei dann die einzelnen Gottheiten durchaus ihre eigenen Persönlichkeiten haben können. Wenn du also vorhast, ein bestimmtes Pantheon zu benutzen, oder dich für die Arbeit mit einer bestimmten Gottheit entscheidest, solltest du dich vorher gründlich mit der dazugehörigen Mythologie vertraut machen.

Oft wirst du dabei feststellen, dass die Götter und

Göttinnen eines bestimmten Pantheons sich *dich* aussuchen und nicht umgekehrt. Jede Gottheit besitzt ihr eigenes Energiemuster, und du wirst dich von jenen angezogen fühlen, die am besten zu deinem kosmischen Daseinsplan passen. Wenn das geschieht – während der Meditation, durch ein Ereignis oder in einer bestimmten Situation –, sagt die Hexe oft zu anderen, dass die betreffende Gottheit ihr Patron sei, was heißen soll, dass die Arbeit dieser Hexe in besonderem Maße dieser Gottheit gewidmet ist. Das soll nicht heißen, dass sie bei Ritualen und Workshops nicht auch mit anderen Gottheiten arbeitet. Und oft wird es so sein, dass die Kraft des Patrons oder der Patronin durch eine andere gleichermaßen mächtige Gottheit ausbalanciert werden muss. Wenn du zum Beispiel mit einer dunklen Göttin als Patronin arbeitest, wird es irgendwann notwendig werden, auch mit ihrem (männlichen oder weiblichen) Gegenstück zu arbeiten und umgekehrt.

Traditionelle Wicca-Gruppen haben normalerweise ein bestimmtes Pantheon, mit dem alle Mitglieder bei Sabbaten, Esbaten, Initiationen, Kreisbeschwörungen und Kreisviertelanrufungen arbeiten. So ist gewährleistet, dass alle Elemente zusammenpassen. Das bedeutet keineswegs, dass diese Hexen außerhalb der Gruppe nicht auch mit anderen Gottheiten und Pantheons arbeiten. Viele tun das. Dass alle bei den Gruppenritualen derselben Pantheon-»Melodie« folgen, dient vor allem der wirkungsvollen Konzentration. Wenn drei Leute an eine keltische Göttin denken, vier Isis anrufen und wieder ein anderer einen aztekischen Kriegsgott ins Spiel bringt, entsteht ein ziemliches Durcheinander. Erfahrene Hexen haben außerdem gelernt, dass ebenso, wie sich alle Teilnehmer eines Rituals auf dieselbe Gottheit oder Gruppe von Gottheiten konzentrieren sollten, auch alle in ein Ritual einbezogenen Gottheiten aus dem gleichen Pantheon stammen sollten. Hier hat man es schließlich auch mit kulturellen Energiemustern zu tun. Wenn du versuchst, diese zu vermischen (z. B. ein Kreisviertel keltisch, das nächste römisch, das dritte indianisch und das vierte nordisch und dann noch eine chinesische Gottheit als Helfer für die eigentliche magische Arbeit), werden diese Muster nicht gut zusammenwirken. Und möglicherweise weigert sich eine der Gottheiten (oder sogar alle), überhaupt in Erscheinung zu treten, oder, was noch schlimmer wäre, sie bekommt einen Wutanfall. (Als ich sagte, Gottheiten »mit Persönlichkeit«, war das nicht scherzhaft gemeint.)

Schüler der Hexenkunst beginnen zunächst meistens mit der Idee des Herrn und der Herrin, ehe sie sich an die Arbeit mit einem oder mehreren Pantheons heranwagen. Sich zunächst auf nur zwei Grundenergien zu konzentrieren ist keine schlechte Idee und verschafft dir Zeit, auf neue Weise Erfahrungen mit dem Dreifaltigkeitskonzept zu sammeln (männlich, weiblich und die Einheit von beidem). Wenn du bereit für die Arbeit mit Pantheons bist, wird in vielen Gruppen von dir verlangt, dass du zunächst einmal fünf- bis zehnseitige Aufsätze über jede Gottheit des von der Gruppe verwendeten Pantheons schreibst, ehe du aktiv mit diesen Göttern umgehen darfst. So hofft man, dass du ein tieferes Verständnis für die jeweiligen göttlichen Energien entwickeln wirst. Wo findet man diese Informationen? In Bibliotheken, Geschichtsbüchern, religiösen und archäologischen Abhandlungen. Daran führt kein Weg vorbei. Jede Gottheit besitzt ihre eigene Persönlichkeit, die sich unmittelbar auf deine magische Arbeit auswirken wird. Es liegt bei dir, eine Gottheit auszuwählen, deren Persönlichkeit und Geschichte dir besonders von Nutzen sein kann. In der

Hexenkunst brauchst du nicht darauf zu hoffen, dass deine Beziehung zu den Göttern in einem einzigen Buch klar und praktisch für dich aufbereitet ist. Nein, man erwartet von dir, dass du auf eigene Faust Nachforschungen anstellst und dich vom Großen Geist zu den Informationen führen lässt, die in den einzelnen Lebensphasen jeweils am nützlichsten für dich sind. Mit der Zeit wirst du dir vermutlich eine Sammlung von Figuren und Bildern deiner Lieblingsgottheiten zulegen. Wenn eine Hexe sagt: »Ich bin Priesterin (oder Priester) von …« und eine bestimmte Gottheit nennt, hat sie oder er meistens eine lebensverändernde Gotteserfahrung gemacht (eine so genannte Epiphanie), bei der die Energie dieser Gottheit eine wichtige Rolle spielte, und sich dann diese Gottheit zum Patron oder zur Patronin gewählt. Magische Zirkel besitzen ebenfalls Patronatsgottheiten, die dann über den Clan oder die Gruppe »herrschen«. Die Patronin des Black Forest Clans beispielsweise ist Morrigan. Die Praxis, sich eine Gottheit als Patron zu wählen, geht auf die vorchristliche Römerzeit zurück und hat viel mit der in jener Kultur üblichen gesellschaftlichen Hierarchie zu tun.

Und wenn dir all die viele Forschungsarbeit zu mühsam ist? Nun, dann beschränke dich eben auf die Arbeit mit dem Herrn und der Herrin oder dem Meister und der Meisterin des Universums. Eines Tages wirst du etwas über irgendeine Gottheit lesen, das dein Interesse weckt, und dann begibst du dich doch noch auf die Suche und liest alles, was du darüber in die Hände bekommst. Mit der Zeit wirst du dir eine beachtliche Bibliothek zulegen und eine Menge Notizen über deine Nachforschungen sammeln. Diese Informationen kannst du dann zu deinem ganz persönlichen *Zauberbuch* zusammenstellen, bis es eines Tages zu dick wird (das ist unvermeidlich, glaube mir), und dann kannst du immer noch mehrere Bücher zu den verschiedenen Themen anlegen.

In der Hexenkunst gibt es keine Mittelsmänner zwischen dir und Gott. Du selbst trittst ganz unmittelbar mit dem Göttlichen in Kontakt. Coven werden zwar von einem Hohepriester und einer Hohepriesterin geleitet, die das Göttliche aspektieren und sich (normalerweise) sehr bemühen, ein guter Leiter für die jeweils benötigte spirituelle Energie zu sein, aber sie können dir nicht den Gott oder die Göttin ersetzen. Sie sind nicht besser als die anderen Mitglieder der Gruppe, und ihr Rang bringt ihnen keine göttlichen Vergünstigungen ein (nur eine Menge Arbeit). Jede Hexe, ob sie nun einer Gruppe angehört oder nicht, ist für ihre Kunst letztlich allein verantwortlich. Aus der Sicht des Göttlichen steht sie auf ihren eigenen Füßen, was Rituale, Zauber und persönliche Entwicklung angeht. Der einzige Unterschied zwischen einer Hohepriesterin und einem Hexen-Neuling sollte in größerem Wissen und größerer Reife bestehen. Und selbst von dieser Regel gibt es Ausnahmen.

Vielleicht ist dir schon aufgefallen, dass ich Satan bisher mit keinem Wort erwähnt habe. Das habe ich deshalb nicht getan, weil Hexen nicht an seine Existenz glauben. Er gehört zum christlichen Pantheon, und dort soll er auch ruhig bleiben! (Das ist der Grund, warum die meisten Hexen nicht mit dem christlichen Pantheon arbeiten.) Hexen glauben, dass man selbst das Böse erschafft, indem man ihm einen Namen gibt. Warum sollten wir so etwas Dummes tun? Die Menschen bringen aus eigenem Zutun schon genug Böses in die Welt, ohne dass man diese Last auch noch einem mythologischen Ungeheuer aufbürden muss. Die meisten Hexen glauben, dass es in der Welt nichts Böses gäbe, wenn die Menschen es nicht durch ihre eigenen heimtückischen Taten immer wieder hervorbrächten, ob sie diese nun im Namen einer Religion oder aus Eigennutz verüben.

Warum arbeiten die meisten von uns nicht mit dem christlichen Pantheon, obwohl wir doch viele andere Pantheons benutzen? Auf diese Frage gibt es mehr als eine Antwort, und ich glaube, diese hängt immer von der Persönlichkeit des Menschen ab, den du fragst, seinem schulischen und familiären Hintergrund und den Erfahrungen, die er in anderen religiösen Organisationen machen musste. Bei den Pantheons, mit denen die meisten von uns heute arbeiten, wird das Böse nicht herausgestellt, indem man es personifiziert und ihm einen Namen gibt. Jeder Gott und jede Göttin besitzt seine oder ihre eigene Persönlichkeit. Und diese Persönlichkeit hat eine helle und eine dunkle Seite, Ordnung und Chaos, animalisch und spirituell – ganz so wie bei uns Menschen auch. Darum studieren wir die Legenden unserer Götter. Es ist äußerst wichtig, auf welche Weise du Gebrauch von der Energie einer Göttin oder eines Gottes machst. Im christlichen Pantheon jedoch wurde der dunklen Seite eine individuelle Macht zugesprochen, indem man Satan und seine vielen Dämonen einführte (was einigen frühen christlichen Klerikern zu verdanken ist, die mit dem arabischen zoroastrischen System herumspielten, das dem Christentum vorausging). Manche Hexen sind der Auffassung, die christliche Religion hätte ihr eigenes Pantheon dadurch geschwächt, dass sie diese dunkle Seite abtrennte und separat für sich stehen ließ und damit denjenigen Tür und Tor öffnete, die ihre Eigenverantwortung für ihr Leben und die Welt wegrationalisieren wollten. Viele Leute ziehen es daher vor, sich einem neuen Pantheon zuzuwenden, statt weiterhin die Last negativer christlicher Dogmen zu tragen.

Als im vergangenen Jahr eine meiner Töchter für eine große Erziehungs-Website interviewt wurde, wurde sie von dem Reporter gefragt: »Betest du Satan an?« Ihre Antwort lautete: »So dumm wäre ich niemals.« Viele Wiccas finden diese Frage nicht nur ärgerlich, sondern beleidigend. Meine Tochter fuhr fort: »Es sind die großen Weltreligionen, die mit Satan herumspielen, nicht wir. Und Sie versuchen, meine Religion mit Ihrer über einen Kamm zu scheren. Das ist nicht fair.« Darüber hat sich der Reporter so geärgert, dass er die Story nicht veröffentlichte.

Für andere Hexen ist es die Vergangenheit des Christentums, die es so unattraktiv macht. Ein Wicca praktizierender Teenager stand bei einem Sonntagstreffen der Pfadfinder vor einer protestantischen Kirche und sagte: »Ich kann da nicht hineingehen.« Als die Mutter des Mädchens fragte, warum nicht, erwiderte es: »Wenn die Leute, die jeden Sonntag in diese Kirche gehen, wüssten, wie viel Blut vergossen wurde und welche Verbrechen im Namen des Christentums in den letzten 2000 Jahren begangen wurden, damit dieses Gebäude hier stehen kann, würden sie es bestimmt auch nicht betreten wollen. Ich kann keinen Ort betreten, wo sie behaupten, die Wahrheit zu predigen, und gleichzeitig Lügen über ihre Vergangenheit erzählen.« Sie und fünf andere Mädchen zogen es vor, während des Gottesdienstes draußen im Kirchgarten zu bleiben.

Ein weiterer Grund, nicht mit dem christlichen Pantheon zu arbeiten, ist das fehlende Gleichgewicht zwischen dem männlichen und dem weiblichen Prinzip. Das Christentum ist eine patriarchalische Religion, ein männlich dominierter Glaube, und viele Frauen, aber auch viele Männer, nehmen daran Anstoß. Manche Wiccas haben zwar gelernt, weibliche Göttlichkeit irgendwie in das christliche Pantheon »einzuschmuggeln«, indem sie auf alte gnostische Texte und andere Quellen zurückgriffen, aber das System selbst und viele seiner heutigen Anhänger betrachten die Gegenwart von Frauen noch immer als etwas, das zwar toleriert, jedoch nicht gefeiert werden muss. Und zweifellos wird in der christlichen Religion, wie sie sich heute darstellt, das weibliche Prinzip niemals einen gleichwertigen göttlichen Status erhalten. Einer Hexe, die das Christentum praktiziert, wird also nichts anderes übrig bleiben, als irgendwann ihren persönlichen Frieden mit diesem Thema zu machen und sich von den engen Grenzen des christlichen Dogmas abzuwenden, das seine Anhänger so fest im Griff hält. Oder soll sie etwa weiterhin mit einem Pantheon arbeiten, in dem, je nach der jeweiligen Kirchendoktrin, behauptet wird, Frauen seien weniger wert als Männer, oder das lieber auf Dogmen als auf die Wahrheit baut? Noch weniger Wiccas arbeiten mit dem islamischen Pantheon, und zwar wegen der kulturell (nicht unbedingt religiös) bedingten Diskriminierung der Frauen in vielen Teilen der heutigen Welt.

Bedeutet das nun, dass das Christentum eine schlechte Religion ist und dass ein Christ oder eine Christin nicht magisch arbeiten oder sich spirituell weiterentwickeln kann? Ich habe hier lediglich die Gründe aufgezählt, warum viele Wiccas nicht mit dem christlichen Pantheon arbeiten. Das heißt aber keineswegs, dass ein Mensch nicht auch innerhalb des christlichen Glaubenssystems Magie ausüben, spirituell sein oder seine Wünsche verwirklichen könnte. Zeremonielle Magier, die Christentum, Judentum und Magie zusammen einbeziehen, kommen damit offenbar relativ gut zurecht. Manche dieser Magier verwenden außerdem heidnische Pantheons, besonders das ägyptische. Wie in anderen spirituellen Richtungen auch, existieren innerhalb der zeremoniellen Magie viele unterschiedliche Gruppen. Es gibt auch einige wenige europäische Druiden-Gruppen, die das christliche Dogma nicht aufgegeben haben – es ist einfach zu sehr in ihre Kultur eingewoben. Wenn du in dieser Richtung arbeiten möchtest, solltest du dich mit der Auswahl der für dich passenden magischen Schule viel Zeit lassen. Denk daran, dass du dann mit deiner eigenen religiösen Konstruktion arbeitest und dass viele (nicht alle) Wiccas dich nicht als Hexe akzeptieren werden. Um dein historisches Interesse zu wecken: Es gab einmal eine Zeit in der Geschichte, als viele Leute Hexenmagie praktizieren wollten, ohne die Hexenreligion zu übernehmen und das dazugehörige literarische und zeremonielle Wissen zu studieren. Diese Leute wurden Hexenbanner und Segenssprecher genannt (oder im englischsprachigen Raum »cunning folk«), und in ihren magischen Praktiken vermischten sie heidnische Magie mit dem christlichen Mythos. Leider führte ihr Wunsch, die heidnische Magie auszunutzen, ohne sie zu respektieren, zum Tod Tausender Menschen während der Hexenverfolgung und bewirkte, dass die Hexenkunst in Verruf geriet. Auch das ist ein Grund dafür, dass heute viele Hexen die Idee, jemand könnte als christliche Hexe praktizieren, nicht nur als Widerspruch in sich betrachten, sondern es geradezu als Beleidigung ihrer Zunft empfinden.

So, wie die Zeremonialmagier sich in anderen Pantheons bedienten, haben auch die Wiccas Methoden der zeremoniellen Magie übernommen, wie du anhand der historischen Wurzeln vieler der in diesem Buch behandelten magischen Praktiken erkennen kannst. Die Bezeichnung Zeremonielle Hexe bedeutet nicht, dass diese Hexe das christliche Pantheon benutzt, sondern eher, dass sie bei ihren Ritualen gerne viele Glocken und Flöten einsetzt, einem streng strukturierten Ablauf folgt (statt spontan zu arbeiten) und eine Vorliebe für umfangreiche historische Studien hat. Die religiöse Praxis mancher Hexen besteht demnach aus zeremonieller Magie ohne den christlichen und jüdischen Einfluss. Das gilt vor allem für die Alexandrinischen und Gardnerschen Schulen (um nur zwei zu nennen). Für andere dagegen ist Wicca nicht so sehr ein Trip der Gelehrsamkeit und der starren Rituale als vielmehr eine frei fließende Reise zum Göttlichen auf den Pfaden der Natur – eine eher schamanische Annäherung an Gott. Wieder andere vermischen die beiden Elemente (schamanisch und zeremoniell) bei unterschiedlichen Ritualen oder zum Zwecke der Gruppenorganisation. Wie gesagt, verwendet das zeremonielle Wicca keine christlichen und jüdischen religiösen Dogmen, stützt sich aber oft sehr stark auf die arabische und jüdische Mystik, kombiniert mit einem heidnischen Pantheon.

Zu guter Letzt: Manchen Wiccas gefällt es, heidnische Pantheons zu benutzen, weil die religiösen Führer und Dogmatiker dieser Kulturen schon lange tot sind. Sie können dir nicht mehr sagen, was du tun oder lassen solltest oder dass du etwas »auf die falsche Weise« tust oder gar ein schlechter Mensch bist, nur weil du anders denkst als die restliche Schafherde. Von den Pantheons der alten Griechen, Germanen, Ägypter, Kelten und Römer (diese fünf sind die stets anzutreffenden Favoriten) können wir nicht ausgeschlossen werden, nur weil irgendjemand dies angeordnet hat. Das heißt aber nicht, dass wir nicht bestraft werden, wenn wir die Energien eines Pantheons auf unehrenhafte Weise verwenden – die Kulturen sind zwar tot, aber die göttlichen Energiemuster sind es keineswegs.

Die folgenden Begriffe werden dir in Internet-Diskussionsforen zum Thema Götter und Religion häufig begegnen.

Animismus: Glaube, der in den Kräften und Phänomenen der Natur das Wirken von Geistern sieht.

Kanon: Regel, Gesetz, Modell oder Norm; wurde von der frühen christlichen Kirche oft benutzt, um die Rechte von Menschen zu beschneiden, vor allem, um ihnen vorzuschreiben, was sie glauben durften und was nicht.

Karma: Ein Sanskrit-Wort, das »Tat« bedeutet – das Gesetz lautet, dass die Taten eines Menschen über sein zukünftiges Leben bestimmen.

Kultur: Die Gesamtsumme aller Dinge (einschließlich Traditionen, Techniken, materiellen Gütern, Symbolsystemen), die Menschen erfunden, entwickelt und einander weitergegeben haben.

Monotheismus: Der Glaube an nur einen einzigen Gott.

Pantheismus: Der Glaube an einen göttlichen Geist, der alle Dinge im Universum umfasst.

Polytheismus: Der Glaube an viele Götter.

Theokratischer Monarch: Ein Mensch, der als Repräsentant eines Gottes oder mehrerer Götter regiert und glaubt, dass er selbst Fleisch gewordene Göttlichkeit ist (und darum etwas Besseres als das gemeine Volk).

Vor- und Urgeschichte: Die menschliche Geschichte vor den ersten schriftlichen Überlieferungen und die Erforschung dieser Geschichte.

Die in der modernen Hexenkunst gebräuchlichsten Pantheons

Auf den folgenden Seiten werden die fünf Pantheons aufgelistet, die in der Hexenreligion am verbreitetsten sind. Diese Zusammenstellung ist lediglich als Einstieg gedacht und kann keinesfalls die ausführlichen Studien ersetzen, die du betreiben solltest, ehe du anfängst, mit einer Gottheit zu arbeiten. Pantheons haben ihre Tücken. Das keltische Pantheon zum Beispiel hat, wie du feststellen wirst, wenn du dich intensiver mit ihm befasst, eine dreistufige Klassifizierung – bei der ersten Klasse, die Kinder der Danu, handelte es sich um das irische Pantheon, eine göttliche Gesellschaft von Wesen, die miteinander verwandt waren und in einer Parallelwelt lebten, mit ihren eignen Sitten, Gebräuchen und Funktionen[11]. Doch sie hatten auch Kinder (manchmal Helden und Heldinnen von epischer Größe, die die zweite Klasse darstellen). Letztere standen nicht nur in Kontakt mit den Menschen, sondern auch mit Naturgeistern (der dritten Klasse). In der nordischen Überlieferung verhält es sich ganz ähnlich, und auch in den griechischen und römischen Pantheons gibt es niedrigere Gottheiten, die halb menschlich und halb göttlich sind. Im ägyptischen Pantheon galten alle Pharaonen als Götter in Menschengestalt und mussten deshalb ebenfalls angebetet werden (normalerweise nur solange sie an der Macht waren, aber einige wenige wurden später zu echten Göttern, ganz ähnlich wie die Voodoo Lwa und die Vorstellung, dass Marie Laveau – eine verstorbene Voodoo-Priesterin aus New Orleans, die viel für ihre Religion und ihr Volk bewirkte – heute als Göttin/Lwa verehrt wird, weil sie sich das verdient hat). Außerdem schwirren durch all diese Pantheons natürlich auch geschichtliche Irrtümer, was daran liegt, dass im Laufe der Zeit viel Wissen verloren ging und sich historische Fehlinterpretationen einschlichen.

Griechisches Pantheon

Zeus: Gott der Götter
Hera: Frau des Zeus, Muttergottheit

Apollo: Gott der Weissagung, des Bogenschießens und der Musik
Aphrodite: Göttin der Liebe
Ariadne: Göttin des Labyrinthes
Aris: Gott der Tat und des Krieges
Artemis: Göttin der Jagd und des Schutzes
Athene: Göttin des Krieges und der Weisheit
Demeter: Erdgöttin
Dionysos: Gott des Weines und der Ekstase
Eileithya: Göttin der Geburt
Erato: Muse der Liebesdichtung (weiblich)
Eros: Gott der Liebe
Euterpe: Muse der Musik (weiblich)
Gaia: Ursprüngliche Erdgöttin
Hekate: Göttin der Zauberei, der Geister und der Toten
Hades: Gott der Unterwelt
Helios: Sonnengott
Hephaistos: Gott der Sonne, des Feuers und der Schmiedekunst

Hermes: Götterbote
Hestia: Göttin des Herdfeuers und des Hauses
Kalliope: Muse der epischen Dichtung (weiblich)
Klio: Muse der Geschichte (weiblich)
Melpomene: Muse der Tragödie (weiblich)
Metis: Weisheit
Moiren: Drei Göttinnen des Schicksals – Klotho, Lachesis und Atropos
Mnemosyne: Göttin der Erinnerung, die Mutter der Musen
Nike: Göttin des Sieges
Pan: Gott der Wälder
Persephone: Königin der Unterwelt
Phoebe: Mondgöttin
Polyhymnia: Muse des Gesanges (weiblich)
Poseidon: Meeresgott
Psyche: Göttin der Seele
Terpsichore: Muse des Tanzes (weiblich)
Tethys: Meeresgöttin
Thalia: Muse der Komödie (weiblich)
Theia: Göttin des Lichtes
Urania: Muse der Astronomie (weiblich)

Römisches Pantheon

Jupiter: Großer Gott; Stürme, Donner und Blitz
Juno: Königin der Götter; Frauen, Ehe, Geburt, häuslicher Besitz

Apollo: Gott der Sonne, der Musik, der Dichtung, der schönen Künste, der Weissagung, der Eloquenz und der Medizin
Bacchus: Gott der geistigen Getränke, der Früchte und des Feierns

Ceres: Göttin der Ernte, Landwirtschaft und Fruchtbarkeit
Cupido: Gott der Liebe und Leidenschaft
Diana: Göttin des Mondes, der Jagd, der Kinder und der Hexen
Fanus: Gott der Wälder
Flora: Göttin der Natur
Furien: Göttinnen der Rache
Janus: Doppelköpfiger Gott der Anfänge
Mars: Gott des Krieges und der Tat
Merkur: Götterbote, Gott des Handels und der Reisenden
Minerva: Göttin der Weisheit, der praktischen Künste und des Krieges
Neptun: Gott des Meeres, der Erdbeben und der Pferde
Parzen: Drei Göttinnen des Schicksals; Töchter der Nacht
Pluto: Gott der Unterwelt
Saturn: Gott der Ernte und des Goldenen Zeitalters (Saturnia regna)
Venus: Göttin der Liebe
Vesta: Göttin des Herdfeuers, des Hauses und der Gemeinschaft
Vulkan: Gott des Feuers, der Eisenbearbeitung und der Handwerkskunst

Keltisches Pantheon

Dagda: Vater-Gott (der gute Gott)
Danu (Anu)/Don: Mutter-Göttin
Abarta: Kriegerenergie (irisch)
Aine: Göttin der Liebe und Fruchtbarkeit (irisch)
Amaethon: Gott der Landwirtschaft (walisisch)
Aonghus: Gott der Liebe (irisch)

Badh (Badb): Kriegsgöttin – eines der drei Gesichter der Morrigan (irisch)
Belenus: Sonnengott (walisisch/irisch)
Bran: Gott der Seereisen
Bran, der Gesegnete: Gott der Unterwelt (britisch)
Brigantia: Göttin des Wassers, des Krieges, der Heilung und des Wohlstands
Brigid: Göttin der Heilung, Fruchtbarkeit, Dichtkunst und der Schmiede
Ceridwen: Fruchtbarkeitsgöttin (walisisch)
Dian Cecht: Gott der Heilung (irisch)
Dylan: Meeresgott (walisisch)
Epona: Göttin des Süßwassers, der Fruchtbarkeit und der Pferde (walisisch)
Lir: Meeresgott (irisch)
Lugh: Sonnengott (irisch)
Macha: Kriegsgöttin – eines der Gesichter der Morrigan
Morrigan: Kriegsgöttin; ursprüngliche Göttin der Erde und der Landwirtschaft – dreigesichtig
Nemain: Kriegsgöttin (irisch)
Nodens: Gott der Heilung (britisch)
Nuada: Gott der Tapferkeit
Ogma: Gott der Beredsamkeit (britisch)
Rhiannon: Göttin des Leidens und der Geduld (walisisch)
Scathach: Göttin des Kriegshandwerks und Kriegerprinzessin des Landes der Schatten
Taliesin: Prophet und Barde (walisisch)
Tuatha de Danann: Volk der Göttin Dana

Nordisch/germanisches Pantheon

Ägir: Meeresgott (germanisch)
Asen: Der jüngere Zweig der beiden Göttergeschlechter

Baba Yaga: Rächerin der Frauen (slawisch)
Buri: Vorfahre der Götter (germanisch)
Dazhbog: Sonnengott (slawisch)
Forseti: Gott der Gerechtigkeit (germanisch)
Freyja: Fruchtbarkeitsgöttin (germanisch)
Frigg: Königin der Götter
Gefion: Fruchtbarkeitsgöttin (germanisch)
Hel: Göttin der Unterwelt und der Toten (germanisch)
Huginn und Muninn: Die Raben – Gedanke und Gedächtnis – des Odin; Boten (germanisch)
Idun: Göttin der Jugend und der Äpfel (germanisch)
Jumala: Schöpfergott der finnischen Mythologie
Kied Kie Jubmel: Herr der Herden, Steingott (lappisch)
Leib-Olmai: Herr der Bären (lappisch)
Loki: Gott des Feuers (germanisch)
Luonnotar: Schöpfungsgöttin (finnisch)
Madder-Akka und Madder-Atcha: Göttliches Paar, das die Menschheit erschuf (lappisch)
Mati Syra Zemlya: Feuchte Erdmutter (slawisch)
Menu: Mondgott (baltisch)
Nerthus: Mutter-Göttin (germanisch)
Njord: Meeresgott (germanisch)
Nornen: Schicksalsgöttinnen – Urd (Vergangenheit), Werdandi (Gegenwart), Skuld (Zukunft) (germanisch)
Odin: Göttervater; mit Eloquenz begabt
Perunu: Donnergott (slawisch)
Potrimpo: Fruchtbarkeitsgott (slawisch)
Rig: Wächter der Götter (germanisch)
Saule: Sonnengöttin (slawisch)
Skadi: Göttin der Rache und der Jagd (germanisch)
Svarazic: Feuergott (slawisch)
Tapio: Gott des Waldes (finnisch)
Thor: Donnergott (germanisch)
Tuoni: Totengott (finnisch)

Tyr (Tiwaz): Gott des Himmels und der Tapferkeit (germanisch)

Vanen: Der ältere Zweig der beiden germanischen Göttergeschlechter

Vidar: Gott der Gerechtigkeit (germanisch)

Walküren: Kriegs- und Schildmaiden, die die tapferen Krieger nach Walhall bringen, dem idyllischen Wohnsitz von Odins Geisterheer

Ägyptisches Pantheon

Männliche und weibliche Göttergestalten, denen eine ähnlich herausragende Position wie dem Herrn und der Herrin zufiel, sind in Ägypten nicht feststellbar. Es gab bislang keine Zivilisation, die länger bestand als die ägyptische. Im Laufe dieser vielen Jahrhunderte veränderten sich Stellung und Ansehen der einzelnen Götter und Göttinnen, mal gewannen sie an Beliebtheit, dann büßten sie sie wieder ein.

Amon: wurde zunächst als Fruchtbarkeitsgott verehrt; entwickelte sich dann eine Zeit lang zum wichtigsten Gott Ägyptens

Anath: Herrin des Himmels, Beschützerin des Königs; bekannt für ihre Heftigkeit

Anubis: Gott der Toten und des Schutzes; Input ist sein weibliches Pendant

Anukis: Göttin des Wassers

Apis: Der Schwarze Stier, Symbol der Fruchtbarkeit und der unsterblichen Seele

Aton: Sonnengott, der sich zu einer monotheistischen Wesenheit wandelte und daraufhin seine Stellung innerhalb der anderen Götter und Göttinnen einbüßte

Bastet: Göttin der Katzen, der Fruchtbarkeit, der Musik, des Mondes, Beschützerin gegen das Böse (verwandt mit Sekhmet)

Bes: Gott des Glücks und Beschützer der schwangeren Frauen; Beset ist die weibliche Seite des Bes

Geb: Erdgott

Hathor: Göttin des Handels, der Schönheit, Freude, Liebe, Harmonie, der Kinder und des alles sehenden »Auges des Ra«

Horus: Himmelsgott, göttliches Kind

Hauhet: Göttin der Unendlichkeit; Hu ist ihr männliches Pendant

Hekat: Göttin der Hebammen und der Geburt, wird mit dem Wasser in Verbindung gebracht

Isis: Göttin des Alls; Göttliche Mutter; Gemahlin des Gottes Osiris

Ius-a'as: Schöpfungsgöttin

Ma'at: Göttin der Wahrheit

Mehet-Weret: Göttin des Himmels und der Überflutungen

Merit: Göttin der Musik

Min: Gott der Straßen, der Fruchtbarkeit und der Landwirtschaft; Beschützer der Reisenden

Neith: Göttin des Schicksals und des Krieges und Mutter des Ra; Beschützerin der Toten; bisexuell

Nekhbet: Ursprüngliche Muttergöttin; göttliche Amme

Nephthys: Göttin der Geheimnisse, der Initiation und des Todes

Nut: Himmelsgöttin

Osiris: Gott der Vegetation und des Todes; herrscht gemeinsam mit Isis

Ptah: Gott des Lernens, der Architektur und des Bauens

Ra: Sonnengott

Renenet: Göttin des Wohlstands und des Hauses

Sekhmet: Schutzgöttin
Selket: Göttin der Skorpione; Beschützerin der Toten, der Reisenden und des Wetters
Seshat: Göttin der Schreibkunst und Patronin der Bibliotheken
Seth: Gott der Stürme und des Chaos; obgleich er als unfreundlich und grausam galt, wurde er doch geachtet
Shu: Göttin der Feuchtigkeit
Sobek: Krokodilgott der Seen und des Schutzes
Taweret: Nilpferdgöttin der Kindsgeburt
Tefnut: Gott der Luft
Thoth: Gott des Wissens, der Weisheit und des Mondes
Wadjet: Schlangengöttin des Schutzes, der Kinder und des Landes
Wenut: Die »Schnelle« – bewegt Dinge rasch; Hasen- oder Schlangengöttin
Wosret: Die mächtige Frau

Woher stammt unsere Göttin?

Die Große Muttergöttin nahm während des paläolithischen Zeitalters (5 Millionen Jahre bis 10 000 v. Chr.) im Bewusstsein der Menschen Gestalt an. Sie wurde als Lebensspenderin betrachtet und mit den geheimnisvollen Kräften der Zeugung und Fortpflanzung gleichgesetzt. Ihre stark betonte Körpergestalt war für die prähistorischen Gesellschaften von großer Bedeutung, wie die zahlreichen weiblichen Figuren bestätigen, die von Archäologen in der ganzen Welt gefunden wurden.[12] Die neolithische oder Steinzeitkultur dauerte von 8000 bis 4000 v. Chr. Auch in ihr finden sich deutliche Anzeichen, dass die Muttergöttin die Entwicklung des menschlichen Bewusstseins begleitete. Die überwältigende Zahl weiblicher Statuetten, die in neolithischen Gräbern gefunden wurden, deutet darauf hin, dass der Glaube an die Erdmutter in der Übergangsphase vom Nahrungssammeln zur Nahrungsproduktion sogar noch an Bedeutung gewann, da nun Fruchtbarkeit und reiche Ernten für das Überleben der Gemeinschaft von entscheidender Bedeutung waren.[13]

Wenn wir die Schöpfungsgeschichten lesen (siehe Seite 218), entdecken wir, dass in vielen alten Kulturen die Göttin an erster Stelle genannt wird. Sie ist die Dunkelheit, aus der das Licht kommt, die Leere, aus der alle Dinge geboren werden. Sie ist der Anfang. Wenn wir uns die Anrufung der Sternengöttin (siehe Seite 19) anschauen, finden wir die Bestätigung dafür in unserer eigenen Wicca-Religion: »... aus mir entspringen alle Dinge, und zu mir müssen alle Dinge zurückkehren.« Dennoch müssen drei bemerkenswerte Menschen erwähnt werden, deren Arbeiten erheblich dazu beitrugen, dass die Göttin, wie wir sie kennen, Eingang in unsere Kultur fand: Jane Ellen Harrison, Sir Edmund Chambers und Sir Arthur Evans. Chambers, ein Beamter und Forscher, der sich mit historischen Studien beschäftigte, erklärte 1903, dass im prähistorischen Europa eine Große Erdmutter in zwei Aspekten – Erschafferin und Zerstörerin – unter vielen verschiedenen Namen verehrt worden sei[14]. Ronald Hutton merkt dazu an:

Chambers hatte nicht den größten Anteil daran, dass die Göttin Eingang in die moderne Kultur fand. Diese Ehre gebührt seiner Zeitgenossin Jane Ellen Harrison von der Universität Cambridge. Harrison setzte sich dort für dieses Konzept ein, wo es am meisten darauf ankam: unter Kennern der Antike und Altertumsforschern. Chambers verbreitete es anschließend unter englischen Literatur-

wissenschaftlern, während der prominenteste Förderer dieser Idee in Archäologenkreisen Sir Arthur Evans war, der durch seine Funde auf Kreta zu Ruhm gelangte.[15]

Evans' Entdeckungen auf Kreta im Jahr 1901 regten die Wissenschaftler seiner Zeit zu einer Vielzahl von Arbeiten zu diesem Thema an. Damals erstand die Göttin vom archäologischen Tod auf. 1948 sorgte ein Mann namens Robert Graves mit seinem Buch *Die weiße Göttin* dafür, dass eine breitere Öffentlichkeit sich für das Thema begeisterte.

Mithilfe seines enormen poetisches Talents, seiner exzellenten Kenntnis der griechischen und römischen Klassiker und seiner etwas geringer ausgeprägten Bekanntschaft mit der frühen irisch-walisischen Literatur gelang es Graves, die Ikone der universellen Gottheiten des alten Europa über jenen Punkt hinauszuentwickeln, den sie im frühen 20. Jahrhundert eingenommen hatte. Er nahm die Symbolik der … drei Aspekte und setzte sie in Bezug zum zunehmenden, vollen und abnehmenden Mond. In ihren Erscheinungsformen Jungfrau, Mutter und Alte porträtierte er die Göttin als Bringerin von Leben und Tod. Er machte ihren Sohn und ihrem Gemahl zu zwei einander konträren Aspekten, zum Gott des zunehmenden Jahres und Gott des abnehmenden Jahres, deren Schicksal es ist, als Rivalen um die Liebe der Göttin zu kämpfen. Für Graves bestand eine besonders wichtige Funktion der Göttin darin, dass sie den Menschen Inspiration brachte. …[16]

Ob sie schon vor Graves' Werk vollständig war, ist nicht die Frage. Wichtig ist, dass sie im Jahr der Göttin, 1948, in voller Funktion in Erscheinung trat. Nun war sie bereit, eine neue Religion zu stiften – die moderne Hexenkunst. Sie war in der Tat eine Gottheit der Gegenkultur, die einen zierlichen, aber doch festen Fuß in den Nacken des Patriarchats, des Christentums und der industriellen Welt setzte.

Wenn das so ist, wie konnte es dann überhaupt geschehen, dass sie davor derartig lange in Bedeutungslosigkeit versunken war? So, wie wir es heute verstehen, hat offenbar die Geburt der gemeinsamen Zivilisation der Vorherrschaft der Göttin den ersten schweren Schlag versetzt und ihr ein Grab geschaufelt, aus dem sie sich nach überwiegender Meinung nie wieder erheben würde. Aus dem Drang des Menschen, seine Umwelt, und ebenso seine Mitmenschen, zu erobern, zu zähmen und zu kontrollieren, entstanden Stadtstaaten und verdrängten die neolithischen Dörfer – und damit wurde die Macht der Göttin (und ihrer menschlichen Repräsentantinnen) der Gewalt einer männlich dominierten Gesellschaft geopfert. Ein Blick auf das heutige Afghanistan (ich schreibe diese Zeilen, während die ausführliche Medienberichterstattung die Aufmerksamkeit der Weltöffentlichkeit auf den Konflikt dort lenkt) zeigt uns, wie durch die Herabsetzung und den Missbrauch der Frauen auch ihr göttlicher Archetyp allmählich erstickt wird. Die Göttin unserer Urahnen unterwarf sich der dunklen Nacht der modernen, organisierten Religion jedoch nur sehr widerstrebend. Jahrtausendelang fuhr sie fort, mit vielen Gesichtern zu uns zu sprechen – Astarte in Babylon und Sumer; Isis (und andere) aus Ägypten; Danu bei den Kelten; und Maria, Sophia und Brigid im mittelalterlichen Europa, um nur einige zu nennen. Leider ist es unsere moderne Kultur, die auf die antike Geschichte starrt wie ein Kaninchen in die Scheinwerfer eines Lastwagens.

Göttin? Was für eine Göttin?

Natürlich gibt es über die Geschichte der Göttin noch viel mehr zu lernen, und darüber, wie sie im Laufe der Zeit in unsere kulturellen und sozialen Modelle hinein- und wieder aus ihnen hinausgeschwebt ist. Und, wie immer bei der Beschäftigung mit der Geschichte, gibt es Kontroversen über »die Fakten«. Ein typisches Beispiel: Maria Magdalena war keine Prostituierte, und die vielen Geschichten über Maria Magdalena sind lediglich eine Sammlung von Berichten über verschiedene Marias (denn zur Zeit Christi war Maria der häufigste Frauenname), die zu einem einzigen Mythos vermengt wurden. Tatsächlich handelte es sich, heutigen Historikern zufolge, bei Maria Magdalena um die spirituell aggressivste unter Jesus' Jüngern. Und sie war es, die mit ihrem Geld die Männer des Teams über Wasser hielt, während sie im Heiligen Land umherzogen und ihre Botschaft der Hoffnung auf eine bessere Zukunft verbreiteten. Ist das nicht wieder einmal typisch? (Kleiner Scherz am Rande ...) Ich möchte immer noch gerne wissen, wie sie es anstellte, ein weißes Ei in ein rotes zu verwandeln, aber ich schweife ab ...[17]

Ungeachtet solcher Geschichten wissen wir, dass selbst noch in der frühen Christenheit die Vorherrschaft der Göttin existierte, bis sie schließlich hinausgeworfen wurde. Machen wir uns eines klar: Zu jener Zeit wurden die Frauen wie Gegenstände behandelt, versklavt und als Privatbesitz betrachtet – wer hätte also damals auf die Idee kommen sollen, das Göttliche auch in weiblicher Form zu verehren? Falls sie wirklich existierte, hätte sie angesichts der Behandlung ihrer Fleisch gewordenen Energie vermutlich ziemlich ungehalten reagiert. Besser, wir ignorieren sie einfach, wird man sich gesagt haben. Vielleicht verschwindet sie dann.

Doch sie ist nicht verschwunden.

Vor allem kommt es mir darauf an, dir eines klar zu machen: Der Glaube daran, dass die Göttin existiert, ist keineswegs neu, absonderlich oder antireligiös. Was auch immer die Leute dir einzureden versuchen: Die Göttin war als Erste hier, und sie wird als Letzte gehen, und zwar einfach deshalb, weil alle Menschen sich nach der perfekten Mami sehnen.

Empfohlene Literatur

Die Zivilisation der Göttin: die Welt des alten Europa von Marija Gimbutas.
Herder: Lexikon Griechische und römische Mythologie.
Die Enzyklopädie der Mythologie von Arthur Cotterell.

Der Grüne Mann

In Erläuterungen zu Wicca oder der Hexenkunst wird unser Glaubenssystem fast durchgängig als »natur-orientierte Religion« beschrieben. Damit ist gemeint, dass wir in unseren religiösen Praktiken den Zyklen der Jahreszeiten folgen, das Leben auf unserem Planeten in allen seinen Formen achten und oftmals unsere Magie und unsere Liebe für das Göttliche mit den vielen Facetten der Erde verbinden. Ob wir in der Stadt leben oder auf dem Land, dieses wichtige Band wird niemals zerschnitten. Es überrascht nicht, dass die sehr erdverbundenen Bräuche unserer Vorfahren in den Riten und Festen der modernen Hexenkunst eine wichtige Rolle spielen. Die Menschen früherer Zeiten lebten in enger Verbindung mit dem Land, und ihr Überleben hing von guten Ernten ab. Unsere Vorfahren lernten, in den Sternen zu lesen, den Boden zu bestellen, auf die Zeichen der Natur zu achten und mit den Tieren zu kommunizieren, um Harmonie in ihrem Dasein zu erzeugen. Obwohl die Kultivierung des Bodens schon seit Jahrtausenden betrieben wird, entstanden Gärten, wie wir sie heute mit ihrer Vielfalt an Gemüse, Kräutern und Blumen kennen, in Europa erst im 16. Jahrhundert. Jene, die Bauernhöfe oder Gärten besaßen, orientierten sich im praktischen täglichen Leben an den Mondphasen und den Sternzeichen, die der Mond durchwanderte. An der Wende zum neunzehnten Jahrhundert enthielten Bibeln häufig astrologische Informationen für die Tierhaltung, für Landwirtschaft und Gartenbau. Damals galt das, was wir im Bereich des Acker- und Gartenbaus heute als »Magie« betrachten, einfach als nützliche, hilfreiche Praxis. Und doch war es schon 1872 so weit gekommen, dass Stadtmenschen über die Vorstellung spotteten, der Mond könnte irgendeinen Einfluss auf die Landwirtschaft haben, und viele vernünftige Praktiken als bloßen Aberglauben der naiven Landbevölkerung abtaten.[18]

Die magischen Menschen der heutigen Zeit haben erkannt, wie wichtig es ist, *mit* den Jahreszeiten zu leben, statt gegen sie anzukämpfen. Und aus diesem Verständnis heraus haben wir einen reichen und harmonischen Lebensstil kultiviert. Viele von uns haben sich die Mühe gemacht, heimatgeschichtliche Studien zu betreiben, um mehr über die alten bäuerlichen Arbeitsweisen in ihrer Region herauszufinden, besonders wenn sie selbst Landwirtschaft betreiben oder gärtnern. Andere erforschen alte Gemeinschaftsbräuche in dem Bestreben, die Magie von Erde, Meer und Himmel wiederzubeleben, der unsere Vorfahren sich voller Freude in ihren persönlichen Ritualen widmeten. Wenn du über längere Zeit Zauberei und Hexenrituale bei dir zu Hause praktizierst, lernst du ganz automatisch, wo die Sonne auf- und wo sie untergeht, aus welchen Richtungen an deinem Wohnort der Wind weht, wo die Sturmseite deines Hauses ist, welche Pflanzen in deiner Umgebung vorkommen und welche Blumen, Bäume, Tiere und Kräuter in deinem magischen Revier Schutz finden. Je mehr du mit der Natur kommunizierst, desto ausgewogener wird deine Lebensweise werden.

Die Arbeit mit der Natur bringt auch Vorteile für deine Beziehung zu Haustieren, wenn du welche hältst. Wenn du mit der Natur arbeitest, indem du die Jahreszeiten feierst, das Wetter beobachtest und dich an der Schönheit unseres Planeten erfreust, wirst du intuitiv spüren, wenn deine Haustiere gesundheitliche Probleme haben. Symptome, die andere Familienmitglieder übersehen, werden für dich ganz offensichtlich sein. In manchen Fällen kann deine gesteigerte Sensitivität deinen Haustieren buchstäblich das Leben retten. Zumindest wird sie aber bewirken, dass die Tiere rechtzeitig ärztliche Hilfe erhalten, ehe eine Krankheit gefährliche Ausmaße annimmt.

Gottheiten und Natur

Heidnische Gottheiten sind auf lebendige Weise mit der Natur verbunden und spielen für Tierhaltung, Ackerbau und Seefahrt eine wichtige Rolle. Tatsächlich stehen alle heidnischen Pantheons in enger Verbindung zur Erde und ihren Jahreszeiten. Ein paar historische Nachforschungen werden dir diese Bezüge deutlich vor Augen führen. Wenn du also eine Gottheit in den magischen Kreis rufst, lädst du damit auch die die Naturkräfte, die mit dieser Gottheit assoziiert werden, zu dir ein.

Zwar stellt die moderne Hexenkunst ein Gemisch aus verschiedenen Mythen dar – von Hexen, die sich völlig der keltischen Geschichte verschrieben haben, bis zu jenen, die den Zauber des alten Ägypten wieder zum Leben erwecken, doch es gibt einen starken Glauben, der alle diese Schulen verbindet: die Überzeugung, dass der Zyklus der Jahreszeiten in seiner Beziehung zur männlichen und weiblichen Energie den Fluss der Lebensenergie hervorbringt. Verwirrend für neue Hexen ist allerdings die Vielfalt der Mythen, die mit den Jahreszeiten verknüpft werden. Anders als beispielsweise im Christentum, in dem es zu den Feiertagen jeweils nur eine Legende gibt, finden sich in den heidnischen Religionen mehrere, die alle als gleich wichtig gelten. Der uralte Kampf zwischen dem Eichenkönig und dem Stechpalmenkönig, der zweimal jährlich veranstaltet wird, nämlich an Mittsommer und Jul, dient in manchen Wicca-Gruppen als lebendige Erinnerung an unsere alten heidnischen Wurzeln, während andere Wiccas an Mittsommer (oder Lughnasadh) stattdessen die göttliche Hochzeit von Herr und Herrin feiern. Welche Mythen jeweils verwendet werden, richtet sich zumeist nach dem gewählten Pantheon. Manchen Hexen gefällt es jedoch, einen wilden Mix sämtlicher Ideen zu praktizieren! Uns alle aber eint der Grundgedanke, dass wir mit dem Land verbunden sind und ebenso das Land mit uns.

Mehr Informationen über den Grünen Mann

Während deines Studiums der Hexenkunst wirst du irgendwann zwangsläufig über unseren geliebten Grünen Mann stolpern. Die Begegnung mit ihm wird für dich garantiert unvergesslich sein, und von da an wird er häufig zu dir sprechen – aus den Bäumen, dem Gras, dem Wüstensand, aus Blumen, Sträuchern und sogar aus dem Seetang. Er ist der ursprüngliche Gott des Pflanzenreichs, Symbol für Fruchtbarkeit, Fülle und Ernte. Der Grüne Mann »geriet während der vergangenen zweitausend Jahre scheinbar immer wieder in Vergessenheit, um dann aufs Neue zurückzukehren. Er ist viel älter als unsere christliche Epoche und verkörpert Erneuerung und Wiedergeburt.«[19] Der Grüne Mann erinnert uns immer wieder daran, dass die Erde ein zusammenhängender lebendiger Organismus ist, von dem auch wir lediglich ein Teil sind.

Die am häufigsten anzutreffende bildliche Darstellung des Grünen Mannes zeigt einen männlichen Kopf, der von Blättern und Zweigen umgeben ist, als seien das Gesicht und die Vegetation eins. In jedem Gartenfachgeschäft in den USA wirst du mindestens eines, wenn nicht sogar mehrere dieser Gesichter finden – in Stein, Zinn, Bronze oder Keramik, die in modischen amerikanischen Gärten zur Dekoration dienen. In Europa finden wir ihn an und in Kirchen, Schreinen, geheimen Alkoven, Verwaltungsgebäuden, Plastiken, Schlössern und in privaten Gärten. Der Grüne Mann berührt alle Menschen, ganz gleich, welcher Religion sie angehören. In der Mythologie begegnet er uns als »Jack in the Green«, Robin Hood, Maikönig, Eichen- und Stechpalmenkönig, Wilder Mann und auf den Girlanden am Maifeiertag. Und die Legende vom Grünen Mann gibt es nicht nur in Europa – in Brasilien ist er der gefürchtete Curupira; er ist Ixpe Totec, der aztekische Maisgott des Frühlings; Tammuz, der Herr des Lebensbaumes in Mesopotamien; Min, der fruchtbare Gott der Felder im alten Ägypten; und er begegnet uns als Osiris (im selben Pantheon), der auferstand wie Christus und in seinem Mythos Geburt, Wachstum, Tod und Wiederauferstehung der Jahreszeiten widerspiegelt. Osiris wird oft mit Korn, Weinranken und Zweigen dargestellt. Der Grüne Mann erscheint überall auf der Welt in bildlichen Darstellungen und wird immer wieder mit dem heiligen Baum des Lebens in Verbindung gebracht. Manche Leute sind der Ansicht, dass »sich die fernsten Ursprünge für den Grünen Mann in der Religion des alten Europa finden lassen – in den matriarchalischen Religionen des Neolithikums, als rings um das Donaubecken die ersten landwirtschaftlichen Siedlungen entstanden.«[20] In der Tat ist der geopferte Gott, der wieder aufersteht, kein junges Konzept, sondern viele Jahrtausende alt, viel älter als die Geschichte von Jesus Christus.

Grüner-Mann-Ritual für Segen und Wohlstand

Das unten beschriebene Ritual kannst du zu den folgenden Gelegenheiten praktizieren: am ersten Frühlingstag; wenn du in deinem Garten anpflanzt; wenn auf dem

Bauernhof die Vorbereitung für die Wachstumszeit beginnt; um am 2. August oder am 21. September die Ernte zu feiern oder um eine Scheune, einen Viehstall oder ein Wohnhaus zu segnen. Die Zeremonie besteht aus drei Teilen.

Teil eins: Nimm deinen Hexenkorb und unternimm einen Spaziergang im Wald, über Felder, oder am Ufer von Meer, Bach oder Fluss. Sammle kleine Objekte aus der Natur, die du gerne für dein Ritual verwenden möchtest – eine Eichel, einen interessanten kleinen Stein, Blüten und dergleichen. Ehe du etwas Lebendiges an dich nimmst, solltest du das Universum um Erlaubnis bitten. Wenn sich daraufhin ein ungutes Gefühl einstellt, verzichte lieber auf das betreffende Objekt und sieh dich nach etwas anderem um. Danke der Natur und der Gottheit jedes Mal, wenn du etwas aufhebst und in deinen Korb legst. Bitte um Segen und Wohlstand. Bleib auf deinem Spaziergang irgendwann einmal ruhig stehen und schließe die Augen. Sprich innerlich mit dem Grünen Mann als dem Repräsentanten der Natur. Hat er eine Botschaft für dich?

Teil zwei – benötigte Materialien: Modellierton deiner Wahl; eine Sammlung die Erde repräsentierender Objekte, klein und groß; Weihrauch; Salz; heiliges Wasser.

Anleitung: Befolge die Gebrauchsanleitung auf der Tonpackung und forme mit dem Ton das Gesicht des Grünen Mannes. Nimm dir für das Modellieren genug Zeit. Es muss kein großartiges Kunstwerk werden – es kommt allein auf die Energie an, mit er du arbeitest, und auf deine Gedanken. Während deine Finger den Ton kneten, denke an die jahrtausendealte Geschichte dieses Grünen

Gottes. Arbeite einige der gesammelten Objekte in deine Skulptur ein. Wenn du fertig bist, reinige und weihe die Skulptur mit Weihrauch, Salz und heiligem Wasser. Halte den Grünen Mann zum Abschluss einige Minuten in die Sonne und bitte um Reinigung und Segen durch das Himmelsfeuer. Halte nun deine Hände über die Skulptur und bitte den Grünen Mann, sein Abbild mit der positiven Energie von Harmonie und Fülle aufzuladen. Lege den Grünen Mann in einen Korb, der mit wohlriechenden Blättern, Pflanzen und Blüten der Jahreszeit gefüllt ist. Bewahre ihn darin auf, bis du das eigentliche Ritual ausführst.

Teil drei – benötigte Materialien: Heiliges Öl; Kerzen für den Altar; Korb mit dem Grünen Mann.

Anleitung: Bade oder dusche zunächst auf spirituelle Art. Während das Wasser über deine Haut rinnt, stellst du dir vor, dass alle negative Energie von Körper, Geist und Seele abgewaschen wird. Trockne dich ab und lege deine Ritualkleidung oder eine andere lockere Bekleidung an. Wenn du mit brennenden Kerzen und dergleichen hantierst, solltest du unbedingt auf weite Ärmel und andere wallenden Stoffe verzichten. Wenn es dir nicht möglich ist, mit offenem Feuer zu arbeiten, kannst du stattdessen Taschenlampen oder Solarleuchten verwenden.

Zünde die Kerzen auf deinem Altar an. Stelle den Korb mit deinem Grünen Mann in die Mitte des Altars. Beschwöre den magischen Kreis. Trage den Korb zum Nordviertel, halte ihn diesem Kreisviertel entgegen und sprich:

Ich rufe den Grünen Mann,
der im Norden wohnt.
Ich bin der Sohn/die Tochter der Erde

und rufe dich herbei.
Aus den Höhlen und tiefen Wäldern,
aus den Wiesen mit ihren Blumen
bringe Fülle und Freude in dieser heiligen Stunde

Bewege dich nun nach Osten und sprich:

Grüner Mann des Wissens,
der im Osten sitzt,
bitte, höre meine Wünsche und mein Flehen.
Bringe über Land und Meer
mit dem Wind des Osten Fülle und Freude herbei.

Gehe nach Süden und sprich:

Grüner Mann mit dem Feuer,
der aus dem Süden kommt,
befreie mein Leben von Negativität und Zweifeln.
Bringe Wachstum und Tapferkeit in diesen Kreis.
Bringe Segen und Freude in reicher Fülle.

Gehe nach Westen und sprich:

Grüner Mann, Hüter von Liebe
und Regen,
komme aus dem Westen
und vertreibe die Schmerzen.
Erfülle mit Mut unsere Herzen,
bringe uns Fülle und Freude und Segen.

Nimm die Skulptur des Grünen Mannes aus dem Korb und lege sie ins Zentrum des Altars. Stelle den Korb beiseite. Salbe Augen und Mund des Grünen Mannes und sprich:

Mögen deine Augen den Wohlstand sehen,
möge dein Mund Segnungen sprechen
für dieses Haus und seine Bewohner. So sei es.

Halte deine Hände über die Skulptur und sprich:

Ich habe dich im Wald gesehn,
deine Augen so tief und grün.
Über die Felder tanztest du,
ich spürte deinen Atem wehn
über Blatt und Halm immerzu.
Ich bestaunte deine fließende Haut
aus Bernstein, Gold und Jade.
Habe mein Leben dir anvertraut,
auf dass kein schwarzer Rauch mir schade.
Ich schufte nicht länger in Mühsal und Qual,
löse mich von Sorgen und Schmerz.
Und für deine Freuden ohne Zahl
öffne ich dankbar mein Herz.
Gebet bringt Segen jederzeit,
und der heilige Ort ist bereit.

Wiederhole nun neunmal die Worte: *Segen, Wohlstand und Fülle*. Beginne erst leise und sprich dann immer lauter. Konzentriere dich dabei auf die Vorstellung, dass positive Energie dich umhüllt. Nach der neunten Wiederholung klatsche dreimal in die Hände. Sage laut:

Es ist vollbracht! So soll es sein.
Von diesem Tage an
lebe ich in Freude, Fülle und Harmonie!

Schließe die Kreisviertel und hebe den Kreis auf. Stelle oder hänge das Gesicht des Grünen Mannes auf, wo du möchtest. Gehe ins Freie und streue die Blätter und Blüten in die vier Himmelsrichtungen, wobei du die Winde der vier Richtungen um Schutz und Segen für dein Haus bittest. Lade deine Skulptur des Grünen Mannes alle sechs Monate oder an den Hohen Heiligen Hexen-Feiertagen neu mit Energie auf.

Magische Ernte-Kerze

Wiccas feiern drei Erntedankfeste: Lughnasadh (1. oder 2. August), das Herbstäquinoktium (um den 21. September) und Samhain (31. Oktober bis 7. November, je nach Tradition). Du kannst drei Kerzen für unterschiedliche Themen herstellen:

Lughnasadh: Getreideernte und heilige Hochzeit
Herbstäquinoktium: Gartenernte
Samhain: Obsternte und Ehrung der Zyklen von Tod und Geburt

Die Kerze dient dazu:
* ungelöste Angelegenheiten zu einem natürlichen Abschluss zu bringen,
* die Jahreszeiten zu feiern und die Energie des Grünen Mannes zu ehren,
* verdienten Lohn zu empfangen und eine gute Ernte einzubringen,
* sich harmonisch auf die Energien der Jahreszeiten einzustimmen.

Benötigte Materialien: Getrocknete Kräuter und Blüten deiner Wahl (mehr Informationen dazu findest du im zweiten Band dieser Reihe: *Übung & Meisterschaft*); eine große weiße Säulenkerze (wenn du möchtest, kannst du auch eine andere Kerzenfarbe wählen); eine alte Kerze in der gleichen Farbe oder Paraffin; ein Kochtopf; eine alte, hitzebeständige Schüssel; Wasser; Föhn; 2 Bögen weißes Papier; Schere; alter Malpinsel. Die Ritualform kannst du selbst auswählen.

Anleitung: Reinige, weihe und segne alle Hilfsmittel im Namen des Grünen Mannes. Ist die Kerze als Geschenk gedacht, bitte um Segen für die Person oder Familie, die sie bekommen soll.

Arrangiere die getrockneten Kräuter und Blüten auf einem der Papierbögen in alle Ruhe so, wie du sie später auf der Kerze haben möchtest. Entferne überflüssige Blätter und Stiele mit der Schere.

Erhitze die Oberfläche der neuen weißen Säulenkerze mit einem Föhn (immer einen Abschnitt nach dem anderen), bis das Wachs sich klebrig anfühlt. Drücke die Kräuter oder Blüten nun sanft mit den Fingerspitzen gegen das Wachs der Kerze. (Du kannst dafür auch die Radiergummispitze eines Bleistifts verwenden.) Überhitze das Wachs nicht. Wenn du ein Blatt oder eine Blüte aufgeklebt hast, wickle das Blatt Papier um die Kerze und rolle sie auf einer glatten Fläche hin und her. Wiederhole das jedes Mal, wenn du ein Blatt oder eine Blüte aufgebracht hast, um sicherzustellen, dass die Pflanzenteile gut an der Kerze haften. Achte aber darauf, beim Rollen nicht zu fest zu pressen, damit du keine empfindlichen Stiele oder Blütenblätter zerdrückst oder beschädigst. Fahre so fort, bis die Kerze deinen Vorstellungen entspricht.

Koche Wasser in dem Topf auf, das du dann bei kleiner Hitze weiterköcheln lässt. Gib das Paraffin oder die alte Kerze in eine hitzebeständige Schüssel und stelle diese in den Topf. Lass die Schüssel so lange darin stehen, bis das Wachs völlig geschmolzen ist. Nimm den Topf dann vom Herd. Sei achtsam im Umgang mit dem köchelnden Wasser und dem heißen Wachs. Man kann dabei gar nicht vorsichtig genug sein! Nimm den alten Pinsel und bestreiche deine geschmückte Kerze rasch mit dem flüssigen Wachs. (Wenn du dir dabei zu viel Zeit lässt, kühlt das Wachs ab und bleibt am Pinsel kleben.) Berühre das heiße Wachs nicht mit den Fingern. Lass die Kerze abkühlen.

Nach Möglichkeit solltest du die Ritualform, für die du dich entschieden hast, in der Abenddämmerung im Freien ausführen. Lade die Kerze auf und bekräftige die oben aufgeführten vier Zwecke des Rituals. Schließe das Ritual entsprechend der von dir gewählten Form ab. Da wir uns nun der dunklen Jahreszeit nähern, wählen wir die Abenddämmerung als Zeitpunkt für das Ritual, weil sie den Abschluss des Tages symbolisiert und zugleich die Geburt der Nacht (der Tag steht für Frühling und Sommer, die Nacht für Herbst und Winter). Benutze die Kerze an Feiertagen oder um sie einem Freund/einer Freundin als außergewöhnliches Herbstgeschenk zu überreichen.

Hinweis: Kerzen, die Kräuter, Blüten und andere Dinge aus der Natur enthalten, brennen anders als gewöhnliche Kerzen. Manchmal entzünden sich die natürlichen Zutaten auf ungewöhnliche Weise, erzeugen eine heißere Flamme, ein beschleunigtes Abtropfen des Wachses oder eine doppelte Flamme. Auch wenn das nicht immer vorkommt, solltest du die Kerze dennoch in eine feuerfeste Metallschale stellen, in sicherem Abstand zu Gardinen, Wandbehängen, Altarschmuck oder Zimmerpflanzen. Wenn du die Kerze verschenken möchtest, kannst du eine dekorativ verzierte Karte beilegen, auf der du Informationen über den Grünen Mann und seine Symbolik und Anweisungen für ein gefahrloses Abbrennen der Kerze gibst.

Gruppenbewusstsein und der Hexen-Coven

Die alten Mysterientraditionen lehrten, dass »wir alle eins sind«, dass alle Formen von Energie miteinander in Verbindung stehen und dass wir alle demzufolge Teil jenes großen Ganzen sind, das manchmal als der göttliche Tanz oder das kollektive Unbewusste bezeichnet wird. Unsere Gesellschaft jedoch steckt im Individualismus fest – der Idee, dass wir alle getrennt voneinander existieren und dass wir wegen der großen Verschiedenheit der einzelnen Menschen niemals wirklich in Frieden leben können. Doch das stimmt nicht. Erinnerst du dich an das alte Sprichwort *Gemeinsam geht alles besser?*

Wenn wir uns für die Vorstellung öffnen, dass wir alle Teil des universellen Geistes (der kollektiven Energie des Universums) sind und diese Verbindung niemals unterbrochen werden kann, dann erscheint das, was wir unter unserer Alltagsrealität verstehen, in völlig anderem Licht. Es würde bedeuten, dass unsere Feinde Teil von uns sind. Wenn sie aber ein Teil von uns sind, können sie dann wirklich unsere Feinde sein? Ganz schön starker Tobak, das gebe ich zu.

Die Idee, dass wir voneinander getrennt sind, ist einfach eine Meinung, für die wir uns individuell entschieden haben (und wir treffen jeden Tag Millionen, vielleicht sogar Milliarden solcher Entscheidungen). Wir arbeiten alle mit der gleichen Energie, doch jeder von uns entscheidet selbst, welchen Gebrauch er von dieser Energie macht. Wenn unsere Entscheidungen uns davon abhalten, vollkommene Liebe und vollkommenes Vertrauen zu erfahren, und unser Gefühl des Einsseins dadurch beeinträchtigt wird, befinden wir uns im Irrtum, und das kollektive Unbewusste wird Schritte unternehmen, um die Situation auszubalancieren und die Harmonie wiederherzustellen. Unsere Entscheidungen beruhen auf unseren Gefühlen, unserer Körperchemie, unseren Zielen und darauf, was wir früher gelernt haben und was wir gegenwärtig lernen. Selbst wenn unsere Entscheidungen auf irrigen Ansichten beruhen (und wir alle treffen schlechte Entscheidungen), bleibt unsere Verbindung zum Großen Geist doch immer bestehen. Wir sind niemals allein. Der universelle Geist ist ein gewaltiger Informationsspeicher, zu dem wir alle freien Zugang haben, und diese lebendige Energie ist unsterblich und erschöpft sich niemals.

Woher wissen wir nun, dass dieser allgemeine Gruppengeist, dieses kollektive Unbewusste, wirklich existiert? Telepathie ist ein Argument, das sich ins Feld führen lässt: die Fähigkeit, mit den Verstorbenen zu kommunizieren (auch wenn es noch nicht gelungen ist, dieses Phänomen hieb- und stichfest wissenschaftlich nachzuweisen), weiterhin die Fernwahrnehmung (*engl.:* Remote Viewing) – sie wurde erfolgreich von der US-Regierung erprobt – und die Gabe mancher Menschen, mit Tieren zu kommunizieren, um nur einige Beispiele zu nennen. Es gibt noch einen anderen Weg, sich bewusst zu machen, dass dieses kollektive Unbewusste real ist: Wir können Gruppen von Menschen beobachten, die ein gemeinsames Interesse teilen (etwa eine Fußballmannschaft, eine wissenschaftliche Vereinigung, eine politische Partei, die eigene Familie oder eine Clique). Wenn die Gruppe erfolgreich ist und in Harmonie handelt, denken die Mitglieder wie ein gemeinsames Wesen. Wenn sie dagegen scheitern, dann deshalb, weil sie sich – ob ihnen das bewusst ist oder nicht – mental voneinander abgetrennt haben, und zwar aus eigener Entscheidung heraus. Wenn du jemanden sagen hörst, dass eine Gruppe von Leuten nur so stark ist wie ihr schwächstes Glied, handelt es sich dabei eigentlich um eine okkulte Idee. Denn es ist nicht physische Stärke gemeint, sondern mentale Kraft. Das schwächste Glied der Gruppe ist die Person, die sich ständig in negativen Selbstgesprächen ergeht, hinter dem Rücken der anderen schlecht über sie redet oder die Arbeit der Gruppe sogar aus eigennützigen Motiven bewusst sabotiert. Diese Person (es können auch mehrere Personen sein) hat sich dafür entschieden, sich selbst von der Gemeinschaft des kollektiven Unbewussten auszuschließen. Wenn dir diese Dinge im Moment noch verwirrend erscheinen, sei unbesorgt: Wenn du erst eine Zeit lang Magie und Rituale praktiziert haben wirst, wirst du begreifen, wovon die Rede ist.

Um dir eine klarere Vorstellung vom kollektiven Unbewussten und der Art und Weise zu vermitteln, wie Gruppen seine Energie anzapfen können, wollen wir nun zwei okkulte Übungen durchführen.

Gruppenbewusstseinsübung 1

Trage zwei Tage bis maximal eine Woche lang stets ein Notizbuch bei dir und notiere darin, welche Gruppen von Menschen du im Alltag beobachtest und welchen Eindruck diese Gruppen auf dich machen. Behalte deine Beobachtungen für dich, gib deine Notizen niemandem zu lesen. Es handelt sich hier um deine ganz privaten Eindrücke. Wenn du nicht sicherstellen kannst, dass niemand deine Notizen liest, solltest du einen Geheimcode verwenden. Notiere für jede Gruppe, wer deiner Ansicht nach ihr stärkstes und wer ihr schwächstes Glied ist, und warum du glaubst, dass die Gruppe erfolgreich ist oder keinen Erfolg hat. Zum Abschluss des Experiments meditiere über das, was du herausgefunden hast. Denke über den universellen Geist nach und notiere, was du durch deine Beobachtungen herausgefunden hast und zu welchen Erkenntnissen du in der Meditation gelangt bist. Bewahre deine Notizen auf, denn wir kommen später noch einmal auf sie zurück.

Gruppenbewusstseinsübung 2

Blättere zurück und lies noch einmal die »Anrufung der Sternengöttin« auf Seite 19. Konzentriere dich dabei besonders auf den Satz: »Aus mir entspringen alle Dinge, und zu mir müssen alle Dinge zurückkehren.« Was möchte die Energie der Göttin dir damit sagen? Sie möchte dich wissen lassen, dass du dein höchstes Potenzial nur entfalten kannst, wenn du zunächst lernst, das große Bild zu sehen, ehe du dir viele kleine Bilder für dein eigenes Leben machst. Sie möchte, dass du das Konzept des Einsseins verstehst. Du bist eins mit jeder lebenden Person und jedem lebenden Tier, und du bist bereits vereint mit dem Gott/der Göttin. Du musst nicht erst schwer arbeiten, um dorthin zu gelangen, du musst dich lediglich erinnern. Du bist eins mit jeder Lebensform und jeder Energieform. Alles – du selbst eingeschlossen – entstammt derselben Energie, und alles wird wieder in diese Energie zurückkehren, ungeachtet der persönlichen Entscheidungen, die du in deinem Leben triffst. (Hier riecht es ganz schön nach Quantenphysik, nicht wahr?) Es kommt nur darauf an, auf welche Weise du Gebrauch von dieser Energie machst, für dich selbst und für die Gemeinschaft, in der du lebst. Ein einzelner Mensch kann tatsächlich die Welt verändern, doch wenn solche Veränderungen eintreten, ist die Quelle dahinter stets jene unendlich schöpferische Energie, die Gesamtheit allen Seins. Um allen Leuten diese Wahrheit immer wieder einzuhämmern, feiern die Hexen ihre acht Hohen Heiligen Tage und nennen sie Das Rad des Jahres. Sie betrachten diese Feiertage als miteinander verbunden und erkennen so den Zauber von Geburt, Tod und Wiedergeburt im Leben aller Menschen (nicht nur der Hexen) an, und ebenso die totale Verbundenheit mit jener schöpferischen Energie, die niemals stirbt.

Das Einssein sämtlicher Energien (Menschen, Orte, Tiere, Dinge und das Göttliche) ist schon seit sehr langer Zeit eine okkulte Maxime, und viele berühmte historische Persönlichkeiten – Buddha, Konfuzius, Laotse, Mohammed, Dion Fortune, Israel Regardie, Jesus, um nur einige zu nennen – haben sich bemüht, diese Botschaft jenen nahe zu bringen, die bereit waren zuzuhören. Ich persönlich werde niemals vergessen, wie Lord Serphant sich kurz nach meiner Initiation in den dritten Grad zu mir beugte und mir ins Ohr flüsterte: »Es gibt nur ein Geheimnis – wir sind alle eins.«

Der moderne Coven

Und was hat das alles nun mit der Organisation eines Wicca-Covens zu tun? Ein Coven ist eine Gruppe von Hexen, die beschlossen haben, gemeinsam magisch zu arbeiten, zu heilen und zu lernen, und die normalerweise eine Form von Hierarchie innerhalb der Gruppe akzeptieren. Ja, das bedeutet, dass in einem solchen Coven Regeln aufgestellt werden, die befolgt werden müssen. Diese Regeln variieren von Gruppe zu Gruppe. Nicht alle Hexen arbeiten in Covens. Manche benutzen die Bezeichnung »Kreis« oder »Zirkel«, andere nennen ihre Gruppen »Groves« (*engl.* für »Wäldchen«). Einige wenige verwenden auch das Wort »Kirche« und sind in den USA staatlich als Religionsgemeinschaften anerkannt (sie fallen damit unter das Gesetz, das freie Religionsausübung garantiert). Die innere Führungsstruktur eines Covens, Groves oder Kreises kann locker oder aber auch sehr streng sein – das hängt davon ab, wer die Gruppe gegründet hat und welche Regeln für ihre Zusammenarbeit als sinnvoll erachtet werden. Viele Hexen arbeiten allein und unabhängig und gehören keiner Gruppe an, während andere zwar allein arbeiten, aber in heidnischen Gemeinschaften zusammenkommen, um die Monde (Esbate) und die Hohen Heiligen Tage (Sabbate) gemeinsam zu feiern. Von Covens, die den gleichen Lehren folgen und nach dem gleichen System von Regeln organisiert sind, sagt man, dass sie einer Tradition angehören, was aber nur gilt, wenn die Person, die dieses System begründete, bereits verstorben ist (wie es etwa auf das Gardnerische Wicca zutrifft). Ist jedoch der ursprüngliche Organisator noch am Leben, werden die sich innerhalb dieser Organisation gruppierenden Covens »Clan« genannt (wie bei meinem eigenen Clan, zu dem achtundzwanzig Covens gehören). Diese Covens müssen keine zentrale Leitung haben, wie es etwa bei den Gardnerianern der Fall ist. Oder die Covens bleiben immer mit der zentralen Organisation verbunden, wie z. B. beim Black Forest Clan. Diese Organisation kann von einer einzelnen Person angeführt werden (einer Königin/einem Clan-Oberhaupt), von zwei Personen oder einem Ältestenrat. Wenn ein Clan zu groß wird, um noch angemessen regiert werden zu können, gestatten es manche Clans, dass einzelne Teile sich abspalten, ihre eigene Königin oder ein eigenes Clan-Oberhaupt ernennen und doch in einer Weise mit dem Ursprungsclan verbunden bleiben, die von den Mitgliedern als angenehm empfunden wird. Manche beschließen auch, sich völlig von der Muttergruppe loszulösen. Verwirrend an solchen Coven-Netzwerken ist, dass nicht alle den gleichen Regeln folgen und dass manche Gruppen sich von Anfang an als Traditionen bezeichnen. Außenstehenden, die versuchen, sich einen Überblick über die Szene zu verschaffen, schwirrt dabei schnell der Kopf. Doch schließlich verhält sich das in anderen Religionen ebenso, wo die Regeln einer Gruppierung oft völlig von denen abweichen, die nur zehn Kilometer entfernt praktiziert werden. Im Christentum beispielsweise gibt es Tausende von Sekten und Konfessionen. Warum sollte das in der Hexenkunst, der am schnellsten wachsenden Religion in den Vereinigten Staaten, anders sein?

Ein Gruppenbewusstsein bildet sich aus gleichgesinnten Individuen, die sich innerhalb der Gesamtheit des kollektiven Unbewussten zu gemeinsamen Aktivitäten treffen. Es ist ein Mikrokosmos, der innerhalb des universellen Geistes versucht, durch menschliches Bemühen den Makrokosmos des kollektiven Ganzen widerzuspiegeln *(wie oben, so unten)*. Jede Organisation, klein oder groß, besitzt ein Gruppenbewusstsein – Menschen, die ihr Denken und Handeln vereinigen, um gemeinsam bestimmte Ziele zu erreichen. Der Unterschied zwischen einem Cheerleader-Team oder einer Fußballmannschaft und einem Hexen-Coven besteht darin, dass die magischen Leute um ihre Verbundenheit mit der göttlichen Urquelle wissen. Mithilfe dieses »Wissens« arbeiten sie als Gruppe mit der Urquelle, um so Heilung, Erfolg und Glück für sich und andere zu erzeugen. Das Cheerleader-Team weiß normalerweise nichts von der tiefen Einheit allen Seins, es sei denn, es hat eine starke und charismatische Anführerin und viele Mitglieder, die positives Denken praktizieren. Daher nutzt ein solches Team den schöpferischen Geist, der alle Mitglieder verbindet, nur zu einem kleinen Teil. Auch deine Familie besitzt ein Gruppenbewusstsein. Ihr seid durch euer Blut (DNA, Gene) miteinander verbunden, durch eure Lebensumstände und familiäre Traditionen. Daher werden häufig Covens und manchmal auch Clans als »Familie« bezeichnet. Zwar sind die Mitglieder in der Regel nicht miteinander verwandt, aber sie nennen einander aus einer spirituellen Sicht heraus Brüder und Schwestern – gemäß der Idee, dass wir alle durch unsere Lebensentscheidungen, die gemeinsame spirituelle Praxis und die von allen geteilte universelle Schöpfungsenergie verbunden sind. Solche Gruppen sollten aber nicht mit einem Kult oder einer Sekte verwechselt werden. Darunter werden heute allgemein Organisationen verstanden, die danach trachten, die Individualität ihrer Mitglieder zu zerstören und sie zu Verhaltensweisen zu zwingen, die sehr schädlich für deren persönliche spirituelle Entwicklung und das allgemeine gesellschaftliche Wohl sind.

In der Hexenkunst gibt es eine Methode, ein Individuum mit dem Gruppenbewusstsein zu verbinden, die nicht darauf abzielt, die persönliche Willensfreiheit des Betreffenden zu brechen, wie Sekten es versuchen. Diese Methode wird Initiation genannt. Das vordringliche Ziel einer Initiation in eine Gruppe besteht darin, dass du durch die Hilfe der Gruppe in die Lage versetzt wirst, psychische Blockaden zu überwinden, die deine spirituelle Entwicklung behindern. Daher verbindest du dich dabei mit der Energie der gegenwärtigen Gruppe, der Energie früherer Mitglieder dieser Gruppe und der Energie der verstorbenen Mitglieder. Die Traditionslinie, in die du initiiert wirst, besteht demnach aus den Personen, die deine Initiationszeremonie leiten, aus den Personen, die deren Initiation leiteten und so weiter. Wenn du zu einem späteren Zeitpunkt diese Gruppe wieder verlässt und nicht wünschst, weiter mit dem Bewusstsein der Gruppe in Verbindung zu stehen, solltest du an einem Trennungsritual teilnehmen. Manchmal wird ein solches Ritual für dich abgehalten werden, nachdem du die Gruppe verlassen hast. Nimm das Gruppenbewusstsein niemals auf die leichte Schulter. Unterschätze die Macht älterer Gruppen und ihrer Mitglieder nicht, hinter denen ein jahrelanges Training liegt. Eine erfahrene Hohepriesterin kann bei einem Ritual das Schwert schwingen und dich in weniger als fünf Minuten vom Gruppenbewusstsein abtrennen, wenn sie das für notwendig erachtet, und zwar so, dass du selbst glaubst, du hättest diese Entscheidung aus eigenem Antrieb heraus getroffen. Daran erkennst du, dass es einen Unterschied zwischen neu gegründeten Gruppen gibt und solchen, die schon seit Jahren existieren – das solltest du im Hinterkopf behalten, wenn du dich innerlich bereit fühlst für die magische Arbeit in einer Gruppe.

Das wirklich Komplizierte an jeder Art von Gruppenbewusstsein ist, dass es sich ständig verändert. Wenn jemand eine Gruppe verlässt, wird das Gruppenbewusstsein die entstandene Lücke füllen und sich wandeln, um den Energieverlust auszugleichen. Manchmal ist das ein trauriger Moment, während bei anderen Gelegenheiten alle befreit aufatmen, wenn eine bestimmte Person endlich die Gruppe verlässt. Stell dir ein Gruppenbewusstsein wie einen Bundesstaat vor. Angenommen, du wohnst im Bundesstaat Texas, dann bist du ein Angehöriger dieses Staates und gleichzeitig gehörst du zum großen Ganzen – den Vereinigten Staaten von Amerika. Wenn du aus Texas nach Montana ziehst, gehörst du nicht länger der Texas-Gruppe an, bist aber immer noch ein Bürger oder eine Bürgerin der Vereinigten Staaten. Wenn du aus den USA in ein anderes Land umsiedelst, bist du immer noch Teil der großen Menschheitsfamilie. Das universelle, kollektive Ganze verlässt du niemals, du kannst dich lediglich darin von einem Ort zum anderen bewegen.

Wenn ein Mensch sich einer Gruppe anschließt, erweitert sich das Gruppenbewusstsein und versucht, diese neue Energie zu integrieren. Wenn die neue Energie nicht auf der gleichen Wellenlänge schwingt, wird entweder das Gruppenbewusstsein das neue Mitglied wieder ausschließen, oder das neue Mitglied wird das Gruppenbewusstsein zerstören. Wenn das neue Mitglied sich weigert zu gehen, wird die Sache für alle Beteiligten schwierig und unangenehm. Dabei spielt es keine Rolle, um welche Art von Gruppe es sich handelt, Sportverein oder Coven – immer gibt es eine Tendenz, die Harmonie zu wahren. In der Hexenkunst kursiert ein beliebter Witz über das »Hohepriester-Fieber«, das eigentlich gar nicht wirklich komisch ist. Jemand, der an diesem Wahn leidet, wird Mitglied einer Gruppe, um alle Aufmerksamkeit auf sich zu ziehen. Bewusst oder unbewusst wird er oder sie alles daransetzen, das Gruppenbewusstsein zu sabotieren mit dem Ziel, selbst die Kontrolle an sich zu reißen. Leider kommt es immer wieder einmal vor, dass solche Leute einen Coven zu Grunde richten. Die Selbstsucht und das destruktive Verhalten eines einzigen Mitglieds kann eine ganze Organisation mit über zweihundert Mitgliedern zerstören, wenn dieser Mensch es darauf anlegt, einen Keil in den Clan zu treiben, nur um sich in den Mittelpunkt der Aufmerksamkeit zu drängen. Meist handelt es sich dabei um eine Person, der ein Amt anvertraut wurde und die dann mit ihren albernen Mätzchen die ganze Welt der Gruppe durcheinander wirbelt, sodass die anderen sich fragen, was eigentlich aus der vollkommenen Liebe und dem vollkommenen Vertrauen geworden ist, nach denen die Gruppe doch eigentlich strebt.

Beim Gruppenbewusstsein handelt es sich also um eine Umwelt, die ständigen Veränderungen unterworfen ist. Zwar ist uns die physische Tatsache, dass jemand die Gruppe verlässt oder sich ihr anschließt, bewusst, aber oft erkennen wir die nicht-physischen, spirituellen Auswirkungen dieser Veränderungen nicht, obwohl unser Unterbewusstsein (das stets mit dem kollektiven Unbewussten verbunden ist) uns entsprechende Botschaften sendet – aber wir hören ihm nicht immer zu.

Das Gruppenbewusstsein versucht immer, die Einheit des kollektiven Unbewussten nachzubilden. Die Probleme, die innerhalb einer Gruppe auftreten können, stehen immer mit den Entscheidungen in Zusammenhang, die von der Gruppe getroffen werden: Wenn die Gruppe als Ganzes sich von ihrer bisherigen Harmonie entfernt oder wenn ein oder zwei Mitglieder versuchen, das harmonische Gleichgewicht in der Gruppe zu stören, entstehen energetische Wirbel. Wenn eine Gruppe sich unter dem Banner der Negativität versammelt (etwa eine Gruppe, deren Handeln von Hass getrieben ist), droht ihren Mitgliedern die Selbstzerstörung. Da für das kollektive Unbewusste (anders als für uns) Zeit jedoch keine Rolle spielt, kann diese Implosion länger dauern, als es wünschenswert wäre, und vielen unschuldigen Menschen Schaden zufügen. In karmischer Hinsicht werden die, deren Handeln auf irrigen Ansichten beruht, früher oder später dafür bezahlen müssen. Aber oft werden wir nicht mehr erleben, auf welche Weise dies geschieht, weil das Universum (der Große Geist, Gott, die Götter und Göttinnen) entscheidet, wann die Schuld eingetrieben wird. Wenn du selbst Opfer solch destruktiver Gruppen-Aktivitäten wirst, ist es unglaublich schwer, dennoch den Glauben aufrechtzuerhalten, dass die vollkommene Liebe und der vollkommene Frieden sich letztlich behaupten werden, denn du selbst wirst möglicherweise nicht zugegen sein, wenn die Gerechtigkeit schließlich siegt.

Das Wort *Coven* bedeutet »Versammlung« oder »Treffen« und ist mit den Worten *Konvent* und dem englischen *Covenant* verwandt. Letzteres meint eine Vereinbarung oder einen Pakt. In einem Coven einigen sich die Mitglieder darauf, zum eigenen Wohl und dem Wohl der Gruppe zusammenzuarbeiten. Außerdem werden sie sich vermutlich auf allgemeine Regeln einigen, darauf, welche Götter oder Göttinen Patrone der Gruppe sein sollen und welche Formen der Magie sie bevorzugen. Auch können sie beschließen, gemeinsam zu lernen und vielleicht andere zu unterrichten. Hexen-Covens sind oft klein, die Mitgliederzahl schwankt in der Regel von drei bis dreizehn. Die Zahl dreizehn kann zwar wegen ihrer okkulten Bedeutung gewählt werden, aber je kleiner der Coven ist, desto konzentrierter das Gruppenbewusstsein. Aus eigener Erfahrung weiß ich, dass die Leitung von Covens, die mehr als dreizehn Mitglieder zählen, großes diplomatisches Geschick, enorm viel Geduld, Zeit und Energie erfordert. Da in Covens immer wieder politische Fallstricke drohen, bevorzugen viele Teenager (und auch Erwachsene) die Arbeit in einem nur locker organisierten »Kreis« – was bedeutet, dass sie sich einfach treffen, um gemeinsam zu zaubern und Rituale zu feiern, ohne sich die Verantwortung aufzuladen, die mit der Organisation und Leitung eines festen Covens verbunden ist. Es gibt hierbei keinen Verhaltenskodex, nur eine Einigung darüber, was bei Sabbaten und Esbaten möglich ist und was nicht. In diesem Fall ist das Gruppenbewusstsein nur »mächtig«, solange das magische Ritual im Gange ist. Aber auch solche lockeren Hexenzirkel können recht gut funktionieren. Das weiß ich aus Erfahrung, denn mein Mann und ich reisen viel im Land umher und veranstalten an unterschiedlichen Orten immer wieder »Heilungskreise«. Jedes Mal wenn wir dieses Ritual feiern, nehmen andere Leute daran teil, dennoch funktioniert die Zusammenarbeit stets sehr gut, und die Leute begreifen schnell, worauf es ankommt.

Ich habe bereits darauf hingewiesen, dass das Gruppenbewusstsein sich ständig verändert. Es wird sich aufbauen oder auflösen, je nachdem, was die Mitglieder der Gruppe oder das kollektive Unbewusste gerade brauchen. Wenn du ein Geschichts-Fan bist (oder dich an der Schule zumindest gezwungenermaßen mit Geschichte beschäftigst), ist dir wahrscheinlich schon aufgefallen, dass bestimmte Gruppen und Vereinigungen von Menschen immer dann aufsteigen und an Bedeutung gewinnen, wenn an einem Punkt in der Geschichte ihre Energien besonders benötigt werden. Anschließend lösen sie sich wieder auf. Vielleicht sagen wir: »Mensch, was für ein Glück, dass Soundso damals zur Stelle war.« Tatsächlich wurde dieser oder diese Soundso vom kollektiven Unbewussten herbeigerufen. Die Person hatte aber die Wahl, ob sie dem Ruf folgen wollte oder nicht. Hätte sie sich dagegen entschieden, wäre jemand anders vom kollektiven Geist mit der Aufgabe betraut worden. So wird die kosmische Harmonie gewahrt, ohne den freien Willen der Menschen, die Freiheit, ihre Lebensumstände mithilfe ihres Denkens selbst zu erschaffen, außer Kraft zu setzen.

Die meisten Covens nehmen keine Mitglieder auf, die jünger als achtzehn oder einundzwanzig sind. Das hat mehrere Gründe: Erstens wird von Neumitgliedern ein gewisses Maß an persönlicher Reife erwartet, da das Gruppenbewusstsein einer magischen Gruppe sich durch die Aufnahme einer neuen Person verändert. Wenn das Bewusstsein der Gruppe nicht darauf vorbereitet ist, mit der Energie von Teenagern oder jungen Erwachsenen angemessen umzugehen, kann es dadurch empfindlich gestört werden. Auch müssen unter Umständen örtliche Gesetze im Umgang mit Minderjährigen beachtet und die Eltern um Erlaubnis gebeten werden. Das soll aber nicht heißen, dass es schlecht wäre, ein Teenager zu sein. Es gibt auch Covens, die ein neues Mitglied erst aufnehmen, wenn es eine bestimmte Ausbildung absolviert oder sich zunächst im Selbststudium vorbereitet hat. Andere verlangen den Nachweis eines festen Wohnsitzes und einer geregelten Arbeit. Dazu muss man kein Raketenforscher sein und in einem Luxushaus wohnen. Dem Leiter des Covens kommt es vielmehr darauf an, dass die Mitglieder persönlich stabil sind und genug Zeit für die erforderlichen Studien haben. Manche Covens nehmen niemanden auf, der gerade eine persönliche Krise, etwa eine Ehescheidung, durchlebt. Erst wenn die Krise bewältigt ist und der Betreffende wieder Zeit und Energie für neue, aufregende Erfahrungen hat, wird der Aufnahme zugestimmt. Andere Covens lehnen es ab, Collegestudenten oder Jungverheiratete aufzunehmen, weil der zusätzlich nötige persönliche Zeitaufwand Menschen in dieser Phase überfordern könnte.

Wer eine Krise durchmacht oder gerade sein Leben grundlegend verändert, kann sich nicht auf mehrere Aufgaben gleichzeitig konzentrieren – Prioritäten müssen gesetzt werden. Da niemand gezwungen sein sollte, zwischen Spiritualität und Einkommen wählen zu müssen (zum Beispiel während eines Studiums), empfehlen spirituelle Lehrer häufig, erst zu einem späteren Lebenszeitpunkt, wenn man in geordneten finanziellen Verhältnissen lebt, mit der Hexen-Praxis zu beginnen. Viele Covens verlangen heute von Interessenten, dass sie zunächst einen Bewerbungsbogen ausfüllen. Manche Leute halten eine solche Exklusivität für schlecht. Aber wenn man weiß, wie die Energie eines neuen Mitglieds eine Gruppe verändern kann, ist es manchmal für die Gruppe, und auch für den Bewerber, besser, einen Aufnahmeantrag abzulehnen. In vielen magischen Gruppen müssen Kandidaten ein Jahr und einen Tag lang dienen, ehe sie feierlich als Vollmitglied aufgenommen werden. So haben beide Seiten die Möglichkeit, erst einmal zu prüfen, ob der Neuling gut mit der Gruppe harmoniert.

Auch wenn keine Neumitglieder aufgenommen werden und niemand die Gruppe verlässt, wird sich das Gruppenbewusstein dennoch verändern, unter anderem wegen unseres persönlichen Wachstums und unserer Lebensaufgabe. Magische Gruppen bestehen normalerweise höchstens drei bis fünf Jahre. Wenige werden fünfzehn Jahre alt, und nur sehr selten überdauert eine solche Gruppe länger als zwanzig Jahre. Manche Gruppen wandeln sich völlig, wobei nur wenige der ursprünglichen Mitglieder noch aktiv sind. Manchmal existiert nur noch der Name, der Gründer der Gruppe ist längst Geschichte, und das Gruppenbewusstsein hat sich in eine völlig andere Richtung entwickelt. Wenn du ein Teenager bist, weißt du nur zu gut, wie kurzlebig das Gruppenbewusstsein sein kann. Die verschiedenen Gruppen, an denen du in der Schule teilnimmst, existieren nur eine kurze Zeitspanne. Und so ist es auch später während des Studiums oder der Berufsausbildung.

Schließlich spielen auch die Zielsetzungen der Covens eine Rolle. Manche dienen hauptsächlich der Geselligkeit, andere konzentrieren sich auf die magische Ausbildung im Allgemeinen oder auf die gezielte Schulung von Priesterinnen und Priestern. Jene, die den Aufbau einer Priesterschaft zum Ziel haben, sind in der Regel straff organisiert und erwarten, dass du eine vierjährige oder sogar noch längere Ausbildung durchläufst.

Wenn du mit deinen Freunden selbst einen Coven gründen oder einem bereits bestehenden Coven beitreten möchtest, ist es wichtig, dass du aufschreibst, was du dir von der magischen Arbeit mit Gleichgesinnten erhoffst und wie du diese Form des Gruppenbewusstseins in deinen Lebensstil integrieren willst. Ich empfehle dir, das Buch *Coven Craft* von Amber K. zu lesen, ehe du eine Entscheidung triffst. In diesem ausgezeichneten Buch wird beschrieben, welche Freuden und Probleme dich bei der Gründung eines eigenen Covens erwarten und wie du ihn am besten organisieren kannst. In meinem Buch *Zauberschule der Neuen Hexen – Ritual & Harmonie* findest du ebenfalls ein Kapitel darüber.

Hexenpyramide

In manchen magischen Zirkeln ist die Hexenpyramide bekannt als die Vier Kräfte des Magus oder die Vier Geheimnisse der Sphinx, und ihre Energie gilt als das Fundament und die vier Säulen aller praktischen und esoterischen Magie. Ob du nun das Wetter beschwörst, um einen tollen Tag am Meer erleben zu können, oder dich darauf konzentrierst, deine innere Hexe mächtig werden zu lassen, die Fundamente unserer Kunst sind immer die gleichen: Wissen, Wagen, Wollen und Schweigen, in manchen Hexenzirkeln auch unter ihren lateinischen Namen bekannt: *noscere* (wissen) steht für das Element Luft; *audere* (wagen) ist dem Element Wasser zugeordnet; *velle* (wollen) steht für das Element Feuer; und *tacere* (schweigen) ist verknüpft mit dem Element Erde.[21] Zusammen bilden sie die *voces mysticae*, die in meinem Buch *Das Zauberbuch der Freien Hexe – Zauberkraft im Alltag* im Abschnitt über das Magische Alphabet näher erläutert werden. Von den Lektionen, die diese vier Eckpfeiler uns lehren wollen, ist die letzte die schwierigste: das Schweigen. Es gibt Hexen, die schon seit zwanzig Jahren magisch arbeiten und es noch immer nicht begriffen haben! Wenn die vier Kräfte vereint werden, tritt die fünfte heilige Kraft in Erscheinung – die Quintessenz, der Geist, der die Spitze der Pyramide darstellt und manchmal *ire* genannt wird, was »gehen« heißt – das Fließen der Energie hin zu ihrem Ziel: der von der Hand der Hexe gelenkten Manifestation. Ohne dieses solide Fundament (den vier Eckpfeilern der Magie, nicht zu verwechseln mit den vier Kreisvierteln, obwohl diese Assoziation natürlich nicht völlig abwegig ist) wird der Kegel der Macht instabil werden und in sich zusammenfallen, und der Zauber wird seine Kraft verlieren, noch ehe dein Wunsch sich verwirklichen kann. Der Schwur, den du leistest, wenn du dich der Hexenkunst verschreibst, ganz gleich, ob du nun die Sucherzeremonie durchführst, an einer Weihe oder einer Initiation teilnimmst, bezieht sich auf dieses Fundament der Hexenpyramide.

Wissen bedeutet, dass du dich verpflichtest, in diesem Leben so viel wie möglich zu lernen und dieses Wissen in deinem Alltag anzuwenden. Es bedeutet auch, dass du stets nach der Wahrheit suchst und bereit bist, deine Wahrnehmung so zu verändern, wie es deiner erwachenden Spiritualität angemessen ist.

Wagen heißt, dass du alle Furcht zurücklässt und mutig und entschlossen deine Ziele verwirklichst. Das macht es erforderlich, dass du an dich selbst und deine Fähigkeiten glaubst und dem Universum vertraust.

Wollen bedeutet, dass du lernst, deine Gedanken zu fokussieren, und Meditation und Visualisierungen praktizierst, um deine Ziele zu erreichen. Es bedeutet, dass du nicht tatenlos herumsitzt und das Leben an dir vorüberziehen lässt, sondern dass du aktiv auf die Verwirklichung deiner Träume hinarbeitest. Wenn sich dir Hindernisse in den Weg stellen, wirst du positive Lösungen zu deren Überwindung finden.

Schweigen ist wahrscheinlich der wichtigste Eckpfeiler. Es bedeutet, dass du deine magische Arbeit für dich behältst, damit nicht Freunde und andere Leute deinen Zauber durch Negativität zerstören, bevor er überhaupt eine Chance hat, sich zu manifestieren. Es bedeutet auch, dass du erst nachdenkst, bevor du sprichst, und dass du keine Perlen vor die Säue wirfst (also keine guten Informationen an schlechte Menschen weitergibst). Schließlich bedeutet es auch, dass du die Etikette der Hexenkunst befolgst und nicht nach draußen trägst, was in einem Ritualzirkel geschehen ist (wenn du in einer Gruppe arbeitest), nicht über andere Gruppenmitglieder tratschst oder anderen mit deinen Worten absichtlich Schaden zufügst. Dies ist das für Teenager ebenso wie für Erwachsene am schwersten zu haltende Versprechen!

Gehen heißt, dass du die vier Grundpfeiler (Energien)

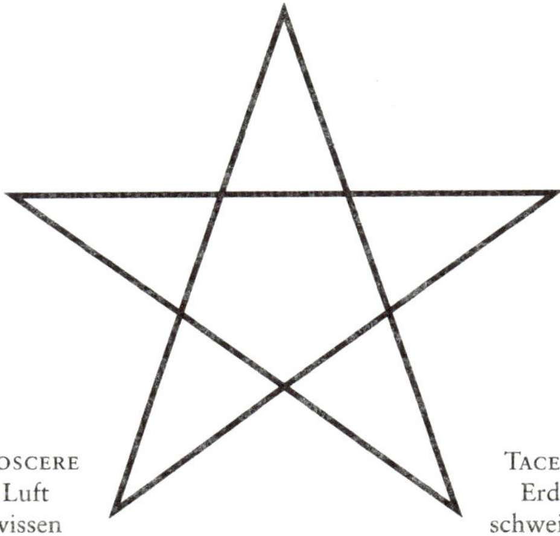

Die Hexenpyramide

an der Basis der Pyramide meisterst und sie auf positive Weise einsetzt, um dir selbst und deinen Mitmenschen zu helfen. Dieses Gehen, die konstruktive, heilende Anwendung der magischen Kräfte, ist der höchste Sinn unseres Diensteides als Hexen.

Wenn wir mit den Fingern über das Pentagramm streichen, beginnend beim *Wissen,* von dort über *Wagen* und *Wollen* hinunter zum *Schweigen,* dann hinauf zum *Geist* und wieder hinunter zum *Wissen,* haben wir nicht nur ein Pentagramm gezeichnet, sondern auch die vier Eckpfeiler durchgearbeitet, ehe wir uns dem Geist zuwenden. Indem wir vom Geist wieder herunter zum Wissen wandern, haben wir die okkulte Maxime erfüllt: *wie oben, so unten.* Nicht nur musst du damit beginnen, dass du lernst und in dir den Glauben daran festigst, alles erreichen zu können, du musst in deiner magischen Arbeit auch immer wieder dorthin zurückkehren – auf den Glauben folgt die Magie, und durch sie wird der Glaube erneuert.

Hexenpyramiden-Meditation

Betrachte die obige Abbildung. Dann schließe die Augen und atme dreimal tief durch. Erde und zentriere dich. Konzentriere dich zunächst darauf, zu wissen. Lass deinen Geist wandern. Was siehst du? Wie fühlst du dich? Zu wissen steht mit dem Element Luft in Zusammenhang. Atme langsam ein und aus. Verbinde dich mit dem Element Luft. Bitte um Weisheit, und du wirst sie empfangen.

Bewege dich nun auf dem Pentagramm zur Position des Wagens. Hier regiert das Element Wasser. Gibt es etwas, wovor du dich fürchtest? Reinige deinen Geist von diesen Ängsten. Öffne dein Herz für die Transformation. Spüre die universelle Liebe.

Atme tief durch und wandere weiter zur Wollen-Spitze des Sterns. Hier regiert das Element Feuer. Wozu benötigst du jetzt in diesem Moment Mut? Setzt du deine Kreativität auf positive, nutzbringende Weise ein? Auch das Feuer besitzt eine reinigende Wirkung. Lass alle Negativität in dir zu Asche verbrennen und vom Wind davontragen.

Atme tief durch und reise weiter zum Punkt des Schweigens. Was bedeutet das Schweigen für dich? Berühre die Stille des Universums, den Punkt, wo alles eins ist, wo völliger Frieden, vollkommene Harmonie herrschen. Im Schweigen wirst du die Wahrheit finden.

Atme tief durch und gehe weiter zum Geist, dem Punkt der Manifestation. Erweitere dein Bewusstsein und berühre das Göttliche. Was möchtest du in deinem Leben manifestieren? Welche Ziele hast du? Visualisiere sie.

Atme tief durch und kehre zurück zur Wissens-Spitze des Sterns. Stell dir, während dein Bewusstsein zu diesem Punkt zurückwandert, vor, dass der Große Geist deine Wünsche erhört hat und dass sie sich nun bereits auf der materiellen Ebene zu verwirklichen beginnen. Bist du innerlich bereit, diese Geschenke anzunehmen, wenn sie sich manifestieren? Glaubst du, dass du das, worum du gebeten hast, auch wirklich verdienst? Wenn nicht, wird dein Wille keine feste Gestalt annehmen.

Glaube unerschütterlich daran, dass dir das zuteil werden wird, worum du gebeten hast. Lebe ab jetzt in dem Wissen, dass der Große Geist deine Bitte erfüllen wird. Fühle diese innere Gewissheit so lebhaft wie möglich. Atme ein weiteres Mal tief durch und löse dich von allen inneren Bildern. Zähle von eins bis fünf und öffne die Augen. Übe diese Meditation für mindestens zwei Wochen, um ein gutes Gespür dafür zu bekommen. Dann kannst du sie vor deinen Ritualen anwenden, vor Zaubersprüchen oder als Teil deiner täglichen Gebetspraxis.

Das Ritual der Sphinx

Zeichne ein großes Pentagramm, ungefähr vom Durchmesser eines Esstellers, auf einen Bogen Karton. Schneide es aus und lege es in der Mitte auf deinen Altar. Stelle zur Beleuchtung zu beiden Seiten des Pentagramms echte oder elektrische Kerzen auf. Schreibe genau auf, was du manifestieren möchtest. Lege das Blatt Papier, auf dem dein Wunsch notiert ist, oben auf das Pentagramm. Beschwöre einen magischen Kreis. Zünde die Kerzen an und sprich: *Aus der Dunkelheit erscheint unsere Mutter und bringt ihrem Volk Gesundheit, Wohlstand, Liebe und Harmonie.* Atme dreimal tief durch, erde und zentriere dich. Lege deine Hände auf den Altar und lass sie für einen Augenblick dort, um die Energien zu aktivieren.

Bei diesem Zauberritual wirst du nicht den Himmelsrichtungen folgen. Stattdessen wirst du das Pentagramm abschreiten, um deinen Wunsch zu manifestieren; daher wirst du nicht in der gewohnten Weise die Kreisviertel anrufen. Stecke nun eine rote Kerze in einen stabilen, tragbaren Ständer und zünde sie an. Während du mit der Kerze Punkt für Punkt das Pentagramm umrundest, wird sich in ihr die Energie sammeln, die du benötigst. Sprich, während du die Kerze anzündest: *Geist des Feuers, bringe mir die Erfüllung meines Herzenswunsches.*

Stell dir nun vor, dass dein Altar die Nabe des Großen Geistes ist, und gehe mit der Kerze im Uhrzeigersinn um ihn herum, bis du zur Sternspitze des Wissens auf deinem Hexen-Pentagramm gelangst. Wiederhole dabei mit deiner magischen Stimme das Wort »noscere«. Visualisiere, dass du dich auf das Element Luft zu bewegst, und stell dir vor, dass du mit jedem Schritt deine Weisheit vermehrst. Hast du den Wissen-Punkt erreicht, stell dich mit dem Gesicht nach außen, deinen Rücken dem Mittelpunkt des Kreises zugekehrt, halte die Kerze mit beiden Händen hoch in die Luft und sprich:

Element der Luft, ich suche deinen Segen.
Ich rufe die Macht der Weisheit und des Wissens an.
Ich weiß, du wirst mich erhören.

Wende dein Gesicht dem Kreismittelpunkt zu. Intoniere das Wort »audere«, während du zum Punkt des Wagens auf deinem Kreis weiterschreitest. Visualisiere dabei, dass du dich in die mächtigste Hexe der Welt verwandelst. Fühle, wie deine Zuversicht mit jedem Schritt wächst. Wenn du den Wagen-Punkt erreicht hast, drehe dich nach außen, den Rücken dem Kreismittelpunkt zugekehrt, halte die Kerze mit beiden Händen hoch in die Luft und sprich:

Element des Wassers, ich suche deinen Segen.
Ich rufe die Macht der Liebe und Transformation an.
Ich weiß, du wirst mich erhören.

Wende dein Gesicht dem Kreismittelpunkt zu. Intoniere das Wort »velle«, während du zum Punkt des Wollens auf deinem Kreis weiterschreitest. Visualisiere dabei das göttliche Licht. Halte die Schultern gerade. Schreite stolz und aufrecht. Stell dir vor, dass dein Zauber nun der Verwirklichung entgegengeht und deiner Arbeit der Atem des Lebens eingehaucht wird. Wenn du den Wollen-Punkt erreicht hast, drehe dich nach außen, den Rücken dem Kreismittelpunkt zugekehrt, halte die Kerze mit beiden Händen hoch in die Luft und sprich:

Element des Feuers, ich suche deinen Segen.
Ich rufe die Macht der Tatkraft und Kreativität an.
Ich weiß, du wirst mich erhören.

Wende dein Gesicht dem Kreismittelpunkt zu. Intoniere das Wort »tacere«, während du zum Punkt des Schweigens auf deinem Kreis weiterschreitest. Stell dir dabei vor, dass du vom Mysterium deiner magischen Arbeit umhüllt bist – denn das bedeutet die Formulierung, dass die Hexe zum »verborgenen Kind« wird. Gehe zu jenem Punkt der Stille im Universum, an dem vollkommene

Harmonie existiert. Wenn du den Punkt des Schweigens erreicht hast, drehe dich nach außen, den Rücken dem Kreismittelpunkt zugekehrt, halte die Kerze mit beiden Händen hoch in die Luft und sprich:

Element der Erde, ich suche deinen Segen.
Ich rufe die Macht der Harmonie und des
Gleichgewichts an.
Ich weiß, du wirst mich erhören.

Wende dein Gesicht dem Kreismittelpunkt zu. Folge dem Pentagramm zum Punkt des Geistes und intoniere dabei das Wort »ire«. Visualisiere, dass du die Segnungen aller Elemente gesammelt hast und dass du diese vereinten Energien nun zum Punkt der Manifestation trägst, wo ihre Muster sich auf der astralen Ebene, gelenkt durch den Großen Geist, zur Erfüllung deines Wunsches formieren werden. Wenn das deiner Vorstellungskraft auf die Sprünge hilft, kannst du dir vorstellen, dass diese Energien sich in der Flamme deiner Kerze sammeln. Wenn du am Punkt des Großen Geistes auf dem Kreis angekommen bist, schaue den Altar an, halten die Kerze darüber und sprich:

Die Kraft ist gesammelt,
die Energien sind eins.
Die Elemente sind herbeigerufen,
der Zauber hat begonnen.

Stelle die Kerze auf das Blatt Papier, auf dem du deinen Wunsch notiert hast. Deine Arme liegen seitlich neben deinem Körper, hebe dann langsam die Hände, während du singst: »Noscere, audere, velle, tacere, ire!« bis deine Handflächen hinauf in den Himmel zeigen und du innerlich ein Glücksgefühl wahrnimmst. Wiederhole den Gesang ein zweites Mal. Strecke vor dem letzten Wort die Arme in den Himmel und rufe das »ire« so laut du kannst. Dabei solltest du eine emotionale Befreiung spüren. Atme, ehe du die Arme wieder sinken lässt, tief durch die Nase ein und langsam durch den Mund aus.

Nun kannst du das Blatt Papier mit deinem Wunsch in einer feuerfesten Schale verbrennen oder es aufbewahren, bis das Gewünschte sich manifestiert hat. Lass die Kerze vollständig herunterbrennen (aber nur, wenn du sie dabei im Auge behalten kannst; ansonsten solltest du sie mit einem Kerzenlöscher ausmachen. Puste sie nicht aus.) Danke der Gottheit. Danke den Elementen. Hebe den Kreis auf.

Hinweis: Dieser Zauber funktioniert nur unter der Bedingung, dass du ihn geheim hältst. Sonst wirkt er nicht.

Kraftübung für Freie Hexen (Silvers Geheimnis)

Die folgende Übung kann in jedem Ritual und auch im täglichen Leben angewendet werden. Es handelt sich um eine geistige Übung, die dir, regelmäßig praktiziert, Gesundheit, Glück und Wohlstand bringen wird – vorausgesetzt, dass du auch wirklich daran glaubst. Ich nenne diese Methode der energetischen Aufladung »Silvers Geheimnis«. Der Name wird für dich rasch zum Schlüsselwort werden, und du kannst hier gerne deinen eigenen Vornamen einsetzen – also Torstens Geheimnis oder Angelas Geheimnis. Probiere es einmal aus: Sprich deinen Namen laut aus und hänge das Wort »Geheimnis« an. Klingt doch äußerst magisch, oder nicht? Wunderbar. Ein bisschen magischer Pomp schadet nicht.

Eins: Wähle das Ziel, dem deine magische Übung dienen soll. Noch befindest du dich in der Planungsphase. Widme Zweifeln, Sorgen, Ideen und möglichen Lösungen jetzt keine Aufmerksamkeit. Konzentriere dich ganz auf den Wunsch an sich.

Zwei: Schließe die Augen. Das ermöglicht es dir, die Umwelt auszusperren und dich völlig auf die Übung zu konzentrieren. Mit der Zeit wirst du lernen, dein Geheimnis auch mit offenen Augen anzuwenden, doch momentan solltest du sie noch geschlossen halten.

Drei: Atme dreimal tief durch. Dadurch bekommt dein Gehirn und der ganze Körper mehr Sauerstoff, was Stress abbaut, die Muskelanspannung reduziert und es dir erleichtert, in den Alpha-Zustand zu gelangen.

Vier: Löse dich von Raum und Zeit. Sage: *Ich lasse los,* und atme aus. Wenn deine Augen geschlossen sind, fällt es dir leichter, nicht an das Vorhandensein von Raum und Zeit zu denken. Der Große Geist ist nicht an die Grenzen von Raum und Zeit gebunden, wenn er seine Wunder vollbringt, und du bist es auch nicht, wenn du dich von deinen geistigen Beschränkungen löst und Kontakt mit der göttlichen Energie aufnimmst, was der nächste Schritt dieser Übung ist. Es kann hilfreich sein, sich entweder vorzustellen, die Hände zu öffnen, oder es wirklich zu tun, während du die Worte *Ich lasse los* sprichst.

Fünf: Nimm Kontakt zu der göttlichen Energie auf. Sprich das Wort *Einssein*. In der Hexenkunst lernen wir, dass wir selbst und das Göttliche ganz buchstäblich eins sind. Das heißt, dass du Teil der schöpferischen Kraft bist, die sich in jeder Energiemanifestation des Universums ausdrückt. Das ist eine gegebene Tatsache. Natürlich musst du das auch anerkennen, was manchen Menschen ziemlich schwer fällt. Wenn du das Wort *Einssein* aussprichst, bekräftigst du damit, dass wir alle eins sind und dass du die Macht hast, dich mit allen Erscheinungsformen des Universums zu vereinigen. Wenn du nicht daran glaubst, wird dieser geheime Zauber nicht wirken. Vielleicht kann dir die Vorstellung helfen, dass du, während du das Wort *Einssein* aussprichst, mit deinem persönlichen Bild des Gottes oder der Göttin verschmilzt – und du dich dadurch, wenigstens vorübergehend, nicht länger als abgetrenntes Wesen fühlst.

Sechs: Stell dir möglichst lebhaft vor, wie dein Wunsch materielle Gestalt annimmt. Visualisiere es. Sprich den Wunsch laut aus. Für manche ist dies der schwierigste Teil der Übung. Darum wird in der Hexenkunst so viel wert darauf gelegt, dass du lernst, Menschen, Orte und Dinge zu visualisieren. Natürlich gibt es auch Ideen, die keine physische Gestalt besitzen: Liebe, Mitgefühl, Erfolg, Glück, Freude und dergleichen. Stattdessen, oder wenn du es nicht schaffst, das gewünschte Objekt klar zu visualisieren (übe dich aber weiterhin darin!), kannst du auch das Gefühl in dir wachrufen, das die Erfüllung des Wunsches auslöst. Wie fühlst du dich, wenn du glücklich bist? Strahlst du zufrieden vor dich hin? Oder vielleicht bedeutet Glück für dich Sicherheit, eine angenehme häusliche Umgebung oder ein fröhlicher Scherz? Es genügt, wenn du diesen Gedanken nur einen kurzen Moment festhältst. (Wenn du es so lange schaffst, dass du dabei von eins bis fünf zählen kannst, ist das für den Anfang nicht schlecht, und wenn du die Konzentration noch länger aufrechterhalten kannst, umso besser.) Es gibt andere Ideen, die nicht mit einer Emotion verknüpft und dennoch nicht-physisch sind. Hierbei denke ich an Begriffe wie »Information« oder »Zeit«. Wenn es dir nicht gelingt, die Idee mit einem mentalen Bild zu verbinden, sprich das Wort einfach laut aus und fülle dabei dein Bewusstsein mit reinem weißem Licht. In deinem Bewusstsein eine Visualisierung entstehen zu lassen, sie einen Moment festzuhalten, das Wort oder den Wunsch laut auszusprechen und das Objekt dann in weißes Licht zu hüllen, ist eine einfache Methode, die du rasch erlernen wirst. Übe diesen Teil deines geheimen Zaubers ruhig ein wenig, ehe du alle zehn Schritte der gesamten Technik zum ersten Mal anwendest.

Sieben: Akzeptiere den Erfolg. Das ist unbedingt notwendig. Wenn du den Erfolg mental nicht akzeptierst, wird dein »Geheimnis« platzen wie eine Seifenblase. Du musst die Erfüllung deines Wunsches wirklich wollen und willkommen heißen.

Acht: Spüre in dir, ohne den Schatten eines Zweifels, die absolute Gewissheit, dass dein Wille geschieht. Verbanne sämtliche Zweifel. Das ist hart, ich weiß. Aber es genügt, wenn du diesen Zustand absoluter Gewissheit für ein paar Sekunden aufrechterhältst. (Je länger du die Methode praktizierst, desto besser wird es dir gelingen.) Aber es kann wirklich schwer sein, in sich diese Gewissheit zu erzeugen. Dabei spielt deine Persönlichkeit eine Rolle, deine Erfahrung als Hexe und das, was du bisher über das Leben gelernt hast. Wenn du ein Teenager oder junger Erwachsener bist, hast du gegenüber älteren Leuten den Vorteil, dass deine Kindheit, in der du Dinge einfach geglaubt hast, ohne sie kritisch zu hinterfragen, noch nicht so lange zurückliegt.

Was ist es denn nun für ein Gefühl, etwas mit absoluter Sicherheit zu wissen? Zum Beispiel geht die Sonne jeden Morgen auf und steht mittags hoch am Himmel, auch wenn sie hinter Wolken verborgen ist, sodass du sie nicht sehen kannst. Schließe die Augen und denke darüber nach, wie sicher du dir des Umstandes bist, dass die Sonne tatsächlich über dir am Himmel steht. Dabei tritt in deinem Denkprozess keine Lücke, kein Zögern auf. Keine Unentschiedenheit nach dem Motto: »Mag schon sein, dass sie da ist – vielleicht aber auch nicht.« Und du grübelst auch nicht darüber nach, wie die Sonne wohl dorthin gekommen sein könnte. Du *weißt* einfach (durch frühere Erfahrungen, wissenschaftliche Erkenntnis oder aus anderen guten Gründen), dass die Sonne am Himmel steht. Versuche es erneut. Das Wissen stellt sich augenblicklich ein, innerhalb von Sekundenbruchteilen, nicht wahr? Du musstest nicht erst stöhnen, grunzen und wild mit den Armen gestikulieren, um in dir Gewissheit zu erzeugen. Du bist nicht um ein Feuer herumgetanzt, hast keinen Dämon beschworen oder in den Wind gespuckt. Und es gab auch keine besonderen Emotionen. Die Sonne steht am Himmel. Weiter nichts.

Bestimmt hast du dir im Kino schon den einen oder anderen Film mit coolen Spezialeffekten angeschaut. Und das Drehbuch war so toll, dass du dich ganz in die Geschichte vertieft und alles geglaubt hast, was mit den Menschen auf der Leinwand geschah, auch wenn du andererseits natürlich genau wusstest, dass im täglichen Leben (zumindest in dem, das du kennst) diese Dinge nicht passieren. Und dennoch glaubst du, während du dir einen solchen Film ansiehst, dass die Erlebnisse für die Filmfiguren real sind. Unter Drehbuchautoren wird dieses Phänomen »Aufhebung des Realitätssinnes« genannt – das Publikum gibt, um des Vergnügens guter Unterhaltung willen, vorübergehend sein normales Wissen darüber auf, was möglich und was unmöglich ist. Jeder Schauspieler, Romanautor, Verleger und Filmproduzent hofft, dass du genau das tust, denn wenn du die künstlich geschaffene Wirklichkeit des Films oder Romans akzeptierst (und daran deinen Spaß hast), verbuchen sie das als Erfolg. Es gibt noch andere Aktivitäten, bei denen du mit diesem Vorgang ebenfalls vertraut bist – beispielsweise, wenn du einem Zauberkünstler bei der Arbeit zusiehst. Wann hebst du deinen normalen Realitätssinn noch auf? Wenn du dich künstlerischer Arbeit widmest, denn dann bewegt sich dein Bewusstsein in jene besondere Zone, in der Musik erschaffen und genossen wird, Skulpturen und Gemälde, künstlerische Fotos, Gedichte und Tanz entstehen. Wenn du dich solchen Aktivitäten hingibst, zapfst du das kreative Unbewusste des Universums an.

Wenn wir also bereits wissen, wie wir uns in diesen Zustand begeben können, warum tun wir das dann nicht ständig? Weil es Situationen und Umgebungen gibt, wo wir uns sicher genug fühlen, um loszulassen, während uns das bei anderen Gelegenheiten zu unsicher erscheint oder sogar unser Leben bedroht wäre. Die Frage lautet demnach nicht, ob du loslassen und einfach »glauben« kannst, sondern in welcher Umgebung du innerlich dazu bereit bist. Was genau meine ich, wenn ich von »Umgebung« spreche? Sowohl die materielle wie die nicht-materielle. Beginnen wir mit der materiellen.

Die ideale materielle Umgebung für Magie und die Stärkung der persönlichen Energie ist jener Ort, an dem du dich am geborgensten und sichersten fühlst. Es ist ein Ort, an dem es keine negative Energie gibt. Darum lernen Hexen, Orte zu reinigen, mit den Elementen einen heiligen Raum zu erschaffen und den magischen Kreis zu beschwören. Dieser physische Ort gilt dann als geeignet für körperliche, mentale und spirituelle magische Arbeit. Wenn du dir einen solchen Ort schaffst, bestätigst du dir damit selbst, dass es okay ist, dort magische Arbeit zu betreiben. Diese Praktiken (Reinigung, Schaffung eines heiligen Raumes und Kreisbeschwörung) dienen auch noch anderen Zwecken, aber das ist für das Thema, mit dem wir uns hier befassen, momentan nicht von Belang.

Die nicht-materielle Umgebung ist dein Bewusstsein, womit wir wieder zu dem Beispiel mit der hinter den Wolken verborgenen Sonne zurückkehren und zu der Frage, was es für ein Gefühl ist, etwas mit Sicherheit zu wissen, wie schnell wir in der Lage sind, eine Idee zu erfassen, und wie rasch wir unseren normalen Realitätssinn vorübergehend außer Kraft setzen können. Das ist ziemlich einfach, nicht wahr? Wenn du also ohne weiteres in der Lage bist, Dinge mit Sicherheit zu wissen, und es dir ebenso leicht fällt, deinen Realitätssinn vorübergehend auszuschalten, ist für dich doch eigentlich nichts unmöglich, oder? Was hindert dich also? Furcht. (Damit werden wir uns in Schritt neun befassen.)

Für den Fall, dass dir noch immer nicht klar ist, wie du diese Sache mit dem sicheren inneren Wissen hinbekommst, will ich dir ein weiteres Beispiel geben. Stell ein Glas Wasser vor dich auf den Tisch. Du weißt, dass es da ist, weil du es selbst dorthin gestellt hast. Schließe nun die Augen. Ist das Glas immer noch da? Natürlich ist es das. Du weißt, dass es da ist. Wie lange hast du gebraucht, um die innere Gewissheit zu spüren, dass das Glas auf dem Tisch steht? Eine Sekunde, maximal. Dazu war es nicht nötig, sich erst noch einmal ausführlich zu vergegenwärtigen, wie du das Glas auf den Tisch gestellt hast. Analysiere nun dieses Gefühl des Wissens. Du empfindest Ruhe, Gewissheit. Genau! Das ist das Gefühl, das ich meine. Auch in der Magie genügt es, wenn du diese

Gewissheit für einen kleinen Augenblick spürst, vorausgesetzt, du wendest alle zehn Schritte dieser Methode konsequent an. In der Magie müssen wir stets daran glauben, dass das, was wir wollen, auch wirklich eintreten wird, und der Schlüssel zum erfolgreichen Zaubern ist das Erzeugen innerer Gewissheit. Glauben und Wissen sind das Geheimnis der magischen Arbeit.

Neun: Weise jeden Gedanken an ein mögliches Scheitern entschlossen zurück, jetzt und in Zukunft. Konzentriere dich ausschließlich auf den Erfolg. Furcht wird dir jedes Ritual, jeden Zauberspruch, jedes Ziel ruinieren, und zwar selbst dann, wenn sie logisch begründet ist. Um zu siegen, musst du die Furcht überwinden. Du kannst nicht mitten in einem magischen Prozess plötzlich anfangen, über das Für und Wider deines Wunsches nachzugrübeln, und du weißt niemals, auf welche Weise der Große Geist deine Bitte erfüllen wird, ebenso wenig wie du einem anderen Menschen die Verantwortung für sein Leben abnehmen kannst (Magie folgt immer dem Weg des geringsten Widerstandes). Entweder du willst den Erfolg – oder nicht. Wenn nicht, dann brauchst du diese geheime Methode hier gar nicht erst anzuwenden, denn sie wird nicht funktionieren. Selbst wenn der Große Geist der Ansicht ist, dass dein Wunsch nicht optimal mit deinem Lebenspfad harmoniert, wird er deine Entscheidungen dennoch akzeptieren, solange du zu Recht das Gefühl hast, in Harmonie mit dem Universum zu handeln, und keinem anderen Menschen vorsätzlich Schaden zufügst. Der Große Geist hat Verständnis dafür, dass wir immer mal wieder Fehler machen. Wenn du dir selbst schon nicht vertraust, solltest du wenigstens dem Großen Geist vertrauen. Wenn du in Schritt fünf Kontakt mit dem Göttlichen aufgenommen hast und in diesen Prozess reine, positive Energie einfließen lässt, brauchst du keine Angst vor unbeabsichtigten Fehlern zu haben. Was ist, wenn du annimmst, dein Wunsch sei zu fantastisch, um in deinem Leben Form annehmen zu können? Wenn du das glaubst, wird die Methode nicht funktionieren. Du beschwörst dann dein Scheitern durch die Art deines Denkens selbst herauf, weil du davon ausgehst, dass das Scheitern wahrscheinlicher ist als der Erfolg. In der Magie sind, ebenso wie im täglichen Leben, negative Gedanken der große Feind. Wenn du ihnen Macht einräumst, indem du dich mit ihnen beschäftigst, werden die negativen Gedanken dich besiegen, und du wirst dich miserabel fühlen. Jedes Mal wenn dir ein pessimistischer oder negativer Gedanke in den Sinn kommt, musst du ihn entschieden aus deinem Bewusstsein verbannen! Anfangs ist das leichter gesagt als getan, aber mit der Zeit wird es dir immer besser gelingen. Der menschliche Verstand ist unglaublich kreativ.

Zehn: Bewahre Stillschweigen über das, was du hier tust. Klar, das wird für manchen von euch eine harte Nuss sein, an der er schwer zu knacken haben wird, während es anderen überhaupt keine Schwierigkeiten bereitet. Wenn du Erfolg haben willst, vergiss nicht, dass diese Methode »Silvers *Geheimnis*« heißt, oder, in deinem Fall, *dein Geheimnis*. Wenn du anderen von dem Zauber erzählst, den du hier praktizierst, besonders Leuten, die nicht an Magie glauben, gibst du ihnen damit die Möglichkeit, gegen dich zu arbeiten. Vermutlich werden sie nicht gerade hingehen, eine schwarze Kerze anzünden und im Licht des dicken, fetten Mondes ein Mojo-Lied anstimmen, aber höchstwahrscheinlich werden sie dich auslachen. Dann wirst du dir klein und dumm vorkommen. Dadurch wird deine Furcht vor einem Misserfolg in Gang gesetzt (denn wir alle neigen unbewusst zu Selbstzweifeln, die von anderen leicht aktiviert werden können, und zwar besonders von nahen Freunden und Verwandten, weil uns deren Meinung wichtig ist). Das bedeutet aber keinesfalls, dass du nicht mit vertrauenswürdigen Menschen über deine Probleme sprechen darfst. Magie soll schließlich niemals schaden – weder dir selbst noch anderen.

Nachdem du nun den ganzen Abschnitt über dein spezielles Geheimnis gelesen hast, wollen wir das Ganze möglichst knapp zusammenfassen. Du kannst dir das Folgende auf einen Zettel schreiben oder auf eine kleine Karte, die du bei dir trägst.

Deine geheime Erfolgsformel
Wagen
Loslassen
Kontakt aufnehmen
Empfangen
Annehmen
Wissen
Glauben
Wollen
Schweigen

Einige Leute sagen jetzt bestimmt: »Aber, Silver, ich weiß doch längst, was das ist. Das ist die Hexenpyramide!« Stimmt. Wenn man die Schritte, die ich beschrieben habe, knapper zusammenfasst, landet man bei Wagen, Wissen, Wollen, Schweigen. Für unsere Zwecke empfiehlt es sich aber, keinen der angegebenen Schritte auszulassen, es sei denn, du hast schon so viel Routine im Praktizieren deiner geheimen Methode, dass du die einzelnen Schritte ruhig stärker straffen kannst, wenn dir danach ist. Du siehst: Diese Geheimformel hat weitaus mehr zu bieten, als man erwarten könnte, wenn man sieht, wie sie in den meisten Büchern über die Hexenkunst präsentiert wird.

Machen wir nun aus deiner Geheimformel einen Chant, also einen Sprechgesang: *Ich lasse los, schaffe Kontakt und empfange, ich akzeptiere, weiß und glaube!* Sprich das zehnmal hintereinander laut aus und spüre, wie es dir von der Zunge rollt. Welcher Rhythmus entwickelt sich beim Sprechen? Das ist deine Erkennungsmelodie für diese Formel. Klopfe dazu auf der Tischplatte den Takt. Mach das zwanzigmal hintereinander, bis das Trommeln wirklich synchron mit dem Chant ist. Wie fühlst du dich dadurch? Stärker, mächtiger? Sehr gut! »Wagen« habe ich weggelassen, weil das die Vorbedingung ist – wenn du nicht ein wenig wagemutig und kühn wärst, würdest du ja gar nicht mit dieser magischen Formel arbeiten. »Wollen« und »Schweigen« wurden weggelassen, weil sie nach dem eigentlichen Wunsch oder Ziel kommen und die Regeln repräsentieren, die du beachten musst, um den Erfolg sicherzustellen, aber wenn du sie gerne hinzufügen möchtest, ist das auch in Ordnung. Wenn dieser Chant dir nicht zusagt, versuche es stattdessen mit: *Loslassen, ich bin, empfange, weiß und glaube an den Sinn!* Vielleicht empfindest du das als wirkungsvoller.

Gut, du hast die Formel gelesen, verstehst die Erklärungen, hast einige der Schritte geübt, mit einem Chant gearbeitet und dazu einen passenden Trommelrhythmus gefunden, der eine angenehme Resonanz erzeugt. Jetzt ist es an der Zeit, die Formel auf sinnvolle Weise zu gebrauchen. Wir machen nun einen Probelauf. Wähle ein Ziel aus, dass du verwirklichen möchtest (am besten für den Anfang etwas Kleineres). Lies dir die Beschreibung noch einmal durch und vollziehe jeden Schritt mental nach. Gut. Nun gilt es, etwas Kreativität zu entwickeln. Denke an deinen Wunsch und sprich:

Eins, ich lasse los. (Tue das im Geiste.)
Zwei, ich bin. (Nimm Kontakt mit dem Göttlichen auf.)
Drei, ich empfange. (Visualisiere deinen Wunsch.)
Vier, ich akzeptiere. (Heiße den Erfolg willkommen.)
Fünf, ich weiß. (Versetze dich für einen Augenblick in den beschriebenen Zustand innerer Gewissheit.)
Sechs, ich glaube. (Sage das laut und deutlich. Lass keinen Zweifel daran aufkommen, dass du es auch wirklich so meinst!)
So sei es! (Da kommt das WOLLEN zum Ausdruck!)

Das war doch gar nicht so schwer, oder? Ausgezeichnet! Gehen wir noch einen Schritt weiter. Nachdem du jeden einzelnen Schritt und deine Absichten genannt hast, füge nun den Chant und das Trommeln hinzu. Das geht folgendermaßen:

Eins, ich lasse los!
Loslassen, ich bin, empfange, weiß,
und glaube an den Sinn!
Zwei, ich bin!
Loslassen, ich bin, empfange, weiß,
und glaube an den Sinn!
Drei, ich empfange!
Loslassen, ich bin, empfange, weiß,
und glaube an den Sinn!
Vier, ich akzeptiere!
Loslassen, ich bin, empfange, weiß,
und glaube an den Sinn!
Fünf, ich weiß!

Loslassen, ich bin, empfange, weiß,
und glaube an den Sinn!
Sechs, ich glaube!
Loslassen, ich bin, empfange, weiß,
und glaube an den Sinn!
So sei es!
Loslassen, ich bin, empfange, weiß,
und glaube an den Sinn!

Und wenn du keine Lust hast zu trommeln? Dann mach stattdessen jedes Mal, wenn du deinen Chant intonierst, einen Knoten in eine Schnur (statt zu trommeln). *Ich lasse los* (mach einen Knoten und intoniere den Chant). *Ich bin* (mach den nächsten Knoten in die Schnur und intoniere den Chant erneut), und so weiter. Trage die Schnur mit den Knoten bei dir, bis dein Wunsch sich verwirklicht hat. Vergiss nicht, dem Großen Geist zu danken. Denk dir noch andere Möglichkeiten aus, wie du deine geheime Formel kreativ einsetzen kannst. Wenn du die Technik längere Zeit praktiziert hast, wirst du die Worte gar nicht mehr benötigen. Stattdessen wird sich die Formel in deinem Geist zu einer Reihe von Gefühlen verdichten und schließlich zu einem einzigen Gefühl. Wenn das eintritt, dann weißt du, dass du zu einem echten Hexenmeister oder einer echten Hexenmeisterin geworden bist!

Kegel der Macht

Der Kegel der Macht bildet sich, wenn die Hexe bei der Arbeit im magischen Kreis, allein oder in der Gruppe, die Energie innerhalb des Kreises auf einen bestimmten

Punkt hin fokussiert. Wenn der Energielevel im Kreis durch Trommeln, Chanten oder Meditation angehoben wurde, wird die Energie auf das Ziel, den Gegenstand der Konzentration gelenkt. Manche Hexen verwenden das Athame, den Zauberstab oder andere spitze Gegenstände als Hilfe, um sich vorzustellen, dass sie die Energie anheben und auf das gewünschte Ziel lenken. Andere (wie ich) benutzen lediglich ihre Hände. Mach es so, wie es dir am angenehmsten ist.

In der Hexenkunde ist Energiearbeit in Form von Visualisierung, Gebet oder Berührung von herausragender Bedeutung, und zwar unabhängig davon, ob du allein oder in einer Gruppe arbeitest. In der Ausbildung wird von Anfang an großer Wert darauf gelegt, dass die Schüler lernen, Energie wahrzunehmen und bewusst zu kontrollieren, und dieses Training endet nie. Noch lange nachdem die Schüler alle Ausbildungsgrade durchlaufen haben, werden sie sich weiterhin in Energiearbeit üben und ihre Fähigkeiten immer mehr verfeinern, bis zu dem Tag, an dem sie die Reise ins Sommerland antreten. Je länger jemand Energiemanipulation betreibt, desto besser wird er darin. Ständiges Training ist hierbei durch nichts zu ersetzen. Dass du lernst, diese Energie zu erzeugen (oder sie aus anderen Quellen abzuleiten), ist die Voraussetzung dafür, einen Kegel der Macht aufbauen zu können.

Der moderne Wicca-Gesang *Wir sind ein Kreis, in einem Kreis, ohne Anfang, ohne Ende* (Autor unbekannt), verrät uns, warum der Kreis für die magische Praxis so unentbehrlich ist – er erinnert uns daran, dass wir alle eins sind und dass wir durch die Arbeit im Kreis (statt in einer geraden Linie nebeneinander zu hocken) mehr Energie aufbauen können, physisch und mental. Der Kreis steht für das Rad des Jahres und die Zyklen des Le-

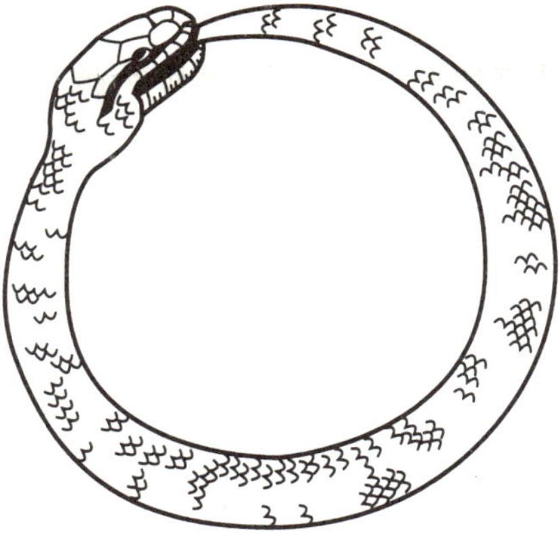

bens. Der Uroboros ist ein alchemistisches Symbol, das in vielen alten Kulturen bekannt war (bei den Ägyptern, Griechen, Römern und Chinesen). Es handelt sich um die Darstellung einer Schlange, die sich in den Schwanz beißt. In tierischer Form steht dieses Bild für den Kreis als Verkörperung der ewigen Wiederkehr – dafür, dass jedes Ende gleichzeitig ein neuer Anfang ist – ein Zyklus endloser Wiederholung. In der Alchemie symbolisiert der Uroboros (manchmal auch *Ouroboros* geschrieben) den zyklischen Prozess von Erhitzen, Verdampfen, Abkühlen und Kondensation, den eine flüssige Substanz bei der alchemistischen Läuterung durchläuft.[22] Der Uroboros kann »das Eine, das All«[23] bedeuten. So erinnert er uns daran, dass wir alle miteinander verbunden sind und letztlich als eine gemeinsame Energie den göttlichen Tanz von Leben, Tod und Wiedergeburt tanzen. In manchen Kulturen umkreist die Weltschlange Uroboros das kosmische Ei und schützt es (und damit uns) vor der endgültigen Vernichtung, in dem Sinne, dass das, was kein Ende hat, auch nicht vernichtet werden kann. Das Große

Runde, ein anderer Name für den Uroboros, erinnert uns symbolisch an unsere Ureltern, die Große Mutter und den Großen Vater (wie sie in unserem Hexen-Schöpfungsmythos genannt werden).[24]

Das Uroboros-Symbol (vorige Seite) kann auf Kerzen, auf die Wunschzettel der Petitionsmagie oder andere magische Hilfsmittel aufgemalt werden, um sie mit der Kraft des Kreises, der Energie der Einheit allen Seins, aufzuladen. Es ist ein ausgezeichneter Schutzzauber. Manchmal wird der Uroboros auch in achteckiger Form gezeichnet, als ein eindrucksvolles Symbol für die Unendlichkeit. Magische Themen, die mit dem Uroboros in Verbindung gebracht werden, sind: Weisheit; Unendlichkeit; das göttliche Elternpaar; Selbstständigkeit; der Zyklus von Leben, Tod und Wiedergeburt; die Zeit; Schutz; Ordnung, die sich aus dem Chaos formt; die Symbolik des Alpha und Omega; das Potenzial der Geburt und die Unsterblichkeit.

Energieball-Übung

Eine der ersten Übungen, die Wicca-Schülern beigebracht wird, besteht darin, mit den Händen einen Ball aus Energie zu formen. Dabei ist deine Vorstellungskraft gefragt. Reibe die Hände aneinander, bis deine Handflächen warm werden, ziehe die Handflächen dann langsam auseinander und stell dir vor, dass sich zwischen ihnen ein Ball aus Energie bildet und langsam anwächst. Die Schüler lernen nun, diesen Ball auszudehnen und ihn wieder schrumpfen zu lassen, wobei sie ihre Hände und ihre Vorstellungskraft einsetzen.

Wenn Schülerinnen und Schüler ein Gefühl für den Energieball bekommen haben, beginnt der eigentliche Spaß. Die Bälle werden von Schüler zu Schüler weitergereicht, man wirft sie einander durch den Raum zu und lässt sie sich wie Wasserballons auf den Kopf fallen. Wenn du einen Ball auffängst, wirst du dabei ein Kribbeln in den Händen spüren.

Wenn das geglückt ist, üben die Schüler, einen Gedanken in den Ball zu geben. Am leichtesten übermitteln lässt sich der Gedanke an Liebe (was sehr aufschlussreich ist). Denke an die universelle Liebe des Großen Geistes, das bringt dich in der magischen Arbeit um Lichtjahre weiter! Es geht darum, dass du lernst, einen Gedanken gezielt in jene Energieform zu übertragen, die du durch das Reiben deiner Hände erzeugt hast.

Ist dir das gelungen, kannst du allein durch bloße Berührung die Liebesenergie auf jedes Objekt und jede Person ausstrahlen. Jetzt weißt du also, wie du Objekte oder Personen mit Energie aufladen kannst. Und auf diese Weise nehmen Hexen auch Heilbehandlungen vor, und zwar sowohl durch direktes Berühren als auch aus der Ferne. Als meine Kinder noch klein waren und sich häufig in die Haare gerieten (glaub mir, wenn vier Kinder durcheinander schreien, ist ganz schön Leben in der Bude!), stellte ich mich in die Tür (so, dass sie mich nicht bemerkten) und warf Liebesbälle mitten unter sie. Dann brachen die Kinder jedes Mal in lautes Gekicher aus und vergaßen ihren Streit. Du siehst also – es lohnt sich wirklich, als Mutter etwas von Wicca zu verstehen! Wenn du Geschwister hast, zwischen denen öfter dicke Luft herrscht, solltest du deiner Mutter beibringen, Bälle aus Liebesenergie hervorzuzaubern – ich bin sicher, sie wird dir dafür ewig dankbar sein.

Wenn du gelernt hast, Energiebälle zu erzeugen, besteht der nächste Schritt darin, diese Bälle mit anderen zu teilen, indem du sie im Kreis weiterreichst. Diese Bewegung der Energie hilft, in einer Gruppe den Kegel der

Macht aufzubauen. Die Energie durchströmt den Kreis und bekommt dabei immer mehr Schwung. Du musst dann nicht länger deine Hände zur Hilfe nehmen, um die Energie zu bewegen, sondern es genügt deine gedankliche Konzentration, weswegen Hexen sich im magischen Kreis gerne bei den Händen halten. Ist der Energiefluss erst einmal genügend in Schwung und sind alle teilnehmenden Hexen durch Meditation oder Chanten optimal auf das Ziel konzentriert, auf das die Energie ausgestrahlt werden soll (zum Beispiel die Heilung einer bestimmten Person), dann gibt die Hohepriesterin das Zeichen, die Energie gemeinsam freizusetzen. Beispielsweise kann sie die Hände heben, wenn das Chanten oder die Trommelklänge den Höhepunkt erreichen.

Hinweis: Auch wenn das nicht besonders magisch klingt, ist es eine gute Methode, vorher zu vereinbaren, dass die Leiterin/der Leiter des Rituals laut von fünf bis eins zählt, wenn sie/er glaubt, dass genug Energie aufgebaut worden ist. Bei »eins« setzen dann alle gemeinsam die Energie frei.

KOMMUNION

Eine heilige Speise und ein heiliges Getränk zu sich zu nehmen, um die Gottheit zu feiern, ist ein Brauch, der bereits in vielen antiken Religionen zelebriert wurde. In der modernen Hexenkunst gibt es zwei Arten von Kommunion – die, die wir im Kreis miteinander feiern (die Kommunion der Gemeinschaft) und die, die als Dankopfer den Göttern dargeboten wird. Die Kommunion (als Speisen- und Trankopfer für die Götter) kann von einer einzelnen Hexe gefeiert werden oder von einer Gruppe. In vielen Traditionen gibt es dafür Kelche und Teller, die ausschließlich diesem Zweck vorbehalten sind. Das Ritual wird oft *Kuchen und Bier* oder *Kuchen und Wein* genannt.

Für rituelle Zwecke wird Brot in Gestalt von Frauen, Tieren, Blumen und Vögeln gebacken; dieser Brauch lässt sich bis 5000 v. Chr. zurückverfolgen. Laut Marija Gimbutas, einer bekannten Archäologin, die sich besonders mit der weiblichen Geschichte beschäftigte, war der Brotbackofen selbst ein Symbol für die Inkarnation der Kornmutter[25]. Heute haben die Sabbatkuchen, die bei der rituellen Kommunion verwendet werden, viele verschiedene Formen, wobei Halbmond und Sterne besonders häufig anzutreffen sind. Doch der Fantasie von Bäckerin oder Bäcker sind hier keine Grenzen gesetzt! Viele Gruppen verzichten heute auf Wein und Bier als rituelle Getränke, aus Rücksicht auf alkoholkranke Gruppenmitglieder oder weil die staatlichen Gesetze die Abgabe von Alkohol an Minderjährige untersagen (falls Minderjährige am Ritual teilnehmen). Stattdessen werden Fruchtsäfte bevorzugt. Falls doch ein alkoholischer Trank verwendet wird, ist die Gefahr, dass der Hexenzirkel sich bis zur Besinnungslosigkeit berauscht, trotzdem gering, da alle Teilnehmer nur einen Schluck des Trankes zu sich nehmen. Jede Hexe, die einigermaßen ihren Verstand beisammen hat, weiß, dass niemand in alkoholisiertem Zustand wirkungsvoll Magie praktizieren kann, da der Alkohol unsere geistigen und körperlichen Funktionen beeinträchtigt. Schließlich kann man sich nicht auf eine bestimmte Kerzenflamme konzentrieren, wenn man zwanzig davon sieht, die sich wild im Kreis drehen!

Individuelle Kommunion – Kuchen und Bier

Das Wicca-Kommunionsritual, ursprünglich *Kuchen und Bier* genannt, wird normalerweise nach jeder magischen Arbeit oder rituellen Feier durchgeführt. Es ist die letzte rituelle Handlung vor dem Schließen des Kreises. Ob zuerst der Kuchen oder Bier/Saft/Wein gesegnet werden, hängt von der Tradition der Teilnehmer ab. Das Segnen der Speise soll uns in Harmonie mit dem Göttlichen bringen.

Das Tablett mit Kuchen und Saft wird zunächst abseits des Altars abgestellt, wo es bei den vorher ausgeführten Ritualen nicht im Weg ist. Die meisten Wiccas decken Kuchen und Kelch mit einem weißen Tuch ab. Wenn du für das Ritual bereit bist, stell das Tablett auf deinen Altar und entferne das Tuch.

Halte deine Hände über den Kelch (oder Becher) und sprich:

Von der Sonne in den Weinstock
vom Weinstock in die Traube
von der Traube in den Wein
ist dieser Trank im heiligen Namen gesegnet
durch unseren Herrn und unsere Herrin.
So sei es!

Bei diesen Worten visualisiert die Hexe, wie die Energie der Sonne die Weinranke erfüllt, die dann die Traube hervorbringt, aus der Wein oder Traubensaft gewonnen werden.

In den meisten Traditionen hält die Hexe nun das Athame in den Kelch und sagt:

So wie der Stab dem Gott geweiht ist,
ist der Kelch der Göttin geweiht,
und zusammen sind sie eins![26]

Die Hexe visualisiert dabei, wie die pulsierende göttliche Energie von der Klinge in den Kelch strömt und sich der Kelch mit weißem Licht füllt.

Wenn du aus dem Kelch trinkst, stell dir dabei vor, dass reine, göttliche Energie deinen Körper durchströmt und alle Negativität vertreibt. Anschließend sage: *Mögest du niemals Durst leiden.* Wenn du das Ritual in der Gruppe feierst, wiederhole diese Worte, während du den Kelch weiterreichst, und derjenige, der den Kelch von dir empfängt, antwortet mit dem gleichen Segen: *Mögest du niemals Durst leiden.* Auf diese Weise gibst du die positive Energie des Großen Geistes an die nächste Person weiter. Wenn du allein arbeitest, bekräftige, dass du diesen Segen für dich selbst empfängst.

Als Nächstes halte die Hände über den (die) Kuchen und sprich:

Vom Mond zum Halm
vom Halm zum Korn
vom Korn zum Brot
ist dieses Brot im heiligen Namen gesegnet
durch unseren Herrn und unsere Herrin.
So sei es!

Nimm nun einen Bissen von dem Kuchen (oder iss ihn ganz). Wenn du fertig bist, sagst du: *Mögest du niemals Hunger leiden.* Wenn du in der Gruppe feierst, reichst du den Kuchen weiter und wiederholst den Segen, und der, der ihn empfängt, sagt die gleichen Worte zu dir.

In manchen Gruppen wird zunächst der Trank oder

die Speise an alle Anwesenden verteilt. Erst wenn die Hohepriesterin den Becher hebt, nehmen alle die Kommunion gleichzeitig zu sich und sprechen die Worte *Mögest du niemals Durst leiden* gemeinsam. In anderen Gruppen hält der Hohepriester der Hohepriesterin den Kelch hin, aus dem sie dann trinkt. Anschließend verfährt sie ebenso bei ihm. Die Bräuche variieren. Wenn du also zum ersten Mal eine Gruppe besuchst, solltest du keine vorgefassten Erwartungen hegen, sondern beobachten und zuhören.

Als nächster Teil der Zeremonie folgt das Opfer für den Großen Geist.

Das Opfer

Es gibt mehrere Opferrituale, zu denen das beim Kommunionsritual vollzogene Trank- und Speiseopfer gehört. Wenn die Zeremonie im Freien stattfindet, wird das Opfer zum Ende des Rituals den Göttern dargeboten, indem man etwas Saft auf den Boden gießt und etwas Kuchen verstreut. In geschlossenen Räumen werden die Reste des Kuchens und des Saftes in eine gereinigte und geweihte Opferschale gegeben, nach dem Ritual ins Freie getragen und auf den Boden geschüttet. Dazu kannst du ein selbst formuliertes Dankgebet sprechen oder den folgenden Text verwenden:

Ich ehre die Geister des Nordens.
(Halte die Schale nach Norden.)
Ich ehre die Geister des Ostens.
(Halte die Schale nach Osten.)
Ich ehre die Geister des Südens.
(Halte die Schale nach Süden.)

Ich ehre die Geister des Westens.
(Halte die Schale nach Westen.)
Ich ehre die Geister meiner Ahnen.
(Halte die Schale in Brusthöhe vor deinen Körper.)
Ich ehre den Herrn und die Herrin.
(Halte die Schale etwas über deinen Kopf.)
Ich ehre das Licht allen Lebens.
(Halte die Schale in Brusthöhe vor deinen Körper.)
Diese Gabe wird gegeben
aus der Vollkommenheit in die Vollkommenheit.
So sei es!

Schütte nun den Inhalt der Schale auf den Boden.

Wiccas, die eher schamanisch orientiert sind, setzen häufig Speiseopfer an die Götter zur Unterstützung von Zaubersprüchen ein. Schreibe deine Bitte auf einen Zettel und lege diesen unter die Schale mit der Speise. Stelle eine weiße Kerze fest verankert mitten in die Opferschale. Wenn die Kerze sauber abbrennt, gilt das als Zeichen, dass das Opfer von den Göttern akzeptiert wurde. Die Speise wird dann nach vierundzwanzig Stunden entfernt. Brennt die Kerze nicht gut, wird die Speise sofort entfernt und durch eine andere ersetzt. In den Santería- und Voudon-Religionen gibt es Listen, welche Lebensmittel welchen Göttern dargeboten werden sollen, wobei verschiedene Tabus berücksichtigt werden müssen. Im Wicca existieren solche Listen nicht. Es steht dir frei, selbst eine Speise auszuwählen, bei der du das Gefühl hast, dass sie den Bedürfnissen der Götter entspricht.

Speisenopfer können auch den verstorbenen Vorfahren dargeboten werden. In diesem Fall sollten, wenn möglich, Speisen gewählt werden, von denen du weißt, dass deine Vorfahren diese zu Lebzeiten besonders gern mochten.

Mondplätzchen-Rezept

Diese Plätzchen können bei der Kommunion verwendet werden. Segne alle Zutaten vor der Zubereitung. Halte deine Hände über die Zutaten, visualisiere reinigendes weißes Licht und sprich:

Goldene Energie des sonnengereiften Korns,
kostbare Tropfen des reinigenden Regens,
Mondlicht vom Halm zur Knospe
bringen uns himmlische Freude.
Segen der Mutter,
Stärke des Vaters,
Einheit der Liebe.
So soll es sein.

1 Tasse Backfett
2 Tassen Zucker
2 Eier
1 Tasse Öl
1/2 Teelöffel Salz
1 Teelöffel Vanille
5 Tassen Mehl
2 Teelöffel Natron
2 Teelöffel Cream of Tartar
(gereinigter Weinstein)
Puderzucker oder brauner Zucker
Zimt

Backfett, Zucker, Eier, Öl, Salz und Vanille cremig rühren. Mehl, Natron und Weinstein in getrennter Schüssel mischen. Langsam zu der angerührten Masse hinzugeben und gründlich vermengen. Aus dem Teig circa drei Zentimeter große Bällchen rollen und aus diesen dann

Halbmonde oder Sterne formen. Mit einer Gabel ein wenig flachdrücken. Bei 180 Grad für zehn Minuten backen. Nach dem Backen die Plätzchen mit Puderzucker oder braunem Zucker und darüber mit Zimt bestreuen. Die angegebenen Mengen ergeben 8 Dutzend Plätzchen.

Silvers Hexen-Braurezept

Dieser Trank kann für die Kommunion verwendet werden.

4,5 Liter Apfelsaft (Liebe)
1 Orange (Liebe)
1 Apfel (Liebe)
3 Zimtstangen (Liebe, mediale Fähigkeiten)
1/8 Teelöffel Muskatnuss (Treue)
1 Hand voll Rosenblütenblätter (Liebe)

Den Apfelsaft in einen großen Kessel gießen. Die Orange schälen, auspressen und den Saft in den Apfelsaft gießen. Das ausgepresste Fruchtmark wegwerfen. Die Orangenschale in kleine, zwei bis drei Zentimeter lange Streifen zerteilen und der Mischung beifügen. Den Apfel entkernen, in dünne Scheiben schneiden und ebenfalls in den Kessel geben. Die Zimtstangen in der Mitte durchbrechen. Zusammen mit der Muskatnuss der Mischung beigeben. Zwei Stunden über kleiner Flamme erhitzen. Nicht kochen. Vor dem Servieren mit den Rosenblütenblättern bestreuen.

KREISBESCHWÖRUNGEN

Der Geist ist ein Kreis, dessen Mittelpunkt überall und dessen Durchmesser grenzenlos ist.
Hermes Trismegistos

Von Höhlenmalereien über Kronen, Heiligenscheine bis zu Stonehenge spielten Kreise und Spiralen in allen Bereichen des antiken Lebens eine herausragende Rolle. Sie wurden in zahlreichen alten Kulturen als magisch und spirituell bedeutsam erachtet. Magier haben schon während der assyrischen Herrschaft im Nahen Osten von 883–612 v. Chr. magische Kreise beschworen. Und in der rabbinischen jüdischen Literatur ist nachzulesen, dass ein Mann namens Honi 65 v. Chr. einen Kreis beschwor und während einer Dürreperiode erfolgreich Regen für sein Volk herbeirief[27]. Die Geschichte von Honi, dem Kreismacher, ist interessant, weil sie aufschlussreiche Hinweise darauf liefert, wie unser magisches Erbe in der Antike praktiziert wurde und auch heute noch praktiziert wird.

Honi und der Regen[28]

Da Honis Geschichte über 2000 Jahre alt ist, herrscht Uneinigkeit darüber, welche Stellung er in seiner Kultur einnahm. War er nur ein einfacher alter Zauberer oder zählte er zur Priesterschaft? Jedenfalls wurde das von ihm vollbrachte Wunder als bemerkenswert genug betrachtet, um es niederzuschreiben, aber als zu gefährlich, um den Lesern den Eindruck zu vermitteln, Honi habe außerhalb des damaligen religiösen Systems gehandelt.

Daher machte man ihn (in nachfolgenden Versionen seiner Geschichte) zu einem Angehörigen der rabbinischen jüdischen Gesellschaft. Honis Geschichte gibt uns wichtige Hinweise darauf, wie Magie funktioniert und warum wir 2000 Jahre später noch immer mit dem magischen Kreis arbeiten.

Im Frühling warteten die Leute verzweifelt auf Regen, aber er kam nicht. Sie gingen zu Honi, dem Kreismacher, und sagten: »Bete, damit es regnet.« Honi sagte den Leuten, sie sollten die Lehmöfen für die Passahbrote an einen geschützten Ort bringen, da der Regen sie sonst aufweichen würde. Eine solche mentale Vorbereitung ist nötig, um die Bühne für die eigentliche magische Arbeit zu bereiten. Indem Honi die Leute veranlasste, die Öfen unterzustellen, ermutigte er sie, an seine Magie zu glauben. Nachdem die Öfen sicher untergebracht waren, betete Honi, doch es regnete nicht. Er erkannte, dass er einen Fehler gemacht hatte: Er hatte vergessen, den Kreis zu beschwören! Kein Wunder, dass es nicht regnete – er hatte keine stabile Plattform geschaffen, von der aus sich das Werk manifestieren konnte. Daraufhin beschwor Honi einen magischen Kreis (vermutlich indem er ihn mit einem Stab in den Boden ritzte, aber das wird im Text nicht erwähnt) und stellte sich hinein.

Interessant an dieser Geschichte ist, dass Honi dann zu Gott sprach wie zu einem gewöhnlichen Menschen. Er sagte: »Meister des Universums, deine Kinder haben sich an mich gewandt, weil ich vor dir wie ein Sohn des Hauses bin. Ich schwöre bei deinem großen Namen, dass ich auf diesem Ort ausharren werde, bis du dich deiner Kinder erbarmst.« Kurz, er argumentierte recht lebhaft.

Nun hat Honi bereits vier wichtige Dinge getan. Er hat die Öfen unterstellen lassen, um damit seinen Glauben an seine Fähigkeit als Regenmacher zu unterstreichen und in den beteiligten Leuten die Hoffnung auf ein Wunder zu wecken. Er hat einen magischen Kreis beschworen, um sich eine reine, störungsfreie Arbeitsumgebung zu schaffen, denn als er »einfach so« betete, geschah nichts. Offenbar wollte einer der Umstehenden, dass Honi keinen Erfolg hatte, und er war (höchstwahrscheinlich) nicht genug zentriert. Also beschwor er den Kreis, um sich mental einzustimmen. Als Nächstes stellte er den Kontakt zum Göttlichen her. Dann verkündete er dem Großen Geist seine magische Absicht, und zwar sehr nachdrücklich. Ist sein letzter Satz ein Versuch, Gott zu drohen und ihn zu erpressen? Nicht wirklich. Aus magischer Sicht versichert Honi damit *sich selbst*, dass er Erfolg haben wird, ohne Wenn und Aber. Damit wirft er seine feste Überzeugung in die magische Waagschale und feuert sich verbal an. Er ist entschieden wie eine viktorianische Lady, die kein Nein akzeptiert, und doch setzt er damit nicht Gott unter Druck, sondern sich selbst. Honi hat gelernt, dass er es schaffen muss, das Nichtmanifeste zu berühren, um eine Manifestation herbeizuführen. Das hat nichts damit zu tun, Gott zu drohen, sondern damit, an sich selbst zu glauben. Offenkundig brauchte er an diesem Tag einen zusätzlichen verbalen Ansporn. Und dieser Ansporn bewirkte, dass es tatsächlich vom Himmel zu tröpfeln begann.

Da Honi aber nicht bloß ein spärliches Tröpfeln im Sinn hat, sagt er: »Darum habe ich nicht gebeten, sondern um eine ausreichende Menge Regen, sodass Zisternen, Gräben und Höhlen gefüllt werden.« Nun hat Honi dem magischen Vorgang eine Visualisierung hinzugefügt. Für nicht magisch denkende Menschen sieht es so aus, als würde er weiter mit Gott reden, aber das ist nicht der Fall. In Wahrheit führt er ein Selbstgespräch. Er passt seine Worte an seine Visualisierung an.

Nun regnet es in wahren Sturzbächen. Hoppla, da hat Honi zu stark visualisiert! Es regnet viel zu heftig, also sagt er: »Darum habe ich nicht gebeten, sondern um einen Regen, der wohltätig, segensreich und angenehm ist!« So nimmt er mithilfe geeigneter Formulierungen eine Feinabstimmung seiner Visualisierung vor.

Jetzt regnet es genau so, wie er es bestellt hat.

Schließlich sagt Honi: »Ich weiß, dass du das für mich tun wirst.« Aus magischer Sicht handelt es sich hierbei um die wichtigste Aussage, die er treffen kann. Er bekräftigt seinen Glauben mit größter Überzeugung und verbannt mit dieser Aussage alle Zweifel aus seinem Bewusstsein.

Hat Honi Gott befohlen, Regen zu machen? Nein. Honi hat beim kollektiven Unbewussten Regen bestellt, so wie man bei McDonald's Pommes frites bestellt. Er hat aber um Gottes Mitwirkung gebeten, indem er seinen Wunsch laut aussprach und Gott mit einem Titel anredete. Damit nahm er bewusst Kontakt mit dem auf, woran jeder Mensch von Natur aus glaubt – die Vollkommenheit und Ordnung des Universums. Die göttliche Energie war somit eindeutig ins Spiel gebracht, denn für Honi war diese göttliche Energie »alles, was gut ist« und die Basis jeder erfolgreichen Manifestation. Hat Honi sich im Kreis benommen wie ein ungezogenes Kind? Manche Leute würden den Text vielleicht so deuten, aber ich denke, dass selbst große Zauberer bisweilen wütend auf sich selbst werden können. Sie sind schließlich auch nur Menschen.

Honis Vorfahren und seine Söhne waren alle Regenmacher. Offensichtlich funktionierte also Honis Magie bei mehr als einer Gelegenheit so erfolgreich, dass daraus eine Familientradition entstand. Leider wird in der Geschichte nicht erwähnt, welche anderen Beschwörungsformeln und rituellen Bewegungen er anwendete. Doch das, was überliefert ist, funktioniert ziemlich gut, und wir lernen daraus: (a) Magier sind keine Märchenfiguren oder Produkte unserer Fantasie, sondern ein realer Teil der Menschheitsgeschichte – zu allen Zeiten waren sie quicklebendig und haben ihre Magie praktiziert. (b) Sie gehörten nicht notwendigerweise einer organisierten Religion an (auch wenn das im Nachhinein oft behauptet wurde, besonders wenn sie, wie Honi, der vorherrschenden Religion ihrer Zeit wohlwollend gegenüberstanden). (c) Damit sein Zauber funktionieren konnte, musste Honi den magischen Kreis anwenden. Die Geschichte zeigt uns außerdem, dass das Universum Sinn für Humor hat. Wenn du um etwas bittest, solltest du deinen Wunsch präzise formulieren und besser nicht vergessen, vorher den Kreis zu beschwören.

Funktioniert Honis Methode? Absolut! Folge Honis Tradition und füge jedem Zauberritual die folgenden Elemente bei:

1. Erde und zentriere dich.
2. Ziehe den Kreis.
3. Sprich Honis Beschwörungsformel (siehe unten).
4. Vollziehe deine weitere magische Arbeit.
5. Hebe den Kreis auf.
6. Erde und zentriere dich.

Und hier erfährst du, wie die Beschwörungsformel funktioniert:

Meister/Meisterin des Universums! – damit wendest du dich an die Vollkommenheit und Ordnung des Universums. *Ich* (dein Name) *bin dein(e) magische(r) Sohn/Tochter* – hier aktivierst du deinen direkten Draht zum Göttlichen, und du lässt dein gesamtes Wesen mit der Vollkommenheit des Universums verschmelzen, die du zuvor angerufen hast. Wenn du für eine andere Person arbeitest, solltest du auch deren Namen nennen. Formuliere deinen Wunsch und füge hinzu: *Für alles, was gut ist.* Zum Abschluss sage: *Ich weiß, dass du das für mich tun wirst.* Damit bekräftigst du deinen festen Glauben.

Den Kreis abschreiten

In europäischen Volksmärchen und religiösen Zeremonien dient das Abschreiten des Kreises häufig dazu, einen bösen Zauber zu brechen, sich selbst oder einen bestimmten Ort in einen Zustand der Heiligkeit zu versetzen oder Macht zu erlangen. Dieses Abschreiten des Kreises wurde Circumambulation genannt. Dabei wird im Kreis um eine Objekt, eine Person oder einen Ort herumgegangen, wobei die rechte Hand zu dem umkreisten Gegenstand hin ausgestreckt ist. Dies kann aus religiösen Gründen geschehen, als Akt der Verehrung oder als Bestandteil magischer Praktiken.[29] Man geht mit der Sonne (also im Uhrzeigersinn), um Glück anzuziehen, Böses zu zerstören, Krankheiten zu heilen und in manchen Kulturen, um sicherzustellen, dass die Sonne am nächsten Tag wieder aufgeht. Diese Circumambulationen wurden besonders bei Geburtszeremonien, Hochzeiten und Todesfällen praktiziert, und zwar in Tibet, Europa, Südamerika oder in der Kultur der Inuit. Also ist der magische Kreis, wie viele alte Techniken, nicht nur unter Hexen verbreitet, sondern in allen Kulturen und Glaubensrichtungen anzutreffen und in vielen davon bis heute alltägliches Ritual. Auch in diesem Fall sind es aber die modernen Hexen, die in der westlichen Zivilisation das magische Erbe lebendig erhalten und ihre Brüder und Schwestern aus anderen Religionen daran erinnern, wo viele deren religiöser Praktiken ursprünglich herstammen. Wer seine Geschichte verleugnet, verleugnet sein Wissen.

Diese Bewegung mit der Sonne im Uhrzeigersinn heißt in der Hexenkunst deosil (*dschess-el* ausgesprochen). Die ursprüngliche Schreibung *deiseal* stammt aus Irland. Eine andere Bezeichnung lautet »die heilige Runde«. Tänze, Prozessionen und Paraden sind tief in unserer Geschichte verwurzelt, und es gab den Brauch, einmal im Kreis um das Schlachtfeld zu reiten, um das Schicksal günstig zu stimmen, ehe die Äxte und Schwerter aufeinander prallten.

Es existieren zahlreiche Variationen, einen magischen Kreis zu beschwören, wobei in den meisten Fällen der Kreis ein- bis dreimal abgeschritten wird. Die rechte Hand ist vom Körper weg nach unten ausgestreckt, der Zeigefinger (oder das benutzte magische Werkzeug) weist zum Boden, während eine magische Anrufung rezitiert wird[30]. Manche Hexen zeichnen den Kreis mit Kreide auf den Boden oder markieren ihn mit Maismehl, das sich leicht aufwischen lässt. Solche Zeichnungen können aber das eigentliche Abschreiten des Kreises nicht ersetzen, es sei denn, du verfügst über so viel Erfahrung, dass du gleichzeitig mit dem Zeichnen des Kreises auch die Beschwörung vollziehen kannst. Zwei ebenfalls sehr beliebte Symbole sind der Kreis des Großen Geistes und das Pentagramm.

Das Beschwören von Kreisen empfiehlt sich bei nahezu allen magischen Aktivitäten und Ritualen. Ich habe zwar gehört, dass im Bereich der Volksmagie manchmal kein Kreis beschwören wird, aber das ist so ähnlich wie mit der Benzinqualität. Wenn du willst, dass dein magischer

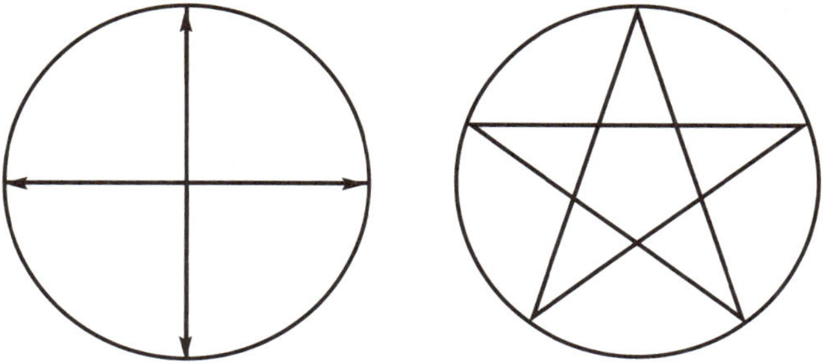

Manche Hexen zeichnen den Kreis des Großen Geistes (links) auf einen großen Terrakotta-Teller und benutzen diesen Teller als Mini-Altar. Das Gleiche kannst du auch mit dem Pentagramm tun (rechts). Auf einem solchen Teller kannst du gefahrlos Kerzen und Weihrauch abbrennen (in dafür geeigneten Haltern und Gefäßen), und er schützt wertvolle Altardecken.

Motor gut läuft, solltest du bei jeder magischen Arbeit den Kreis beschwören. Wenn du glaubst, es sei in Ordnung, mit verunreinigtem Benzin durch die Gegend zu fahren, ist das deine Sache – allerdings wirst du dann vermutlich dein Ziel nicht erreichen. Wenn du über große (normalerweise langjährige) Erfahrung in der Hexenkunst verfügst und dich fleißig in Meditation und anderen heiligen Praktiken geübt hast, wirst du den magischen Kreis nicht mehr bei jeder Kleinigkeit beschwören. Aber solange du diesen Punkt deiner spirituellen Ausbildung noch nicht erreicht hast, empfehle ich dir sehr, bei jeder Art von magischer oder spiritueller Aktivität vorher den Kreis zu beschwören. Denke immer an Honi.

Wenn der Kreis beschworen wurde, schließen die meisten Hexen diesen Teil des Rituals ab mit den Worten: *Wie oben, so unten – dieser Kreis ist versiegelt. So sei es!* (Siehe dazu der Abschnitt über »Wie oben, so unten«

in *Das Zauberbuch der Freien Hexe – Zauberkraft im Alltag.*) An diesem Punkt stampft die Hexe üblicherweise fest mit dem Fuß auf die Erde (oder den Fußboden), um anzuzeigen, dass die Versiegelung aktiviert wurde.

Wenn du einen Kreis visualisierst, solltest du dir eher eine Blase vorstellen als einen flachen Kreis. In den Worten »wie oben, so unten« klingt ja bereits an, dass der Kreis dich umhüllt, sich ebenso über deinem Kopf wie zu deinen Füßen befindet. In einem magischen Kreis geht man niemals widdershins (entgegen dem Uhrzeigersinn), solange du nicht am Ende des Rituals den Kreis aufhebst. Wenn du während der traditionellen Wicca-Ausbildung gegen diese Regel verstößt, wird man dich sofort auf den Fehler hinweisen. Das geht auf den uralten Glauben zurück, dass es Unglück bringt, in einem Kreis gegen den Uhrzeigersinn zu laufen, und dass dadurch der Zauber gebrochen wird. Ob das nun wahr ist oder nicht, sich im Kreis im Uhrzeigersinn zu bewegen ist im Wicca die übliche Praxis, und es gibt sogar Wicca-Gruppen, die sich noch nicht einmal beim Aufheben des Kreises widdershins bewegen (was ansonsten allgemein üblich ist). Diese Gruppen, die sich meist stark an die keltische Tradition anlehnen, gehen auch beim Aufheben des Kreises im Uhrzeigersinn. Wenn du an einem Spiraltanz teilnimmst (was wirklich viel Freude macht), tanzt die ganze Gruppe im Uhrzeigersinn ins Zentrum. Auf dem Weg nach außen bewegt sie sich dann entgegen dem Uhrzeigersinn – beim Weg nach innen wird die Magie aufgebaut, beim Weg nach außen wird sie freigesetzt. Es gibt also Ausnahmen von der Regel.

Wenn du Zauberspruch, Magie oder Ritual abgeschlossen hast, wird der Kreis aufgehoben. Wenn du einen magischen Kreis unaufgehoben zurücklässt, gestattest du der beschworenen Energie, sich weiter dort aufzuhalten. Sie tendiert dann dazu, Chaos und Durcheinander zu verursachen, während sie sich allmählich von selbst auflöst. Und wenn du vergisst, die Kreisviertel zu entlassen, sind diese darüber auch nicht glücklich. Die meisten Wiccas bewegen sich widdershins, wenn sie den Kreis aufheben. Sie schreiten ihn einmal ab und ziehen dabei die Energie in ein magisches Werkzeug oder in ihre Hände. Weitaus seltener ist die Praxis anzutreffen, die Energie in den heiligen Altar zu lenken. Wenn die Bewegung abgeschlossen ist, sagen sie: *Der Kreis ist offen, doch nicht gebrochen. Wir treffen uns froh und trennen uns froh, bis wir uns wiedersehen. So sei es!*[31] Dann stampfen sie erneut fest mit dem Fuß auf, um damit anzuzeigen, dass der Kreis nun offen ist.

Der magische Kreis dient zwei Hauptzwecken: Du schaffst dir damit einen heiligen Raum, in dem du die Energie anheben kannst, bis du bereit bist, sie freizusetzen, und der Kreis schützt dich während der magischen Arbeit vor sichtbaren und unsichtbaren Gefahren. Zugegeben, früher stellte man vorsichtshalber zusätzlich Leute an den Kreisvierteln auf, um die Hexen im Kreis vor Übergriffen von außen zu schützen. Und oft behielt ein Ältester oder »der Mann in Schwarz« wachsam die Umgebung des Kreises im Auge, während der Hohepriester, die Hohepriesterin und die anderen Coven-Mitglieder im Kreis sich auf die magische Arbeit konzentrierten. Der Mann in Schwarz war die rechte Hand der Hohepriesterin. Ihm oblagen in der Coven-Hierarchie zahlreiche wichtige Aufgaben.

Magie mit Kreissymbolen ist in der modernen Hexenkunst ebenfalls beliebt. Beispielsweise kannst du mit Steinen, Edelsteinen oder Kristallen kleine Kreise um das Bild eines geliebten Menschen auslegen und für ihn um Schutz bitten. Einen kleinen Kreis aus Salz um eine Fotografie zu streuen besitzt die gleiche Wirkung. Um unerwünschte Geister oder Gedankenformen abzuwehren, kannst du zerstoßene Eierschalen um das Foto einer Person streuen, wobei auf das Foto eine weiße Kerze gestellt wird. Worte in einem kreisförmigen Muster auf ein Blatt Papier zu schreiben ist ein einfacher, aber wirkungsvoller Erfolgszauber. Bei zeremonieller Magie werden fast immer Talismane oder Amulette im Kreis angeordnet. Ein Kreis innerhalb eines Rechtecks steht für den göttlichen Funken, aus dem Materie vom Reich des Geistes in die Alltagswelt transferiert werden kann.[32]

Wie der Kreis funktioniert

Wirkliche Wissenschaft (zum Beispiel die Quantenphysik) kann uns eine Menge darüber verraten, warum Magie und mit ihr verwandte Konzepte, wie etwa der magische Kreis, funktionieren. Hast du erst einmal erkannt, dass das Universum aus Prozessen besteht, nicht aus Dingen, beginnt der Spaß, denn wirklich interessant wird das Leben durch die Zusammenhänge zwischen den einzelnen Ereignissen. Die Gesamtsumme unseres Lebens setzt sich aus wechselnden Verbindungen von Ereignissen zusammen, aus dem, was wir Prozesse nennen. Wenn also in den Lehren und Debatten der Hexen immer wieder betont wird, wie wichtig Wandel und stetige Veränderung sind, diskutieren sie auf wissenschaftliche Weise den Prozess des Wechsels von einem Zustand in einen anderen, durch den ihr jeweiliges Ziel manifestiert wird. Das Leben ist ständige Veränderung, weil nichts wirklich von Dauer ist und alle Dinge sich unaufhörlich wandeln. Unser Chant *Sie verändert alles, was sie berührt, und alles, was sie berührt, verändert sich,* der bei der magischen

* Jemand stielt dir bei einem Fußballspiel deine Geldbörse, wodurch du alles Geld verlierst, das du in dieser Woche gespart hattest.

* Dein Bruder ist mit seinen Kreditraten im Rückstand, und deine Mutter muss einspringen, weil sie für ihn eine Bürgschaft unterschrieben hat – also wieder neue Ausgaben!

* Dein Vater bekommt keine Gehaltserhöhung oder es entgehen ihm wichtige Klienten, weil er immer wieder verschläft und zu spät zur Arbeit kommt.

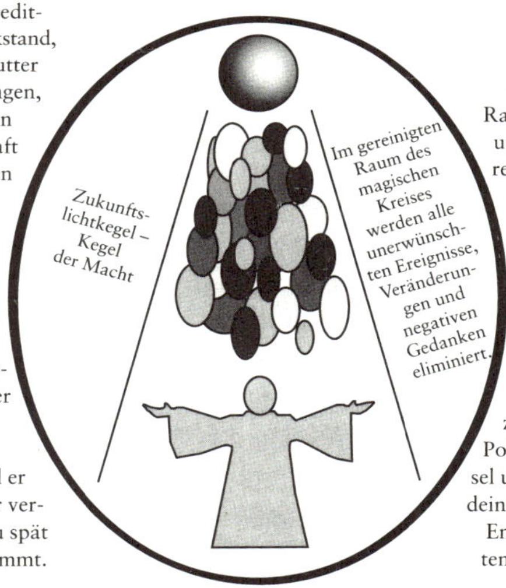

* Deine zahme Ratte wird krank, und die Tierarztrechnung beläuft sich auf über 100 Euro.

* Dein neuer junger Hund frisst deine Seminararbeit, zerknabbert die Polster dreier Sessel und verschluckt dein Portemonnaie. Entstehende Kosten: Unbezahlbar!

* Tante Heidi ist so eifersüchtig, dass sie deine Familie lieber im Armenhaus sehen würde als glücklich und erfolgreich.

* Das Schuljahrbuch-Komitee wählt ausgerechnet den teuersten Fotografen für eure Jahrgangsfotos aus, weil der mit dem Herausgeber befreundet ist.

* Dieses Symbol steht für Ereignisse und Energien, die deine Arbeit stören oder unterbrechen könnten, wenn du keinen Kreis beschworen hast.

Arbeit häufig gesungen wird, bringt diesen Gedanken auf sehr grundsätzliche Weise zum Ausdruck und formt dabei aus Worten einen Kreis. Wenn wir einen magischen Kreis beschwören, ermöglicht uns das, den Prozess der

Veränderung zu beherrschen und entsprechend unseren Wünschen zu beeinflussen.

In der Hexenkunst lernst du, dass jede Ursache eine Wirkung nach sich zieht und dass jedes Ereignis eine Vielzahl neuer Entscheidungsmöglichkeiten erzeugt, mit denen wir die von uns erwünschte Veränderung orchestrieren können. In der neuen Physik nennt man dies »relational universe« – also ein Universum, in dem alle Energien miteinander verbunden sind und zueinander in Relation stehen. Die Aussage »wir sind eins«, die in der hermetischen Lehre und vielen Hexenlehren vertreten wird, deckt sich mit den Erkenntnissen der modernen Wissenschaft. Die Energie eines Ereignisses wandert und beeinflusst die Energie eines zukünftigen Ereignisses. Dieser Vorgang wird als Zukunfts-Lichtkegel bezeichnet[33] und erklärt, warum wir für unsere magische Arbeit den magischen Kreis und den Kegel der Macht benötigen (s. Seite 137). Um dir das Verständnis dieses Konzeptes zu erleichtern, habe ich das Diagramm (Seite 161) entworfen.

Angenommen, du willst ein Zauberritual durchführen, das dir zu mehr Geld verhelfen soll. Indem du einen Kreis für dieses magische Vorhaben beschwörst, schützt du dich vor zufälligen Ereignissen, die dich bei deinem Ritual stören und den Erfolg zunichte machen könnten.

Der Kreis und der Kegel der Macht oder kontrollierte Zukunftslichtkegel wirken weiter, auch wenn du dein Ritual abgeschlossen und den Kreis aufgehoben hast. Du hast den Veränderungsprozess in Gang gesetzt und entschieden, welche ursächlichen Ereignisse du wünschenswert findest und welche du aus deinem Leben (oder dem Leben der Person, für die du das Ritual abhältst) entfernen möchtest. Wenn du aber an dir selbst oder an deinem Wunsch zweifelst, besteht ein sehr reales Risiko, dass du das erwünschte Ergebnis wieder »entmaterialisierst«, ehe es überhaupt Gestalt annehmen konnte. Das abgebildete Diagramm führt dir vor Augen, weshalb der magische Kreis für das Zaubern, für Rituale und sogar für die Meditation so wichtig ist.

Eine Tür hineinschneiden

Immer wieder wird es vorkommen, dass du in einen von dir beschworenen Kreis »eine Tür hineinschneiden« musst. Das kann notwendig werden, wenn du etwas vergessen hast, das nun außerhalb des Kreises herumliegt oder -steht und ohne das du mit deinem Ritual nicht fortfahren kannst, oder aber um einer Person den Zutritt in den Kreis zu ermöglichen. Bei Gruppenritualen darf ein Kreis von den Leuten beschworen werden, die ich das »Kern-Team« nenne (Hohepriesterin, Hohepriester und Repräsentanten der vier Kreisviertel). Diese schneiden auch die Tür hinein, sodass der Kreis von außen betreten werden kann. Die Personen im Kreis konzentrieren sich währenddessen darauf, den Kreis aufrechtzuerhalten, da die geöffnete Tür den Kreis schwächt, besonders wenn die Teilnehmer noch unerfahren sind. (Tipps, wie du die Stärke und den Umfang deines Kreises überprüfen kannst, findest du unter dem Stichwort Wünschelruten im zweiten Band dieser Reihe – *Übung & Meisterschaft*.) Wirf noch einmal einen Blick auf das Diagramm. Dort siehst du, wie zufällige Ereignisse und störende Energien in den geöffneten Kreis eindringen und dadurch deine magische Arbeit beeinträchtigen können. Den Kreis stark und intakt zu halten ist sehr wichtig. Wenn du also allein arbeitest und die Magie Neuland für dich ist, solltest du vielleicht besser auf das, was du außerhalb des Kreises vergessen hast, verzichten, bis du sicher bist, das Aufschneiden einer Tür gut meistern zu können, ohne dass der Kreis instabil wird.

Wenn du dich bereit dafür fühlst, eine Tür in den Kreis zu schneiden, kannst du dafür das Athame oder deine Hände benutzen. Mit dem Athame kannst du eine exakte Linie ziehen, mit den Händen dagegen beschreibst du eine Bewegung, als würdest du einen Vorhang zur Seite schieben. Nimm dir für das Beschreiben der Tür, durch die du gehen willst, genug Zeit. Sobald du diese Grenze durchschritten hast, dreh dich um und schließe die Öffnung mit den entsprechenden Handbewegungen oder indem du mit dem Athame die Umrisse der Tür in umgekehrter Richtung in die Luft zeichnest. Hole den Gegenstand, den du benötigst, schneide die Tür von außen wieder in den Kreis, betrete den Kreis und versiegele die Tür hinter dir. Gehe ruhig und sorgfältig vor. Handelt es sich um ein Ritual in der Gruppe, werden, wenn weitere Personen den Kreis betreten sollen, vor der Tür gekreuzte Besen rituell geöffnet und anschließend wieder gekreuzt. Dadurch wird für alle gut sichtbar angezeigt, dass die Tür geschlossen wurde und alle sich nun im Kreis befinden. Das ermöglicht es allen Teilnehmern, bewusst am Versiegeln der Tür teilzunehmen.

Wer schon viel Energiearbeit gemacht und viele Kreise geschlagen hat, ist in der Lage, mit dem Kreis zu verschmelzen und dann frei im Kreis ein- und ausgehen, ohne die Energie zu beeinträchtigen. Dass dies möglich ist, heißt aber nicht, dass du dich oft so verhalten solltest. Das hat mehrere Gründe. Erstens musst du in der Lage sein, tatsächlich zuverlässig immer wieder aus dem Kreis hinausgehen und ihn betreten zu können, ohne sein Energiefeld zu stören. Das lässt sich mittels Wünschelruten überprüfen. Zweitens gibst du, wenn du Schüler unterweist und dabei ständig aus dem Kreis herausläufst, diesen ein schlechtes Beispiel und ermutigst sie regelrecht zur Nachlässigkeit. Drittens ist jeder Kreis abhängig von dem darin stattfindenden magischen Prozess – was bedeutet, dass jeder Kreis anders ist, abhängig von der Person, die ihn schlägt, den Örtlichkeiten, dem Wetter, deiner emotionalen Verfassung und einer Vielzahl anderer Faktoren. Mein persönlicher Rat (ob du ihn befolgst, ist natürlich deine Sache): Übe die Technik, mit dem Kreis zu verschmelzen, damit du sie in Notfällen anwenden kannst, aber tue das nicht regelmäßig, besonders wenn du Schüler unterrichtest. Die Kreisverschmelzung braucht wie andere Formen von Transformation viel Übung und wird heutzutage von Hexen nur in seltenen Fällen angewendet.

Dreifache Kreismagie

In der Antike wurde die Beschwörung des dreifachen Kreises dazu benutzt, die Parzen anzurufen, die drei Göttinnen von Leben, Wachstum und Tod. Im nordischen Pantheon hießen diese dreifachen Göttinnen, die den Teppich unseres Schicksals weben, Skuld, Verdandi und Urd. Die römischen Parzen hießen auch Fortunae, und die Griechen nannten sie Moiren. Symbolische Opfergaben an die Parzen, etwa Brot und Milch, sollten Wohlstand und ein langes Leben garantieren und sogar bewirken können, dass der zukünftige Ehemann an die Tür klopfte (oder der Frau wenigstens im Traum erschien). Auf die griechische Triade von Körper, Geist und Schatten folgte die primitive christliche Vorstellung von Corpus, Anima und Spiritus (Körper, Geist und Seele). Sie geht zurück auf orientalische und hebräische Wurzeln, die als die Magie des dreifachen Kreises bekannt sind.[34]

Wie bereits erwähnt, wird in vielen Wicca-Traditionen ein dreifacher Kreis beschworen, um so die Kräfte von Körper, Geist und Seele zu stärken.

Hier ist ein Beispiel für eine dreifache Kreisbeschwörung. Weitere Anleitungen zur Kreisbeschwörung findest du in meinen Büchern *Zauberschule der Neuen Hexen – Sprüche & Beschwörungen* und *Zauberschule der Neuen Hexen – Ritual & Harmonie.*

Beschwörung des dreifachen Kreises

von Lady MorningStar[35]

(Rezitiere die folgenden Worte, während du das erste Mal den Kreis abschreitest:)

Hier an diesem Ort, diesem Kreisrund,
beschwöre ich den heiligen Grund.
Das goldene Licht soll den Kreis umhüllen,
alles hier drin mit Energie erfüllen.

(Zweites Abschreiten des Kreises:)

Von der Erde die Dinge, die sich manifestieren,
aus dem Feuer die Dinge, die motivieren.
Die Luft trägt die Dinge des Geistes her,
und das Wasser reinigt, was trübe und schwer.

(Drittes Abschreiten des Kreises:)

Und kein Ort, keine Zeit sei zwischen jetzt und hier,
zwischen den Welten, meinem Wort und mir.
Willkommen, ihr Alten, tretet ein,
dieser Ort ist behütet, so soll es sein!

Hexen wissen, dass die Art, wie ein Mensch die Welt wahrnimmt, davon abhängt, wie er seine persönlichen

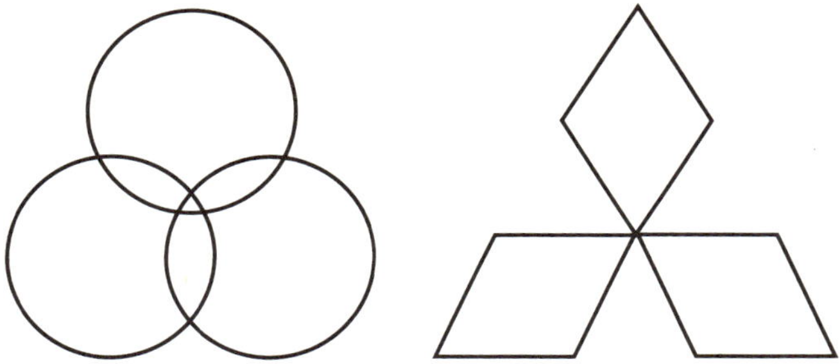

Die dreifachen Ringe (links) und der Trizeps.

Emotionen und Erfahrungen bewertet. Wenn du immer nur die negative Seite siehst, wirst du genau das im Leben bekommen. Wenn du hingegen daran arbeitest, deine Wahrnehmung positiv zu verändern und alle Dinge in einem klaren Licht zu sehen, dann gibst du damit der Harmonie in deinem Leben eine Chance. Deine Emotionen hängen davon ab, in welchem Licht du die Ereignisse deines Lebens betrachtest. Wenn du etwas als Furcht erregend wahrnimmst, dann wird es genau so für dich sein. Nimm hingegen eine Erfahrung als inspirierend wahr, dann gibst du damit der Fülle in deinem Leben eine Chance. Wenn wir den dreifachen Kreis beschwören, verbinden wir uns mit dem dreifachen Aspekt der Göttin (Jungfrau, Mutter und weise Alte) und des Gottes (Vater, Sohn und weiser Alter). So bringen wir Reinigung und Klarheit in unser Leben. Wenn du nach Heilung von Körper, Geist und Seele strebst, egal, ob für dich selbst oder für einen anderen Menschen, kannst du das dreifache Kreissymbol in eine Kerze ritzen oder auf ein Blatt Papier zeichnen und den Namen der Person darüber schreiben.

Wenn es darum geht, Geld zu beschaffen (beispielsweise muss deine Mutter dringend eine Rechnung bezahlen, weiß aber nicht, woher sie das Geld nehmen soll), versuch es mit der Diamanten- oder Trizeps-Variante, die ebenfalls aus dem nordischen Pantheon stammt.

Der Trizeps (die drei Erd-Diamanten) beschwört die Kräfte der Erde (Land, Himmel und Meer – die auch in den druidischen Lehren oft anzutreffen sind). Die vier Seiten des Diamanten stehen für Erde, Luft, Wasser und Feuer. Dieses Symbol lässt sich zur Erzeugung von Wohlstand ebenso verwenden wie für die Wettermagie. Die Diamanten symbolisieren die »Gaben der Erde«. Schreibe den benötigten Geldbetrag in jeden der drei Diamanten und zeichne das dreifache Ring-Emblem darüber. Bewahre das Blatt Papier mit der Zeichnung auf, bis du das Geld erhalten hast, und verbrenne es dann.

Das Rad des Jahres

Das Rad des Jahres ist in der modernen Hexenkunst vor allem als Darstellung des Jahreszeitenzyklus eines Kalenderjahres bekannt. Dieses symbolische Rad wird in acht Abschnitte unterteilt, wobei jede Speiche für eine Jahreszeit steht. Obwohl Hexen das Rad des Jahres als ein keltisches Symbol ansehen, taucht es schon 600 v. Chr. in griechischen Quellen auf. Wieder einmal sehen wir, dass die Geschichte der Hexenkunst weit in die antiken Zivilisationen des Mittelmeerraumes zurückweist.[36]

Über die Ursprünge des Wortes »Sabbat« gibt es eine ähnliche Debatte.[37] Die meisten sind der Ansicht, dass es in der Zeit der Hexenprozesse entstanden ist. Dem widersprach jedoch Margaret Murray (1862–1963), eine Anthropologin, die sich verzweifelt bemühte, die Teile des historischen Hexen-Puzzles zusammenzubringen.[38] Zwar wurde Margarets Arbeit von der Öffentlichkeit und den Gelehrten ihrer Zeit sehr wohlwollend aufgenommen, doch inzwischen ist viel davon widerlegt. Der Kern von Margarets Theorie ist aber unstrittig: 1. Heidnische Erd- und Fruchtbarkeitsrituale existieren schon seit Jahrtausenden. 2. Magische Praktiken waren nicht erst seit dem Mittelalter in der Bevölkerung verbreitet, sondern schon Jahrtausende vorher. 3. Heiden waren religiös – was bedeutet, dass die Riten unserer Vorfahren ebenso magischer wie auch religiöser und kultureller Natur waren. Da diese drei Bereiche sich offenbar nur sehr schwer gegeneinander abgrenzen lassen, stellt sich die Frage …

Wo kommen die Hexen her?

Was an den oben erwähnten Praktiken magisch, was religiös und was kulturell war, wird nach wie vor diskutiert. Wissenschaftler und Hexen werden zu dieser Frage weiterhin Theorien aufstellen, argumentieren und forschen, vermutlich bis ans Ende der Zeit. Wenn es um antike und mittelalterliche Geschichte geht, gibt es nie eine eindeutige Antwort. Haben Hexen schon vor Gerald Gardner existiert? Natürlich – die baskischen Hexen sind ein Beispiel, und es gibt in der Menschheitsgeschichte noch Hunderte anderer, überall auf der Welt. Schau dir nur einmal die archäologische Erforschung alter Stammeskulturen an, die ein Licht auf die Magie und die Rituale der Menschen vor Tausenden von Jahren werfen. Haben die Hexen in alter Zeit ihre Kunst genauso praktiziert, wie wir es heute tun? Nein. Waren sie organisiert? Möglicherweise in manchen Gebieten, aber höchstwahrscheinlich nicht so wie heute, es sei denn wir zählen Stammesorganisationen hinzu, womit wir wieder vor der Frage stehen, was Religion, was Magie und was kulturelle Tradition ist. Gewiss lässt sich viel von dem, was wir heute Hexenkunst nennen, auf Gardners Idee einer Wiederbelebung des Hexengedankens im zwanzigsten Jahrhundert zurückführen. Es bestehen sogar schon größere Unterschiede zwischen der Art, wie die Hexenkunst vor dreißig Jahren praktiziert wurde, und dem, was heute üblich ist.

Die Hexenkunst verändert und entwickelt sich, um den Bedürfnissen ihrer Anhänger gerecht zu werden. Das zwanzigste Jahrhundert beschenkte uns mit einigen bemerkenswerten Menschen, die mithalfen, die verschiedenen Aspekte von Religion, Magie und Kultur zur modernen Hexenkunst zu vereinigen. Doreen Valiente schenkte uns unsere Geschichte und unsere Poesie. Raymond Buckland brachte die moderne Hexenkunst nach Amerika. Sybil Leek gründete Covens an der Ostküste. StarHawk und Laurie Cabot brachten uns die Psychologie und führten uns in die politische Arena (was sie auch weiterhin tun), insofern als sie eindeutige Aussagen darüber trafen, dass wir existieren und fair behandelt werden wollen und dass wir für die Gesellschaft von Nutzen sein können. Die Farrars haben die Wicca-Rituale Tausenden von Menschen zugänglich gemacht. Z. Budapest schenkte uns den Glauben, dass wir über persönliche Macht verfügen und erfolgreich sein können. Scott Cunningham machte die Hexenkunst zu einer leicht verständlichen und praktizierbaren Angelegenheit, brachte uns Theorie und Folklore in gut verdaulichen Bissen nahe, während er beständig unser Leben verbesserte,

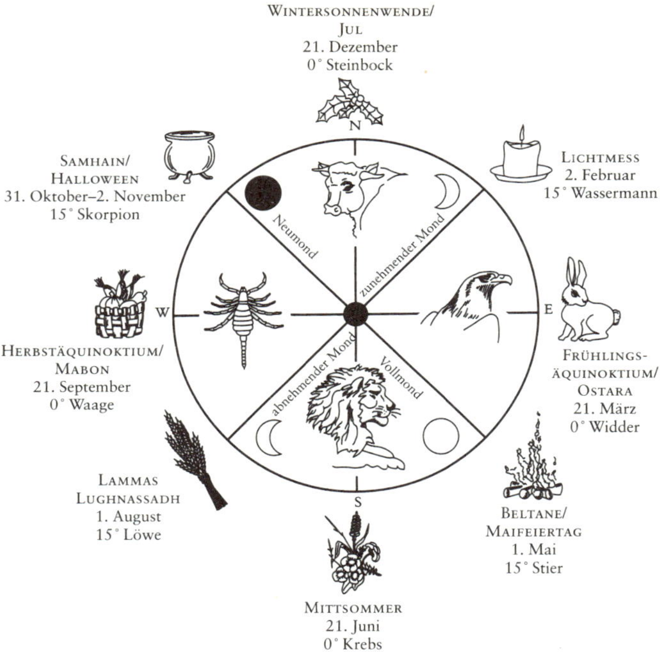

Das Rad des Jahres

ohne uns Kopfschmerzen zu bereiten. Es gibt Hunderte andere, manche, deren Beitrag nur zu ihren Lebzeiten aufglimmte und sich dann im Dunkel der Geschichte verlor, besonders wenn niemand da war, der ihre »namenlosen« positiven Taten aufzeichnete. Manche, die weiterhin daran arbeiten, neue Wiccas auszubilden und die Öffentlichkeit über unsere Religion aufzuklären. Ich könnte noch lange fortfahren, all diese Menschen aufzuzählen, aber ich denke, du verstehst, worauf es mir ankommt.

Die moderne Hexenkunst ist, wie alle anderen Religionen auf diesem Planeten, ein Gemisch aus verschiedenen Einflüssen – eine Kombination aus vergangenen und gegenwärtigen Traditionen, kulturellen Praktiken und sozialen Modellen. Im Gegensatz zu anderen Religionen ist die Hexenkunst weitgehend frei von Dogmen, was sich aber ändern könnte, wenn unsere Religion älter wird (ich hoffe es allerdings nicht, denn die Dogmen sind es, die immer wieder für Probleme sorgen). Es lässt sich bei jeder Religion sehr schwer sagen, wann genau sie entstanden ist, und ebenso schwer lässt sich feststellen, welche Praktiken welcher Religion zuzuordnen sind. Das bringt uns wieder zurück zum Rad des Jahres. Beispielsweise lassen sich die acht Hohen Heiligen Tage der modernen Hexen-Religion auf Praktiken aus der Antike zurückführen, die durch das Mittelalter bis in die heutige Zeit bewahrt wurden, besonders in Europa. Und was die acht Sabbate angeht, sind nordisch/germanische Einflüsse nicht zu leugnen. Einzigartig an der Hexenkunst ist, dass die meisten Gruppen, auch wenn sie unterschiedliche Pantheons benutzen, dennoch die europäischen Hohen Heiligen Tage als ihre wichtigsten Sabbate feiern. (Allerdings gibt es Gruppen, die zusätzlich zu diesen, wie wir heute sagen, »allgemeinen Feiertagen« auch bestimmte Festtage für Gottheiten ihres Pantheons begehen.) Auch wenn das Datum übereinstimmt, ist zu beachten, dass es mehrere unterschiedliche Namen für die einzelnen Sabbate gibt, abhängig von der jeweiligen Gruppe und der Tradition, aus der sie ihre Legenden und Lehren ableitet. Während manche beispielsweise allgemein gebräuchliche Bezeichnungen benutzen wie »Wintersonnenwende«, sprechen andere vom Julfest.

Ritual

Ein Ritual ist eine feste Abfolge von Gedanken und Bewegungen, die einem bestimmten Zweck dienen. Zum Beispiel haben viele Menschen ein Morgenritual, das darin besteht, zu duschen, die Kleidung für den Tag auszuwählen, zu frühstücken und sich (hoffentlich) die Zähne zu putzen – all dies mit dem Zweck, sich auf die Aktivitäten des Tages vorzubereiten. Rituale können zu wohltuenden Erinnerungen werden und zu etwas, das uns Halt gibt, wenn wir schwere Zeiten durchleben. Mein Mann erzählt zum Beispiel oft von seiner Großmutter und ihrem Morgenritual – Toast mit ein bisschen Marmelade, eine Tasse Tee und das Kreuzworträtsel in der Zeitung. Die Erinnerung an ein solches Ritual gibt uns das sichere Gefühl, dass mit der Welt alles in Ordnung ist (oder wenigstens damals war). In der Religion verbindest du, wenn du an einem Ritual teilnimmst, bestimmte festgelegte Handlungen mit Gedanken an Gott und Spiritualität. Wenn du oder deine Eltern einen Gottesdienst besuchen, nehmt ihr an den Ritualen dieses Glaubens teil. Statt »ich gehe in die Kirche«, sagen wir im Wicca »ich nehme an einem Ritual teil« oder »ich gehe zu einem Kreis« – wobei die Worte »Ritual« und »Kreis« das gleiche bedeuten.

In den meisten Wicca-Gruppen gehört es zur rituellen Praxis, dass im Kreis Freude und ernste Hingabe einander abwechseln. Diese Methode – auf einen fröhlichen, leichten Moment folgt ein ernster und nachdenklicher – dient dazu, eine ausgeglichene Atmosphäre zu erzeugen. Wenn du allein arbeitest, ist diese Balance weniger offensichtlich, da es keine Gruppe gibt, mit der du tanzen könntest, und niemand eine amüsante Bemerkung macht. Du kannst aber Leichtigkeit in deine Rituale bringen, wenn du immer wieder etwas tust, das dir Freude bereitet (singen, ein Musikinstrument spielen, dich darin üben, die eigenen Schwächen und Fehler weniger ernst zu nehmen). Dies kann ein Ersatz sein für die Heiterkeit, die in Gruppenritualen zelebriert wird. Ich kenne eine allein arbeitende Hexe, die ungefähr eine Stunde damit verbringt, sich Songs auf Kassette aufzunehmen, die zu den einzelnen Schritten ihres Rituals passen. Auf eine leichte Melodie, vielleicht einen keltischen Jig, folgt etwas Ruhigeres, Nachdenkliches. Nicht alle Gruppen, besonders jene, die ihre Rituale etwas steifer und formeller betreiben, gestatten es, dass im Kreis gelacht wird. Wenn du also zum ersten Mal am Ritual einer Gruppe teilnimmst, solltest du die anderen beobachten und dich an deren Verhalten anpassen. Selbst wenn gelacht wird und einige Mitglieder scherzhafte Bemerkungen machen, ist es am besten, wenn du schweigst, wenigstens beim ersten Mal, denn dein Humor könnte sich im falschen Moment zeigen, ohne dass du dir dessen bewusst bist. Nimm mir diesen Hinweis bitte nicht übel – aber so etwas kann wirklich passieren. Und nun bist du wenigstens vorgewarnt.

Rituelles Bad

Wenn wir verschiedene magische Traditionen studieren, moderne und alte, findet sich eine Gemeinsamkeit: das sehr oft vor den magischen Handlungen und Zeremonien praktizierte rituelle oder reinigende Bad. Dieses Bad (oder eine Dusche, wenn ein Vollbad nicht möglich ist) dient dazu, Körper, Geist und Seele zu reinigen, bevor wir einen heiligen Raum betreten.

Benötigte Materialien: Duftende Seife, um Körper und Haar zu säubern; Schwamm oder Waschlappen; ein sauberes weißes Handtuch; zwei weiße Votivkerzen in Kerzenständern; Duftöl oder Parfüm; saubere Kleidung oder eine saubere Robe. Du kannst auch Reinigungskräuter mischen und in einen Kaffeefilter füllen. Binde oder hefte den Filter zu und gib dieses magische Päckchen in das Badewasser.

Anleitung: Das Wasser sollte nicht so heiß sein, dass es unangenehm ist, aber warm genug, dass du für mindestens zehn Minuten bequem darin baden kannst. Zeichne mit den Fingern ein bannendes Pentagramm über das Wasser. Zünde die Votivkerzen an. Achte dabei auf mögliche Brandgefahren und stelle sie weit genug von Dusch- und anderen Vorhängen auf. Schalte die Badezimmerbeleuchtung aus. Sprich ein Gebet, bevor du ins Wasser steigst, bitte den Großen Geist um Reinigung für Körper, Seele und Geist. Entspanne dich im Wasser. Schließe die Augen und lass allen Alltagsärger vom Wasser aufsaugen. Atme dreimal tief durch und stell dir vor, dass du beim Ausatmen alle Negativität von dir wegschiebst und alle inneren Blockaden entfernst. Meditiere mindestens fünf Minuten lang über Probleme, die du gerne aus deinem Leben fortwaschen möchtest. Grübele aber nicht angestrengt über diese Probleme nach, sondern strebe danach, dich innerlich von ihnen loszulösen. Öffne die Augen, säubere deinen Körper mit Seife und Schwamm und stell dir dabei vor, dass du gleichzeitig mit deinem Körper auch Geist und Seele reinigst. Vergiss nicht, dir auch die Haare zu waschen. Spüle deinen Körper gründlich ab. Steige aus der Wanne und trockne dich ab. Sprich ein Dankgebet, während du dich ankleidest. Beobachte, wie das Wasser abläuft, und stell dir vor, dass alle Negativität aus deinem Leben verschwindet und mit dem Wasser in den Abfluss strömt. Schalte das Licht wieder an. Lösche die Kerzen. Reinige die Badewanne gründlich.

Ritualkleidung

Als ich ein Kind war, pflegten die Leute in »Sonntagskleidung« zur Kirche zu gehen. Zu dieser rituellen Kleidung gehörten schöne Schuhe, ein gutes Kleid (oder bei den Jungen Hemd und Hose), ein Sonntagshut und Sonntagshandschuhe (nun gut, damit gestehe ich ein, dass ich schon ein paar Falten habe!). Der Geistliche trug eine Robe, sodass er sich deutlich von den anderen anwesenden Männern unterschied. Die Väter trugen Anzüge, die Mütter elegante Kleider. Es gab auch spezielle Kleidung für Taufe und Konfirmation. So hielt man es in jener Gegend und zu jener Zeit mit der rituellen Kleidung.

Im modernen Wicca kennt man keine allgemein verbindlichen Kleidervorschriften, auch wenn es in manchen Traditionen durchaus gewisse Richtlinien geben mag – zum Beispiel schwarze Roben für Initiationen und Graduierungszeremonien und weiße Roben für Beerdigungen. Die Straßenkleidung abzulegen und sich stattdessen in ein rituelles Gewand zu hüllen hat psychologische und praktische Vorteile. Sich beim Überwechseln vom alltäglichen Leben ins spirituelle Leben andere Kleidung anzuziehen hilft bei der geistigen Einstimmung. Und Kleidung zu tragen, die gereinigt und geweiht ist (nach dem rituellen Bad), stellt sicher, dass du keine zusätzliche Negativität in den Kreis hineinbringst. Während in manchen Gruppen das Tragen spezieller Schnüre und Edelsteine vorgeschrieben ist, wird in anderen Hexenzirkeln Wert darauf gelegt, dass innerhalb des Kreises alle gleich sind und nur Hohepriester und Hohepriesterin besondere Gewänder tragen. Es gibt Gruppen, in denen der Rang überhaupt keine Rolle spielt, und alle tragen, was sie möchten, oder alle tragen die gleiche Farbe, aber die Roben sind unterschiedlich geschnitten. Dann gibt es Gruppen, in denen man an der Kleidung der einzelnen Gruppenmitglieder die unterschiedlichen Einweihungsgrade erkennen kann. Da Roben mitunter unpraktisch sein können, gibt es auch Hexen, die bei Ritualen statt einer Robe weniger wallende Kleidung tragen, mit der man nicht so leicht in die Kerzenflammen gerät. Und dann sind da noch jene Hexen, die überhaupt nichts tragen. Rituale nackt zu zelebrieren war zu Gardners Zeiten, und auf seinen Einfluss hin, populär, ist aber bei den meisten Wicca-Gruppen aus der Mode gekommen. Wie andere magische Werkzeuge sollten auch Roben, Schnüre, Kleider und Edelsteine stets gut gepflegt und vor jedem Gebrauch gereinigt, geweiht und gesegnet werden.

Ritualstruktur

Für das Praktizieren von Ritualen gibt es im Wicca zwei Gründe:

* Begehung von feierlichen Anlässen,
* magische Arbeit.

Zu den feierlichen Anlässen zählen Taufen, Eheschließungen, Trauerfeiern, Weihen, Initiationen, Graduierungsfeiern und die acht Hohen Heiligen Tage (Sabbate genannt).

In den Bereich des magischen Arbeitens fallen Heilzirkel[39], Esbate, Schulungsgruppen und die Anwendung von Zaubersprüchen.

So wie andere Religionen Gebetsbücher und Liturgien kennen, gibt es auch für Wiccas einen reichen Schatz an Ritualen, aus dem sie sich Anregungen holen können. Wenn sie auf ein Ritual stoßen, das ihnen gefällt, schreiben sie es sich in ihr eigenes *Zauberbuch* (BDS). Wegen des heute allgegenwärtigen Copyright-Schutzes sind aber viele Lehrer dazu übergegangen, ihre Schüler ausschließlich eigene Ritualstrukturen aufschreiben zu lassen. Dabei wird lediglich in groben Umrissen eine Grundstruktur vorgegeben, auf der die Schüler dann aufbauen können.

Es gibt zwei Basis-Ritualformen: strukturiert und spontan. Ein strukturiertes Ritual ist fest vorausgeplant und Schritt für Schritt schriftlich fixiert, sodass der Sucher genau weiß, was er zu tun hat. Ein strukturiertes Ritual erfordert gründliche Vorbereitungen – welche Hilfsmittel werden benötigt, welchem Zweck dient es, welche Tageszeit eignet sich am besten, und so weiter. Ein spontanes Ritual folgt der Basisritualstruktur (siehe Seite 31). Doch die Lieder, Gedichte oder anderen Beiträge kommen aus dem Herzen, und ein schriftliches Konzept ist überflüssig. Auch wenn in diesem Buch nicht näher auf die Organisation von Covens eingegangen wird, solltest du doch wissen, dass Covens oft bestimmte Standardrituale haben, die bewusst für den häufigen Gebrauch ausgewählt wurden, besonders für feierliche Anlässe. Zum Beispiel kann es sein, dass alle Weihen, Initiationen und Graduierungsfeiern immer im gleichen Format, der gleichen Struktur vollzogen werden, auch bei noch so häufiger Wiederholung. Dies garantiert, dass alle Teilnehmer der Zeremonie gut folgen können und innerhalb der Gruppe harmonisch zusammenwirken. So wird der Geist der Gruppe gestärkt, und es baut sich ein festes Band der Energie auf, von den frühesten Initianten bis zu den Neulingen. Dieses Band der Energie wird Herkunftslinie oder Abstammung genannt, und von vielen initiierten Hexen wird erwartet, dass sie ihre Herkunftslinie, die Namen derjenigen, die ihnen in der Tradition vorausgingen, auswendig wissen bis zu der Person, die ihre Tradition einst begründete.

In diesem Buch findest du verschiedene Rituale, einschließlich bestimmter Übergangsriten wie des Schwangerschaftssegens, der Taufe, der Übergangsriten für Teenager, der Totenfeier, der Zeremonie für Examen und Prüfungen, Esbat, Sabbat, Zauber und dergleichen mehr. Unter dem Stichwort »Zeremonien für Suchende« (siehe Seite 233) findest du die Sucher-Zeremonie für Teenager und ein Ritual der Widmung, also der Selbsteinweihung, wobei die Widmungszeremonie in diesem Buch sich ein wenig von der unterscheidet, die ich in *Zauberschule der Neuen Hexen – Magie & Macht* vorgestellt habe.

Sabbat

Die modernen Sabbat-Rituale (sie werden an den acht Hohen Heiligen Tagen gefeiert) können entweder ganz einfach gehalten oder aber sehr kunstvoll ausgestaltet werden, je nachdem, was du bevorzugst. Der Hauptzweck der Zeremonie besteht darin, die Jahreszeiten und die Götter zu ehren und um ein harmonisches Einwirken der göttlichen Energien auf unser Leben in den folgenden Monaten zu bitten. In jedem Ritual wird ein Teil des Lebenszyklus gefeiert:

* Jul und Lichtmess stehen für die Empfängnis.
* Beltane und Ostara stehen für Geburt und Wachstum.

* Der Mittsommer steht für die Reife.
* Lammas und Mabon stehen für die Ernte.
* Samhain steht für den Tod und die auf ihn folgende spirituelle Transformation.

Diese Feiertage können sowohl als neuzeitliche Wicca-Feste wie auch als Wiederbelebung alter Bräuche verstanden werden. Das hängt von den Mythos (den Legenden) ab, für die du dich entscheidest, was für den Neuling manchmal etwas verwirrend sein kann. Zu jedem Sabbat gibt es mehrere Geschichten, von denen manche uralt, manche relativ modern sind. In großen Wicca-Gruppen kann das rituelle Drama einen großen Teil des Rituals einnehmen. Darin schlüpfen Gruppenmitglieder in die Rollen der Gottheiten, fast wie in einem Theaterstück, manchmal sogar mit Requisiten und eindrucksvollen technischen Effekten. Ich habe schon Sabbaten beigewohnt, bei denen Bühnentechnik, Kostüme und Requisiten Tausende von Dollars gekostet haben. Und eine Gruppe aus Georgia bot bei einem Sabbat in Texas so überzeugende darstellerische Leistungen, dass viele Zuschauer glaubten, einer der Schauspieler hätte den Tod des von ihm dargestellten Gottes nicht überlebt. (Mein Mann und ich können aber bezeugen, dass er eine Stunde später wieder quicklebendig in Gesellschaft seiner Frau gesichtet wurde!) Andererseits habe ich aber auch schon an Feiern teilgenommen, bei denen die Ausgaben sich auf einen Krug Apfelsaft, eine Packung Kekse und ein paar Kerzen beschränkten und stattdessen Bewusstsein und Vorstellungskraft der Hexen im Vordergrund stand. Keine dieser beiden Ritualformen war besser oder schlechter. Beide waren für die Teilnehmer eine sehr intensive Erfahrung und erfüllten ihren Zweck, spirituelle Energie freizusetzen. Auch bei der Platzierung des

Altars gibt es Unterschiede. Bei manchen Gruppen steht der Altar das ganze Jahr über an derselben Stelle, andere stellen ihn entsprechend der Position der Feiertage auf dem Rad des Jahres immer wieder um. Es gibt Hexen, die diese vielen Bewegungen eher störend finden und den Altar lieber im Zentrum des magischen Kreises aufstellen. Auch bezüglich der Kreisviertel unterscheiden sich die Gepflogenheiten. Beispielsweise beginnen manche Gruppen bei Esbaten immer im Norden mit dem Öffnen der Kreisviertel, während sie dafür bei Sabbat-Zeremonien das Kreisviertel auswählen, das am besten zur jeweiligen Jahreszeit passt.

An die Sabbatzeremonie schließt sich fast immer eine gemeinsame Mahlzeit an, zu der jedes Mitglied etwas beiträgt. Das kann ein extravagantes Festmahl, es können aber auch nur ein paar Teller mit Keksen sein. Während Esbate überwiegend abends stattfinden (wegen der Arbeit mit dem Mond), werden viele Sabbatfeiern (Sonnenfeiertage) tagsüber abgehalten, wenn es der Gruppe möglich ist, sich um diese Zeit zu treffen. Eine Ausnahme bildet Samhain, das am Abend gefeiert wird. Zwar gibt es keinen allgemein verbindlichen »richtigen« Zeitpunkt für eine Sabbatfeier, du kannst jedoch den astrologischen Korrespondenzen folgen und dein Ritual auf jenen Moment terminieren, wenn die Sonne die 15-Grad-Marke des jeweiligen Sternzeichens erreicht:

Samhain: Sonnenstand 15 Grad Skorpion (Wasser)
Lichtmess: Sonnenstand 15 Grad Wassermann (Luft)
Beltane: Sonnenstand 15 Grad Stier (Erde)
Lammas: Sonnenstand 15 Grad Löwe (Feuer)

Beachte dabei, dass es sich um die vier fixen Zeichen des Sternkreises handelt und dass jedes der vier Elemente in den Jahresfesten vertreten ist. Dabei geht es darum, Wohlstand, Glück und Liebe zu feiern und bewusst anzustreben. Diese vier Festtage sind auch als die Feuerfeste bekannt und werden manchmal als Kreuz-Quartalsfeste bezeichnet. Historisch handelt es sich um Festtage, an denen die Leute Freudenfeuer auf den Hügeln anzündeten, in der Hoffnung, dadurch das Licht des göttlichen Geistes in den Herzen der Menschen zu entflammen und durch die reinigende Kraft des Feuers alle Negativität zu vertreiben. Die anderen vier Feiertage sind eindeutig von der Sonne geprägt:

Wintersonnenwende (Jul): 21. Dezember (oder ungefähr zu dieser Zeit); Sonnenstand 1 Grad Steinbock (Erde)
Frühlingsäquinoktium (Ostara): 21. März (oder ungefähr zu dieser Zeit); Sonnenstand 1 Grad Widder (Feuer)
Sommersonnenwende (Mittsommer): 21. Juni (oder ungefähr zu dieser Zeit); Sonnenstand 1 Grad Krebs (Wasser)
Herbstäquinoktium (Mabon): 21. September (oder ungefähr zu dieser Zeit); Sonnenstand 1 Grad Waage (Luft)

Beachte, dass es sich um die Kardinalzeichen des Sternkreises handelt. Diese Feste gelten (jedes auf seine Weise) als Feiern des Anfangs, besonders im Hinblick auf Arbeiten mit dem jeweiligen Element (Erde, Luft, Wasser, Feuer). Somit gibt es wieder ein Fest für jedes Element. Diese Festtage werden manchmal auch die Quartalsfeste genannt.

Wenn du mit beiden Arten von Hohen Heiligen Tagen gearbeitet hast (Feuerfesten und Quartalsfesten), werden dir die Unterschiede zwischen den beiden Kategorien bewusst werden. Die Feuerfeste finden statt, wenn die Sonne in der Mitte des jeweiligen astrologischen Zeichens steht. Dann geht es darum, dass du Veränderungen in deinem Leben vornimmst, also am »Alten« arbeitest. Die Quartalsfeste dagegen fallen in Zeiten, wenn die Sonne von einem Zeichen in das nächste wandert. Hier ist deine Bereitschaft gefragt, dich für das »Neue« zu öffnen. Die Energie der Quartalsfeste macht sich in deiner häuslichen Umgebung bereits ungefähr eine Woche vor dem eigentlichen astrologischen Ereignis bemerkbar. Zum Beispiel kann es sein, dass du, ohne dir bewusst über die Zusammenhänge im Klaren zu sein, einen neuen Computer kaufst, wenn die Sonne im Zwilling steht (Kommunikation), und ihn dann ins Wohnzimmer stellst, damit alle Familienmitglieder ihn benutzen können, wenn die Sonne zum Krebs weiterwandert (häusliche Umgebung). Im menschlichen Leben spielen, auch wenn das vielen Leuten nicht bewusst ist, diese acht Hohen Heiligen Tage eine große Rolle.

Zwar gibt es in der Hexenkunst einige Gruppen, die für alle Sabbate die gleiche Zeremonie verwenden, doch den meisten macht es Freude, Geschichtsforschung zu betreiben und immer wieder nette neue Dinge zu entdecken, die sie in ihre Zeremonien einbauen können, was bei den jahreszeitlichen Festen für Abwechslung sorgt und für die Coven-Mitglieder interessante historische Details zu Tage fördert. Manche Gruppen verlangen von neuen Schülern, dass sie sich diesen historischen Studien widmen. In Clans, die sich aus mehreren Covens zusammensetzen (wie der Black Forest Clan), gibt es sogar Wettbewerbe, welcher Coven den einfallsreichsten Sabbat des Jahres kreiert. Während Esbate meist nur innerhalb eines Covens gefeiert werden, versammelt sich bei Sabbaten der ganze Clan. Sabbate eignen sich auch gut, um sie öffentlich zu feiern. Vielleicht lädt man dich bei einer örtlichen Hexengruppe nicht zu Esbaten oder Mondritualen ein, aber an den Hohen Heiligen Tagen werden die Türen im Allgemeinen gerne geöffnet. Achte auf die Aushänge im örtlichen Magie- und Esoterik-Laden. Dort werden bestimmt öffentliche Feiern angekündigt.

Nachfolgend findest du ein Basis-Sabbatritual für freie, allein arbeitende Hexen und ein paar grundlegende historische Informationen zu den Hohen Heiligen Tagen. Zu jeder Zeremonie existiert eine solche Fülle an Material, dass ich dir hier unmöglich alles präsentieren kann. Berücksichtige bitte, dass in manchen Traditionen die »offiziellen« Feste an einem anderen Datum gefeiert werden. In diesen Fällen habe ich das bei jedem Feiertag entsprechend vermerkt. In früheren Zeiten erstreckten sich die Feste oft über mehrere Tage. Am Rad des Jahres lassen sich noch die agrarischen Wurzeln unserer Religion erkennen, denn die Jahreszeiten und die Zyklen von Empfängnis, Geburt, Wachstum, Reife, Transformation, Tod und Wiedergeburt werden mit den landwirtschaftlichen Tätigkeiten und den klimatischen Veränderungen verknüpft. An dieser Stelle möchte ich dir ein Bewusstsein für diesen Zyklus vermitteln.

Basis-Sabbatritual für Freie Hexen

Benötigte Materialien: Altar und Altarausrüstung (Repräsentationen der vier Elemente, Kerzen zur Beleuchtung). Ob du Zauberstab oder Athame verwendest, liegt ganz bei dir. Kerzen, die an den vier Kreisvierteln aufgestellt werden (Osten, Süden, Westen und Norden). Wähle dafür die Farben, die dir am passendsten erscheinen.

Welche zusätzlichen Hilfsmittel du einsetzt, hängt davon ab, wie viel Zeit du zur Verfügung hast und wie kreativ du deine Zeremonie gestalten möchtest.

Schritt eins: Fege den Ritualplatz mit einem Besen sauber. Reinige den Platz dann, indem du nacheinander das Repräsentationsobjekt für jedes der vier Elemente im Uhrzeigersinn um den Ritualplatz herumträgst. Lege alle Objekte, mit denen die Jahreszeit geehrt werden soll, auf den Altar, zusammen mit den Kommunionsgefäßen und deinem *Zauberbuch*.

Schritt zwei: Öffne die Altarenergien, indem du mit den vier Elementen über den Altar streichst und einen persönlichen Segen intonierst. Klopfe dann fünfmal auf den Altar – einmal für jedes Element, und einmal für den Großen Geist.

Schritt drei: Zünde die Kerzen auf dem Altar an.

Schritt vier: Beschwöre den magischen Kreis (im Uhrzeigersinn), wobei du entweder die folgende Sabbat-Kreisbeschwörung oder eine andere deiner Wahl verwenden kannst.

Gezeiten des Jahres, ihr kommt und geht,
(Klopfe einmal auf den Altar, wobei du den Namen
des zu begehenden Festes laut aussprichst.)
vom ersten Licht des Frühlings bis zum Leuchten
des Herbstes.
(Halte deine Hände über den Altar.)
Deosil von der Geburt zum Tod,
(Schreite nun, im Norden beginnend, im Uhrzeigersinn
den Kreis ab.)

verbinden sich Legenden, Mythen und Lehren.
(Nun solltest du wieder im Norden angekommen sein.)
Sonnenfeuer, hell brennendes Licht,
(Zünde die rote Kerze auf dem Altar an und blicke hoch zum Himmel.)
reinige das kreisende Große Rad.
(Stelle die Kerze auf den Altar zurück.)
Winde des Nordens, tragt diese Flamme,
(Schreite vom Norden des Kreises in den Osten.)
durch den Nebel der Zeiten rufe ich den Namen.
(Sprich den Namen des Festtages laut aus.)
Osten und Süden und Westen lasst steigen
(Halte, während du den Kreis abschreitest, bei jeder Himmelsrichtung kurz inne.)
Energiespiralen hoch hinauf in den Himmel!
(Kehre zum Norden zurück.)
Der Kreis formt sich und kündet von der Wiedergeburt,
(Beginne mit dem dritten Abschreiten des Kreises.)
von Aussaat und Pflügen und üppiger Ernte,
(Halte die Hände über den Altar.)
von Sternen, so fern, und festem Fels.
(Zeige im Norden hoch zum Himmel.)
All das umschließt dieser dreifache Kreis,
(Visualisiere den vollständigen Kreis.)
den ich nun versiegele vom Himmel zum Grund!
(Senke die Arme und stampfe mit dem Fuß auf.)

Schritt fünf: Zünde die Kerzen für die Kreisviertel an und rufe die Richtungen an.

Winde von (Name des Festes) *im Norden,*
kommt herbei, bezeugt und verkündet!
Winde von (Name des Festes) *im Osten,*

kommt herbei, bezeugt und verkündet!
Winde von (Name des Festes) *im Süden,*
kommt herbei, bezeugt und verkündet!
Winde von (Name des Festes) *im Westen,*
kommt herbei, bezeugt und verkündet!
Winde des Geistes von (Name des Festes),
erfüllt diesen Kreis mit Liebe und Schutz![40]

Schritt sechs: Verlies die Anrufung der Göttin (siehe Seite 18)

Schritt sieben: Rufe deine Ahnen an, indem du deren Namen vorliest und erklärst, dass du sie in Ehren hältst.

Schritt acht: Verlies die jeweilige Sabbat-Anrufung, die in diesem Abschnitt bei den einzelnen Sabbaten nachzulesen ist.

Schritt neun: Verkünde laut den Zweck, dem das Ritual dient, und sage dazu, welche Bedeutung der zu feiernde Festtag für dich hat. Dies kann durch ein Gedicht geschehen, eine Geschichte oder in stiller Meditation. So leistest du einen eigenen kreativen Beitrag zu dem Ritual.

Schritt zehn: Rufe die Sonne herab (optional). Schau dabei aber auf keinen Fall direkt in die Sonne. Schließe die Augen, wenn du den Kopf hebst.

Schritt elf: Verrichte nun etwaige magische Arbeit.

Schritt zwölf: Vollziehe die Kommunion (siehe Seite 142).

Schritt dreizehn: Opfere den Göttern. In diesem Fall wird das Sabbat-Feueropfer vollzogen:

Auf den Flügeln der feurigen Flamme
biete ich im Namen der Göttin dieses Opfer dar.
(Schütte das Opfer ins Feuer.)

Schritt vierzehn: Danke der Gottheit.

Schritt fünfzehn: Danke den Kreisvierteln und entlasse sie. Lösche beim Entlassen der einzelnen Viertel die jeweilige Kerze. Denk daran, dabei im Westen zu beginnen, wenn du zuvor im Norden begonnen hattest, und bewege dich nun widdershins (entgegen dem Uhrzeigersinn).

Winde des Geistes von (Name des Festes), *seid gesegnet! Ich entlasse euch bis zu unserem nächsten Treffen! Winde von* (Name des Festes) *aus dem Westen, seid gesegnet! Ich entlasse euch bis zu unserem nächsten Treffen! Winde von* (Name des Festes) *aus dem Süden, seid gesegnet! Ich entlasse euch bis zu unserem nächsten Treffen! Winde* von (Name des Festes) *aus dem Osten, seid gesegnet! Ich entlasse euch bis zu unserem nächsten Treffen! Winde von* (Name des Festes) *aus dem Norden, seid gesegnet! Ich entlasse euch bis zu unserem nächsten Treffen!*

Schritt sechzehn: Hebe den magischen Kreis auf (entgegen dem Uhrzeigersinn).

O Großer Kreis der Sabbatkunst, ich benötige deine Dienste heute nicht mehr, aber sende deine Energie in … (am besten in die Objekte, die du bei der magischen Arbeit während des Rituals hergestellt hast, wenn sie dem Zweck dienen, etwas Bestimmtes in dein Leben zu ziehen. Wenn du keine solchen rituellen Objekte geschaffen hast und die Energie auch nicht in

Zauberstab oder Athame leiten möchtest, sage einfach: *... sende deine Energie zurück zum Großen Geist*).

Schritt siebzehn: Versiegele die Altarenergien, indem du einmal auf den Altar klopfst und die Kerzen löschst.

Schritt achtzehn: Räume auf und leere die Opferschale draußen im Freien.

Samhain/Keltisches Neujahrsfest

Andere Namen: Allerheiligen, Halloween, Samhuinn.
Datum: 31. Oktober, 2. November, 4. November oder wenn die Sonne auf 15 Grad Skorpion steht.
Wortbedeutung: Keltisch, übersetzt: »Ende des Sommers«. Ein keltischer Gott, der Samhain oder Herr der Toten genannt wurde, ist historisch nicht belegt. Seine Existenz wurde von Gelehrten des 18. Jahrhunderts irrtümlich vermutet.
Wichtige Ritualthemen: Wandlung, Erneuerung, Ehrung der Toten, Divination, Erntedank, Vorbereitung auf den Winter.
Alter des Festes: Der zweitälteste ohne Unterbrechung begangene Feiertag in Europa – sein Alter wird auf 6000 Jahre geschätzt.[41]
Populäre Mythen: Cerridwens Kessel der Verwandlung; die Morrigan füttern; die Cailleach ködern; das Fest der Dunklen Göttin.
Astrologisches Zeichen: 15 Grad Skorpion.
Planetenherrscher: Pluto (modern) oder Mars (klassisch).

Für die breite Öffentlichkeit hat die Bedeutung von Samhain wohl niemand besser erklärt als Ronald Hutton,

Professor an der Universität von Bristol. Mit seiner freundlichen Genehmigung habe ich das folgende Zitat seinem Buch *The Stations of the Sun* entnommen:

Hallowe'en entwickelte sich aus dem keltischen Samhain-Fest (»sou-in« gesprochen), das das Ende des Sommers und den Beginn des Winters markiert. Für die Kelten war Samhain der Anfang des Jahres und des Jahreszeitenzyklus. Samhain war eine Zeit, während der die Kelten sich bewusst mit dem Anfang und Ende aller Dinge auseinander setzten. In der Natur sahen sie das Laub von den Bäumen fallen und das Herannahen von Winter und Tod. In dieser Zeit wandten sie sich ihren Göttern und Göttinnen zu, um die Zyklen von Leben und Tod zu verstehen. Dieser Übergang zu den kalten Wintermonaten war auch eine Zeit des Feierns und Tafelns. Die schwächsten Tiere wurden aussortiert und zu wertvollen Lebensmittelvorräten verarbeitet, die bis zum nächsten Frühling reichen mussten. ... Für die Kelten war Samhain eine Zeit, in der die Tore zwischen dieser Welt und der nächsten offen standen. Es war eine Zeit der Kommunikation mit den Geistern der Verstorbenen, die wie der wilde Herbstwind nun frei über die Erde zogen. An Samhain wandten sich die Kelten an ihre Ahnen, um Warnungen und Rat für das kommende Jahr zu empfangen.[42]

SAMHAIN-ANRUFUNG

Ihr Wälder, dunkel, neblig und tief,
öffnet, so bitte ich, heute das Tor,
dass die geliebten Verwandten kommen hervor.
Der Pfad aus der anderen Welt sei für sie frei,
auf dass sie zu diesem Fest kommen herbei.
Die Geburt des Neuen, der Tod des Alten,
so muss der Lebenskreis sich entfalten.

Jedes Herbstblatt, das auf die Erde fällt,
trägt bei zur Erneuerung der Welt.
Die Liebe sprießt immer wieder neu
und möge uns bleiben das ganze Jahr treu.
Unter Herbstsonne das goldene Korn –
Ich weiß, was ich ernte, ist niemals verlor'n.
Und werden auch kürzer die Tage jetzt,
wenn der Winter sein frostiges Messer wetzt,
arbeite ich weiter für die bessere Welt,
in der jeder Mensch seinen Platz erhält.
Die Ahnen raunen im Herbstwindrauschen,
achtsam will ich ihrer Weisheit lauschen.
Weist mir mit Schicksalsworten den Weg
durch Wiesen und Wälder, über Straße und Steg!
Ihr, die ihr vor mir gegangen seid,
gebt mir Hoffnung für die kommende Zeit,
flüstert am Kreuzweg weise Worte, ganz nah,
damit ich weiß, ihr liebt mich und seid da.

Anschließend bietet es sich an, etwas Divinationsarbeit zu betreiben, ehe du das Ritual abschließt.

Magische Ideen für dein Samhain-Sabbatritual

- Schnitze einen Halloween-Kürbiskopf und lade ihn auf, damit er Negativität abwehrt.
- Baue einen Ahnenschrein.
- Füge deinem Ritual divinatorische Elemente hinzu, da Samhain eine gute Zeit für Weissagungen ist.
- Fülle einen kleinen Plastikkürbis mit in Goldpapier eingewickelten Süßigkeiten und lade ihn auf, damit er Wohlstand in dein Leben zieht.
- Betreibe Ahnenforschung und intoniere während des Rituals die Liste mit den Namen deiner toten Verwandten.

* Bewahre ein Fotoalbum deiner Familie in deinem Zimmer auf oder hänge die Fotos als Collage an die Wand. Segne die Fotos während des Rituals, um damit die Harmonie in deiner Familie zu fördern.
* Decke beim Abendessen für kürzlich verstorbene Verwandte mit ein. Wenn du ein Haustier verloren hast, lege ihm sein Lieblingsfutter auf einen Teller, den du an den Platz stellst, an dem sich sein Napf früher befand.
* Stelle an den vier Kreisvierteln kleine Kürbislaternen auf.
* Platziere gekreuzte Besen an den vier Kreisvierteln.
* Baue einen Altar aus Heuballen.
* Besuche den Friedhof und schmücke die Gräber deiner verstorbenen Verwandten mit Blumen.
* Denk daran, dass Samhain ein Feuerfest ist, bei dem es darum geht, Dinge zum Abschluss zu bringen. Es steht im Sternzeichen Skorpion, einem veränderlichen, wässrigen Zeichen mit der Fähigkeit, wieder aufzubauen, was dessen bedarf, aber fallen zu lassen, was überflüssig geworden ist. Dass Pluto und Mars seine (modernen bzw. klassischen) Planetenherrscher sind, bedeutet, dass du in dieser Zeit viel erreichen kannst.

Jul/Wintersonnenwende

Andere Namen: Mean Geimhridh, Alban Arthuan, Modranicht (Mütternacht)

Datum: 20., 21., oder 22. Dezember, abhängig vom Kalender. Sonne steht auf 1 Grad Steinbock.

Wortbedeutung: Jul bedeutet »Rad« (eine Ableitung aus dem Skandinavischen); *Solstice,* das englische Wort für »Sonnenwende«, heißt wörtlich: »Die Sonne steht still«.

Wichtige Ritualthemen: Wiedergeburt und Erneuerung, Schutzgebete und Segnen, Verbrennen des Jul-Holzes.

Alter des Festes: Kürzlich wurden in Europa gefundene Holzpfähle, die auf die aufgehende Sonne zur Zeit der Wintersonnenwende ausgerichtet waren, auf 3200–3000 v. Chr. datiert (Newgrange in Irland, Maes Howe in Schottland, Stonehenge und der Dorset Cursus in England), woraus sich schließen lässt, dass dieses Fest mindestens 5000 Jahre alt sein muss.

Populäre Mythen: Der Kampf zwischen Eichenkönig und Stechpalmenkönig (wobei der Eichenkönig gewinnt), der Göttliche König, der Hirsch und der Wolf; das Fest des Dunklen Gottes, der in Gestalt des Weihnachtsmannes überdauert hat.

Astrologisches Zeichen: 1 Grad Steinbock; Erde; kardinal.

Planetenherrscher: Saturn.

Unter den Heiden war es Brauch, an eben jenem 25. Dezember den Geburtstag der Sonne zu feiern, wozu sie Feuer anzündeten. An diesen lärmenden Festlichkeiten nahmen auch die Christen teil. Als die Kirchengelehrten sahen, dass die Christen Gefallen an diesem Fest fanden, berieten sie sich und entschieden, dass die Geburt des wahren Christus künftig an diesem Tag gefeiert werden sollte.

Scriptor Syrus, viertes Jahrhundert n. Chr.[43]

So entstand das christliche Weihnachtsfest, und der Dunkle Gott der Heiden, der Cernunnos hieß, Herne der Jäger oder Old Nick, repräsentiert durch den ersten Fremden, der mit Geschenken das Haus betrat, wurde zum Weihnachtsmann. Doch das Fest der Wintersonnenwende reicht viel weiter zurück als ins vierte nachchristliche Jahrhundert.

Das Wort »Jul« ist skandinavischer Herkunft, und das Verbrennen des Jul-Holzes ist die häusliche Entsprechung zum großen gemeinschaftlichen Jul-Feuer.[44] Das Holz (normalerweise Eiche, manchmal auch Esche) war ursprünglich dem teutonischen Thor geweiht, dem Gott der Tapferkeit und des Feuers. Thors Aufgabe war es, die Kälte und Dunkelheit der strengen nordischen Winter zu vertreiben und seinem Volk die Wärme der Sonne zurückzubringen. Bei der Verbrennung des Jul-Holzes handelte es sich also um sympathetische Magie, durch die man den Gott dazu zu bewegen hoffte, dass er den Menschen seine Segnungen schickte und die Sonne zurückbrachte. Das Holz wurde mit Efeu, Bändern und Tannenzweigen geschmückt und dann mit heiligem Wasser, Bier oder Wein (dem Blut der Mutter) gesegnet, um das Gewünschte zu manifestieren. Anschließend wurde es mit einem vom Jul-Holz des Vorjahres aufbewahrten Span angezündet, um den Kreis des Jahres von einem Julfest zum nächsten zu schließen. Man ließ das Jul-Holz nie völlig verbrennen. Späne davon wurden aufbewahrt und sollten in den folgenden Monaten als magischer Schutz gegen Unglück wirken.

Jul-Anrufung

Das Morgenlicht füllt nun die Kammer –
Wintersonne zur Sonnenwendenzeit.
Die Energie entfaltet sich, gerade begann
die Herrschaft des Saturn.
Klirrend unter Schnee und Eis
liegen Wald und Feld,
während Eiche und Stechpalme
ringen um die Gunst der Königin.
Empfängnis bringt das Große Rad,
Geburt und auch den Tod.

Jedes Freudenfeuer auf den Leylinien
ehrt, was vor uns war.
Sieben Planeten, sieben Sphären,
sieben Tore schwingen auf.
Ich hebe die Arme,
die Beschwörung beginnt!
Ich beschwöre die Wassergeister
und bitte die heiligen Winde,
das große Feuer anzufachen.
Der Zauber beginnt!
Sonnendämpfe, Sternenhimmel,
Wolken und Erde und Wellen
vereinigt euch in Vollkommenheit
an diesem kürzesten Tag des Jahres!
Ich besitze den Schlüssel der Geheimnisse,
und die Phantome werden meine Helfer sein.
Die Tore an den Kreuzwegen stehen offen,
und mein Zauberstab berührt den Gral.
Sieben Planeten, sieben Sphären,
sieben Tore schwingen auf.
Ich hebe die Arme,
die Beschwörung beginnt!
Bändergeschmückte Jul-Hölzer brennen,
und jeder Funke bringt Segen.
Rot und Grün, das heilige Blut
früherer und zukünftiger Könige.
Mistel und Lorbeer,
Winterlaub und Harz.
Gewürze und Myrrhe und Tannengrün
verbinden Erde und Himmel.
Durch duftenden Rauch und heiliges Gebet
bezeuge ich guten Willen.
Bringe Frieden und Freude zum häuslichen Herd
und erfülle alle Wünsche.

Sieben Planeten, sieben Sphären,
sieben Tore schwingen auf.
Ich hebe die Arme,
die Beschwörung beginnt!

Magische Ideen für dein Jul-Sabbatritual

* Stell dir dein eigenes Jul-Holz her. (Wenn du keinen Kamin besitzt, in dem du so ein großes Stück Holz verbrennen kannst, schmücke es lediglich und bohre Löcher hinein, in die du Teelichter stellen kannst.) Schmücke das Holz mit Tannenzweigen, Bändern und Efeu.
* Nimm Mistelzweige und lade sie auf, damit sie Heilung und Wohlstand anziehen.
* Bastele Puppen oder kleine Statuen des Eichenkönigs und des Stechpalmenkönigs. Stelle sie auf den Altar oder gestalte mit ihnen eine lustige Spielszene zur Freude deiner jüngeren Familienmitglieder.
* Lade Jul- und Weihnachtskarten mit liebevoller Energie auf.
* Lade Weihnachtsschmuck mit Energie auf, damit er Wohlstand in dein Leben zieht.
* Lade alle Geschenke, die du an diesem Weihnachtsfest machst, mit Liebe und Glück auf.
* Baue einen Jul-Altar, um die Geister von Wolf und Hirsch zu ehren.
* Finde heraus, welche historischen Wurzeln der Weihnachtsmann hat und wie er in das germanische Julfest hineinpasst.
* Mach dir bewusst, dass das Julfest eine Zeit ist, um laufende Arbeiten zum Abschluss zu bringen, vor allem Dinge, die von der Sonne regiert werden, also Tätigkeiten in Gruppen und Organisationen, größere berufliche Projekte, Kooperationen etc. Löse dich auf liebevolle Weise von allem, das dir nicht mehr wirk-

lich dienlich ist. Meditation und Gebet helfen dir, dich harmonisch auf diese Zeit geringer solarer Aktivität einzustimmen.

* Begründe oder bewahre Familientraditionen, die den Wechsel der Jahreszeiten feiern.
* Das Julfest findet beim Übergang vom Schützen zum Steinbock statt – von einem veränderlichen Feuerzeichen zu einem kardinalen Erdzeichen. Der Steinbock, mit Saturn als Herrscher, verleiht uns Autorität, Stärke und geschäftliches Geschick, die es uns ermöglichen, weise Entscheidungen für unsere Zukunft zu treffen.

Imbolc

Andere Namen: Lichtmess, Oimealg, Imbolgc, Brigantia, Lupercus, Disting, Luperkalien.

Datum: 2. Februar oder wenn die Sonne auf 15 Grad Wassermann steht.

Wortbedeutung: Imbolc bedeutet »in Milch«.

Wichtige Ritualthemen: Neues Wachstum, Ende des Winters, Reinigungsrituale, Opfer an die Gottheiten, Kerzenrituale.

Alter des Festes: Unbekannt.

Populäre Mythen: Milch auf die Erde schütten, was mit der Göttin Brigid in Zusammenhang steht; die Cailleach besänftigen; Lupercus (Wolfsgott in der italienischen Hexenkunst).

Astrologisches Zeichen: 15 Grad Wassermann.

Planetenherrscher: Saturn (klassische Astrologie), Uranus (moderne Astrologie).

Der keltischen Überlieferung zufolge herrscht in den Monaten von Allerheiligen bis Lichtmess (auch »die Monate der kleinen Sonne« genannt) die Cailleach oder, wie sie manchmal auch heißt, die Cailleach Bheur, eine schottische Göttin, die den Winter damit einleitet, dass sie in einem Wasserstrudel ihr Plaid wäscht. Die Cailleach ist eine Dame, mit der man sich besser nicht anlegt, denn sie wird als wildes Weib mit giftigem Temperament dargestellt. Sie stürmt mit einem Zauberstab in der Hand durch das Land und richtet Verheerung bei Gras und anderer Vegetation an, um die Kräfte von Sonne, Tau und Regen zu vereinen.[45] Ihre Wut manifestiert sich in den Frühjahrsstürmen. An Imbolc verschwindet sie, nicht ohne vorher stürmische Schneisen durch das Land zu schlagen. Bried oder Brigid andererseits ist eine sehr viel vernünftigere Göttin der Heilung und Poesie und des Schmiedehandwerks, die an diesem Tag ihre Segnungen gewährt. Und Brigid ist es auch, die von den meisten Wicca-Gruppen verehrt wird.

Imbolc-/Lichtmess-Anrufung

Diadem aus Kerzen, jede Flamme ein goldenes Juwel.
Der Saturnherrscher zieht seinen Mantel zurück,
führt aber weiterhin sein Regiment.
Lämmer grüßen blökend den neuen Tag,
ihr Atem nach Frühling duftend.
Die Sonn ehrt den Himmel im Wassermann.
Der Herr und die Herrin tanzen im magischen Kreis,
um alles Unreine zu bannen
und den heiligen Boden zu bereiten.
Die Cailleach lässt ihre Sturmröcke flattern
und bläst den Frühling herbei,
der alles neu werden lässt.
Die Zeit ist reif, das Land zu bestellen
und alles für eine reiche Ernte vorzubereiten.
Die rechte Menge Saat und Geschick

braucht es dazu, Wind und heiligen Regen.
So bereite ich den Boden für eine glückliche Zukunft.
Das schwöre ich bei Brieds leuchtendem Wort,
das durch nichts widerlegt werden kann.
Die Katze, die springt, ist nicht
die Katze, die auf der Treppe landet.
Ich beschwöre Dinge, von denen
andere glauben, sie würden
aus dünnster Luft erscheinen,
doch meine Entscheidung
steht unverrückbar fest.
(Nenne an dieser Stelle deinen Wunsch.)
Meine Macht wächst, das Licht entflammt,
die Wünsche manifestieren sich!

Magische Ideen für dein Imbolc-Sabbatritual

- Stelle auf dem Altar weiße Kerzen im Kreis auf, von denen jede für ein Ziel steht, das du im kommenden Jahr erreichen möchtest. Lade die Kerzen auf und zünde sie dann an.
- Banne den Winter, indem du Schneeflocken aus Papier verbrennst (mit der nötigen Vorsicht, versteht sich).
- Lade Eis so auf, dass es Negativität bannt. Wenn das Eis schmilzt, fließt die Negativität mit ihm davon. Schütte das getaute Wasser außerhalb deines Grundstücks weg.
- Ziehe auf der Fensterbank Samen heran oder kauf eine Zimmerpflanze und schließe Freundschaft mit ihr.
- Segne dein Haustier und befestige ein Schutzamulett an seinem Halsband oder Käfig.
- Reinige das Haus mit einem Haussegnungsritual, das entweder im Rahmen der Sabbatfeier oder getrennt davon stattfindet.

* Opfere im Sabbatritual den Göttern Milch, die du anschließend im Freien wegschüttest oder in einer Schüssel für die Tiere hinstellst.
* Begib dich auf eine Visionssuche/Meditation, bei der du dich mit dem Wolfstotem beschäftigst.
* Bei Imbolc handelt es sich um ein Feuerfest, das unter das fixe Luftzeichen Wassermann fällt. Magie, die du in dieser Zeit betreibst, wird lang anhaltende Folgen zeitigen. Uranus und Saturn (die modernen beziehungsweise klassischen Planetenherrscher dieses Festes) helfen uns, plötzliche Veränderungen herbeizuführen, Belohnungen zu erlangen und auf kluge Weise mit Autoritätspersonen umzugehen.

Ostara/Frühlingsäquinoktium

Andere Namen: Ostern, Mean Earraigh, Alban Eiler, Pasch, Caisg, Pesse.

Datum: 20., 21. oder 22. März, abhängig vom Kalender. Wenn die Sonne 1 Grad Widder erreicht.

Wortbedeutung: Germanische Morgengöttin. Übersetzt heißt es: »der Monat der Anfänge« oder »der Monat der Öffnung«.[46]

Wichtige Ritualthemen: Fruchtbarkeit, Sonnenaufgangszeremonien, Opferriten für die Frühlingsgöttin.

Alter des Festes: 3000 v. Chr. oder älter.

Populäre Mythen: Die Rückkehr der Göttin aus der Unterwelt (Persephone).

Astrologisches Zeichen: 1 Grad Widder; Feuer; fix.

Planetenherrscher: Mars.

Der Brauch, sich an Ostara Eier zu schenken, war bereits den alten Ägyptern, Persern, Griechen, Römern und Galliern bekannt. Das Ei als Symbol des Lebens steht für unser kosmisches Universum. Auch der Brauch, diese Eier bunt zu färben, geht auf alte Zivilisationen zurück. Die Perser färbten die Eier rot, während die Leute in anderen Kulturen noch viele andere Farbtöne verwendeten, die man erzielte, indem die Eier zusammen mit Blüten und anderen färbenden Pflanzenteilen gekocht wurden.[47] Vom Nahrungsmittel und Symbol für neues Leben zum Gegenstand höfischer Kunst bis zu Haushaltsschmuck und Eierlaufen hat das Osterei eine weite Reise hinter sich.[48]

Ostara-Anrufung

Der Uroboros sagt uns, dass der Anfang nie endet.
Alpha und Omega – beide wohnen sie in uns.
Die Fische schwimmen hinter dem Schleier,
der Widder steigt am Horizont.
Mars tritt ins Zentrum der Aufmerksamkeit
und gewinnt den Preis.
Die Mondin wandert durch ihre Häuser,
tanzt in den Zeichen.
Die Sterne stehen fest und aktivieren doch
die Schatzkammern des Geistes.
Die Luft ist von Harmonie erfüllt,
es grünt und knospt und blüht.
Jedes Ei verkündet die Geburt
von Liebe, Freude, Frieden.
Persephone kommt zurück, der Winter ist vorbei,
Mutter Erde freut sich und begrüßt
ihr zurückgekehrtes Kind.
Die Tage werden lang, die Nächte warm,
die Göttin herrscht im Land.
Ihre Macht erfüllt mein Blut,
gibt mir Gewalt über alles, was unsichtbar ist!

Magische Symbole, Knoten und Schnur,
Zauberstab, Robe und Dolch,
Erde und Wasser, Feuer und Luft
stehen der Hexe zu Diensten.
Ich bin der Grund, der Himmel, das Meer,
der liebliche Frühlingswind.
Götter und Geister tanzen im Kreis,
kommen hierher in mein Rund.
Ich beschwöre euch, Frühlingslaub,
Myrrhe und Hyazinth,
Lavendel, Lilie und Rose,
schwarze Erde, fruchtbar und warm
- Gaben der Gaia; und Grüner Mann herrsche!
Gib meinen Wünschen Gestalt!
Glück und Segen, schlagt Wurzeln in meiner Welt,
denn so wird der Wohlstand geboren!

Magische Ideen für dein Ostara-Sabbatritual

* Färbe Ostereier und lade sie energetisch als Symbole für Gesundheit und Wohlstand auf.
* Feiere die Rückkehr der Göttin, indem du Topfpflanzen segnest und an Freunde und Verwandte verschenkst.
* Bringe Schokolade in dein Ostara-Ritual ein.
* Überprüfe den Inhalt deines Zauberkastens und ersetze, was nötig ist. Lade deine Zauberwerkzeuge während des Ostara-Rituals auf.
* Segne die Aussaat für den Garten.
* Feiere dein Ritual bei Tagesanbruch.
* Ostara (Frühlingsäquinoktium) steht unter Sonneneinfluss. Die Sonne wandert von den veränderlichen, wässrigen Fischen zum kardinalen, feurigen Widder. Der Widder ist ein großartiges Zeichen, um neue Unter-

nehmungen zu starten. Unterwegs besteht dann allerdings die Neigung, frühzeitig die Segel zu streichen. Daher sollte jede Magie, die praktiziert wird, wenn die Sonne oder der Mond im Widder stehen, später unbedingt durch zusätzliche Arbeit unterstützt und gefestigt werden.

Beltane/Maifeiertag

Andere Namen: Walpurgis, Mean Earraigh, Bealteinne, Beltaine, Kreuzmess, Calin Mai, Marienfeiertag.
Datum: 1. Mai oder wenn die Sonne auf 15 Grad Stier steht.
Wortbedeutung: Beltane heißt »helles Feuer« oder »glückliches Feuer«.
Wichtige Ritualthemen: Das Erscheinen des Gehörnten Gottes; Fruchtbarkeit; Schutz der Tiere und der Gärten; über das Feuer springen, um damit einen glücklichen Sommer zu beschwören; Liebeszauber.
Alter des Festes: Gilt als der älteste bekannte Festtag.
Populäre Mythen: Tanz um den Maibaum[49], außerdem bestehen offenbar gewisse Verbindungen zum keltischen Gott Belenus.
Astrologisches Zeichen: 15 Grad Stier; Erde; fix.
Planetenherrscher: Venus.

Unter den jahreszeitlichen europäischen Festen kam offenbar traditionell den beiden großen Feuerfesten Beltane und Samhain die größte kulturelle und religiöse Bedeutung zu. Die am Maifeiertag üblichen Bräuche gehen auf zwei Quellen zurück: die Feuerriten der keltischen Überlieferung und die Blumenriten der römischen Floralien.[50] Bei den Kelten wurden in der Nacht vor Beltane alle Feuer im Lande gelöscht. Kurz vor Tagesanbruch sammelten die Menschen die neun heiligen Hölzer und bereiteten sie für die Geburt des neuen Feuers vor, das dann, so glaubte man, die Luft von allen bösen Kräften reinigte. In vielen Gegenden stiegen die Menschen in langen Prozessionen auf die Hügel und Berge, wo bei Sonnenaufgang Feuer entzündet wurden, und während die Flammen emporloderten, gingen die Leute deosil dreimal um das Freudenfeuer herum. Manchmal wurde das Vieh zwischen den Feuern hindurchgetrieben. Dadurch sollten Flüche unwirksam gemacht, Krankheiten vertrieben und die Tiere für die Sommerzeit beschützt werden. In manchen Gegenden Europas sprangen die Menschen über ein kleines Feuer, was ebenfalls reinigend und schützend wirken sollte. Am Beltane-Feuer angezündete Fackeln wurden nach Hause getragen, um damit dort die neuen Herdfeuer für das Jahr anzuzünden. Milch, Butter, Eier und Brot *(Bonnach Bealltain)* wurden als Opfergaben dem Feuer übergeben, wovon man sich eine gute Ernte erhoffte.[51]

In Europa gab es auch den Brauch, Ruten aus den Zweigen der Eberesche zu binden und sie über der Tür aufzuhängen. Und mit der Asche des Beltane-Feuers malte man sich ein Zeichen auf die Stirn, was den Körper reinigen und Glück bringen sollte. So genanntes Maiwasser, in Steinschalen gesammelter Morgentau, galt als besonders wirkungsvolles heiliges Wasser. Man besprengte damit das Innere der Häuser, um Glück, Gesundheit und Zufriedenheit zu fördern. Heute wird das heilige Feuer für Gruppenrituale angezündet, bei denen die Teilnehmer deosil in einer Spirale tanzen, um den Beltane-Reinigungsritus in Ehren zu halten.

Beltane-Anrufung

Zünde in einem Kessel ein Feuer an. Wende dich nach Osten und sprich:

Im Osten geht die Sonne auf, die Dunkelheit weicht dem Licht, und die Sterne werden gelöscht wie die Lichter einer Stadt. Das Weiße wird silbern, das Silber erwärmt sich zu Gold, das Gold wird zu reinem, lebendigem Feuer, und am östlichen Himmel lodert die Morgenröte. Der Tag nimmt seinen ersten Atemzug, ruhig und kühl, und ringsum erwachen, seufzend und fröstelnd, die Wälder und Täler. Von allen Seiten springen die Schatten aus ihren Verstecken und fallen flach auf die Erde. Ein neuer, reicher Tag ist angebrochen.[52] *Dies schenke ich dir, o heiliges Feuer, damit meine Familie und ich beschützt werden vor allem Bösen.*

Gehe dreimal um den Kessel herum und sprich anschließend die folgende Beschwörung:

Der Maibaum ragt in den Himmel,
lange bunte Bänder
flattern in der Morgensonne,
Geschenke werden gegeben und empfangen.
Kostümierte Männer und Frauen tanzen deosil,
weben Kreise der Liebe und Harmonie,
während die Sonne über den Himmel
wandert.

Tanzt die Spirale, nach innen, um den
Himmel zu berühren,
nach außen, um die Wünsche zu manifestieren,
damit meine Bitte in Erfüllung geht!

Die Venus herrscht mit tiefer Leidenschaft
über die Liebe und den Krieg.
Der Stier schwört, dass er großen Reichtum
vor unsere Türen trägt.
Amor zielt mit seinem Pfeil mitten ins Herz,
Aphrodites duftende Lippen hauchen:
»Die Liebe ist eine Kunst.«

Tanzt die Spirale, nach innen, um den
Himmel zu berühren,
nach außen, um die Wünsche zu manifestieren,
damit meine Bitte in Erfüllung geht!

Der Maipfahl ist der Weltenbaum,
das Poteau-Mitan der Zauberkunst,
der aus ebenholzschwarzen Ozeanen
Sterne an die irdischen Gestaden zieht.
In seinem bunten Bänderschmuck
trägt er die Kraft des Tanzes,
den Lebensfunken, der wichtigste Zutat ist
für jeden Hexentrank.

Tanzt die Spirale, nach innen, um den
Himmel zu berühren,
nach außen, um die Wünsche zu manifestieren,
damit meine Bitte in Erfüllung geht!

Der erste Tau des Morgens
und die Kraft der Eberesche oben auf dem Hügel
sind Geheimnisse dieser Jahreszeit,
beständige Erneuerung meiner alljährlichen Bitte
um Freude und Frieden in meinem Haus,
Wohlstand und magische Hexenkraft
in meinen Händen.

Diese Bitte wird jetzt in die Mitte des Kreises getragen.

Tanzt die Spirale, nach innen, um den
Himmel zu berühren,
nach außen, um die Wünsche zu manifestieren,
damit meine Bitte in Erfüllung geht!

Dreimal deosil um das Freudenfeuer,
schieße empor, tosende Flamme,
verzehre das Alte und gebäre das Neue,
im Namen von Gott und Göttin.
Schütze die Tiere,
bringe Erfolg und Heilung.
Ich opfere dir Bonnach Bealltain,
damit meine Träume wahr werden.

Tanzt die Spirale, nach innen, um den
Himmel zu berühren,
nach außen, um die Wünsche zu manifestieren,
damit meine Bitte in Erfüllung geht!

Magische Ideen für dein Beltane-Sabbatritual

- Stelle deinen eigenen Maibaum auf. Verwende dafür einen langen Holzpfahl, den du in einem Christbaumständer befestigst. Schmücke den Pfahl mit bunten Bändern.
- Hänge Gebetsbänder an die Bäume und Sträucher auf deinem Grundstück.
- Nähe kleine Bänder auf ein weißes Taschentuch. Lade dann jedes Band für einen anderen Wunsch, ein anderes Ziel auf. Bewahre das Taschentuch so lange auf, bis alle Wünsche erfüllt sind.
- Fange den Morgentau auf, um ihn für ein magisches Ritual zu verwenden.

* Befestige einen Ebereschenzweig mit roter Schnur über deiner Schlafzimmertür.
* Ergänze dein Beltane-Ritual mit Zaubersprüchen für mehr Selbstachtung und Selbstliebe.
* Segne deinen Garten oder das am nächsten gelegene Feld.
* Beltane wird gefeiert, wenn die Sonne im fixen Erdzeichen des Stieres steht. Aller Zauber, den du nun praktizierst, wird eine lang anhaltende (und starke) Wirkung haben. Diese Zeit des Jahres eignet sich ausgezeichnet, um mehr Wohlstand anzuziehen, für stabilere Lebensverhältnisse zu sorgen und Reparaturen in Haus und Garten vorzunehmen.

Mittsommer/Sommersonnenwende

Andere Namen: Litha, Alban Heruin, Mean Samhraidh.
Datum: 20., 21. oder 22. Juni, abhängig vom Kalender. Wenn die Sonne auf 1 Grad Krebs steht.
Wortbedeutung: *Litha* heißt »Mond«.
Wichtige Ritualthemen: Liebe, Ehe, Divination.
Alter des Festes: Gegenstück zum Julfest; mindestens 10 000 Jahre alt.
Populäre Mythen: Hauptfest des Gehörnten Gottes; Kampf zwischen Eichenkönig und Stechpalmenkönig (der Stechpalmenkönig gewinnt); Baldurs (skandinavischer Gott des Lichts) Abstieg aus Asgard; der Abstieg des Gottes oder der Göttin.
Astrologisches Zeichen: 1 Grad Krebs; kardinal; Wasser.
Planetenherrscher: Mond

In Aberdeen schrieb ein Geistlicher im Jahre 1745: »Ich habe noch nie so viele Freudenfeuer gesehen ...«[53]

An Mittsommer besitzt die Sonne ihre größte Kraft, und wie bei den anderen Quartalsfesten war auch hierbei Feuer das in den Volksbräuchen dominierende Element, besonders bei den germanischen und nordischen Völkern (Deutsche, Norweger etc.) Berichte über Freudenfeuer auf den Hügeln und sogar in den Straßen finden sich im europäischen Mittelalter sehr zahlreich, und dieser Festtag lieferte einen willkommenen Anlass für rauschende Partys.

Sie waren aufwändig kostümiert und trugen an Pfählen hängende Feuertöpfe. Im frühen sechzehnten Jahrhundert war aus den kleinen Umzügen in den einzelnen Stadtvierteln eine einzige riesige Parade mit 4000 Menschen geworden, an der sich die Zünfte und Gilden beteiligten, außerdem gab es Moriskentänzer und Pagen sowie Riesenfiguren zu sehen. Die Teilnehmer trugen so viele Fackeln, dass sie, wie ein späterer Autor schrieb, »Tausend Lichtpunkte in den Himmel sandten/Wandersterne, funkelnd wie Diamanten,/deren heilsame Hitze die Luft wusch rein/von der Erde ungesundem Dampf und Nebelschein.«[54]

Beruhend auf der germanischen Überlieferung spielt auch das Wasser beim Mittsommerfest eine wichtige Rolle (Feuer und Eis = Feuer und Wasser). Vom Abstieg der griechischen Persephone in die Unterwelt, über die ägyptische Isis, die in die Unterwelt hinabsteigt, um ihren Gatten Osiris zu retten, bis hin zum Abstieg Baldurs von Asgard zu den unteren Welten ist der Abstieg für dieses Fest ein extrem wichtiges Thema. In der Hexenkunst ist der Abstieg unsere Reise nach innen, die es uns ermöglicht, unser eigenes Selbst klar zu sehen und das in uns zu ändern, was anders oder besser werden muss. Die

Einweihungszeremonie in den zweiten Grad kreist bei vielen traditionellen Hexengruppen in erster Linie um diese Art von Abstieg und unseren Wunsch, unser eigenes Potenzial bestmöglich zu entfalten.

Bei dem hier beschriebenen Ritual diente das Rad als wichtiges Objekt für öffentliche Zeremonien und wurde oft angezündet. Dazu sammelte man (wie an Beltane) den Morgentau, von dem es hieß, er bringe Gesundheit und beständiges Glück. Die Elemente Feuer und Wasser sind also auch hier gegenwärtig. Birkenzweige wurden geschnitten und über Türen gehängt, um Haus und Hof zu schützen. Eine getrocknete, pulverisierte Mixtur aus Schafgarbe, Eisenkraut, Farn und Johanniskraut wurde ins Feuer geworfen. Aus der Länge, Breite und Farbe der Flammen, mit denen die Mixtur brannte, sagte man die Zukunft voraus.

Mittsommer-Anrufung

Von den Zwillingen zum Krebs,
wird die Mondin zur Königin,
der mächtige Herne jagt sie
durch Wälder schattig und grün.
Im hellen Licht des Sommers
wirkt meine Zaubergewalt:
»Ich weiß« lauten meine Worte der Macht,
und mein Wunsch gewinnt jetzt Gestalt.

Im Wogen der schimmernden Ozeane
wird die Leidenschaft gebraut.
Eiche und Stechpalme segeln um die Wette
für die Gunst der schönen Braut.
Im hellen Licht des Sommers wirkt meine Zaubergewalt:
»Ich weiß« lauten meine Worte der Macht,
und mein Wunsch gewinnt jetzt Gestalt.

Feen ziehen ihre Kreise,
tanzen magisch durch laue Luft,
locken die Menschen zauberisch leise
zu Hügeln und heiliger Gruft.
Im hellen Licht des Sommers
wirkt meine Zaubergewalt:
»Ich weiß« lauten meine Worte der Macht,
und mein Wunsch gewinnt jetzt Gestalt.

Gott Faunus spielt auf der Schalmei
Töne mit magischer Macht.
So lockt er Liebe und Heilung herbei,
wo die Quelle rauscht und lacht.
Im hellen Licht des Sommers wirkt meine Zaubergewalt:
»Ich weiß« lauten meine Worte der Macht,
und mein Wunsch gewinnt jetzt Gestalt.

Shakespeares verwunschene Narrennacht
die leuchtende Zwischenwelt,
wo der Gnom edle Schätze bewacht
und den Devas das Tanzen gefällt.
Im hellen Licht des Sommers
wirkt meine Zaubergewalt:
»Ich weiß« lauten meine Worte der Macht,
und mein Wunsch gewinnt jetzt Gestalt.

Am Kreuzweg formiert sich der magische Zug,
mit den Ahnen spreche ich frei,
denn ich bin eine Hexe und zaubere klug
das Beste und Schönste herbei!
Im hellen Licht des Sommers
wirkt meine Zaubergewalt:
»Ich weiß« lauten meine Worte der Macht,
und mein Wunsch gewinnt jetzt Gestalt.

Magische Ideen für dein Mittsommer-Sabbatritual

* Sammle Morgentau, benutze ihn für das Mittsommer-Ritual und lade ihn als heiliges Wasser auf.
* Beginne dein Ritual bei Tagesanbruch.
* Zaubere für glückliche Partnerschaft und das gute Gedeihen auch anderer zwischenmenschlicher Bindungen.
* Schließe die Legende vom Abstieg in die Unterwelt in dein Ritual mit ein.
* Studiere die Bedeutung der Hexenzeichen, male eines und lade es während deines Rituals auf.
* Lege deinen eigenen Steinkreis an.
* Klebe acht Kerzenständer zu einem Rad zusammen, das du als magisches Zentrum für dein Ritual benutzt. Lade jede der Kerzen einzeln für einen speziellen Wunsch auf und alle zusammen für allgemeines Lebensglück.
* Der Mittsommer ist ein Sonnenfest am Übergang der Sonne aus den Zwillingen, einem veränderlichen Zeichen, zum Krebs, einem kardinalen Wasserzeichen. An diesem Sonnen-Festtag geht es darum, die Erfordernisse der äußeren Welt, in der du aktiv tätig bist, mit deinem häuslichen Familienleben in Einklang zu bringen.

Lammas

Andere Namen: Lughnasadh, Lunasdal.
Datum: 1. oder 2. August.
Wortbedeutung: *Lammas* ist das Fest des Brotes; *nasadh* bedeutet »ehelichen«, und *Lugh* ist der Name eines keltischen Gottes; daher heißt *Lughnasadh* »Lugh ehelichen«.

Wichtige Ritualthemen: Beginn der Erntezeit; Getreideernte; sportliche Wettkämpfe; Segnungen; Schulden bezahlen; Wetterzauber.
Alter des Festes: Unbekannt.
Populäre Mythen: Die Hochzeit zwischen Lugh und der Göttin (wobei die jeweilige Göttin variiert), Erntedankopfer (von in deiner Region angebauten Früchten), Handfastings (heidnisches Hochzeitsritual, bei dem die Hände des Hochzeitspaares symbolisch zusammengebunden werden).
Astrologisches Zeichen: 15 Grad Löwe; Feuer; fix.
Planetenherrscher: Sonne.

Lammas gilt als Fest des Beginns von Heu- und Getreideernte. In mittelalterlichen Quellen wird die fröhliche, festliche Atmosphäre hervorgehoben und der Brauch der Handfastings (Ehen, die in gegenseitigem Einverständnis nur für die Dauer eines Jahres geschlossen wurden).

Lammas-Anrufung

Erntegoldene Felder wunderbar,
endlich heiratet das Königspaar,
und uns schenkt des Sommers Kuss
Gartenfrüchte zu unsrem Genuss.

Die Hexen tanzen Hand in Hand
knüpfen gemeinsam ein machtvolles Band.
Spirale, gib dem Zauber Kraft,
dass er uns das Gewünschte erschafft!

Alle Schulden bezahlt und fröhlicher Sport,
dafür ist das Lammasfest der richtige Ort,
Wetterzauber – Thors Hammergewalt,
doch auch duftendes Brot für Jung und Alt.

Die Hexen tanzen Hand in Hand
knüpfen gemeinsam ein machtvolles Band.
Spirale, gib dem Zauber Kraft,
dass er uns das Gewünschte erschafft!

In Kreisen tanzen wir ums Feuer,
die üppige Ernte ist uns teuer,
dafür wollen wir der Gottheit danken.
Unsre Liebe zur Erde kennt keine Schranken.

Die Hexen tanzen Hand in Hand
knüpfen gemeinsam ein machtvolles Band.
Spirale, gib dem Zauber Kraft,
dass er uns das Gewünschte erschafft!

Bronzen leuchtet die Augustsonne,
die Kinder singen laut voller Wonne,
Glühwürmchen schweben durch den Dunst,
und sanft berührt uns der Feen Gunst.

Die Hexen tanzen Hand in Hand
knüpfen gemeinsam ein machtvolles Band.
Spirale, gib dem Zauber Kraft,
dass er uns das Gewünschte erschafft!

Der Dunkle Herr[55] *bringt samtene Nacht,*
auf den hellen Tag folgt seine Schattenmacht.
Er treibt das Böse aus dem Land,
lässt uns Gutes tun mit Herz und Verstand.

Die Hexen tanzen Hand in Hand
knüpfen gemeinsam ein machtvolles Band.
Spirale, gib dem Zauber Kraft,
dass er uns das Gewünschte erschafft!

Magische Ideen für dein Lammas-Sabbatritual

* Backe Brot oder Brezel.
* Segne Ehen, kleine Kinder und Häuser.
* Veranstalte ein Picknick im Freien.
* Zelte draußen in der Natur und zelebriere dein Ritual im Wald.
* Bastele eine Erntedank-Collage aus Fotos von Gärten, Feldern und Wiesen, die du während des Sommers gemacht hast. Du kannst auch in der Woche vor Lammas gezielt solche Fotos aufnehmen.
* In dieser Zeit des Jahres regiert die im fixen Feuerzeichen des Löwen stehende Sonne. Richte deine magische Arbeit darauf aus, positive Muster für die kommenden Wintermonate zu »verankern«.
* Veranstalte für die jüngeren Familienmitglieder draußen im Freien ein Suchspiel, bei dem Gegenstände gesucht werden müssen, die in symbolischem Zusammenhang mit dem Lammas-Fest stehen. Führe mit den gefundenen Gegenständen ein einfaches Zauberritual für Wohlstand und Gesundheit in den Wintermonaten durch. Du kannst die Korrespondenzen-Tabellen aus dem dritten Band dieser Reihe, *Zauberkraft im Alltag*, verwenden, um eine geeignete Auswahl zu treffen – zum Beispiel Kleeblätter für Wohlstand, einen Kieselstein aus einem Bach für das Fließen der Lebensenergie, Reinigung und Stabilität.

Mabon/Herbstäquinoktium

Andere Namen: Erntedankfest, Alban Elued, Mean Fomhair.

Datum: 20., 21. oder 22. September (abhängig vom Kalender); Sonne auf 1 Grad Waage.

Wortbedeutung: »Göttliche Jugend«.
Wichtige Ritualthemen: Die zweite Ernte; Dankopfer für die Obst- und Gemüseernte; Getreide-Feste.
Alter des Festes: 3000 v. Chr. oder älter.
Populäre Mythen: Der Tod des Herrn der Ernte (wird aber manchmal auch Samhain zugeordnet); König und Königin der Ernte.
Astrologisches Zeichen: 1 Grad Waage; Luft; kardinal.
Planetenherrscher: Venus.

Mabon ist das zweite der drei Erntefeste. An Mabon wird allen Arten von Gemüse und Obst besondere Aufmerksamkeit geschenkt (während beim ersten Erntefest das Getreide im Vordergrund steht.)

Robert Herrick, ein Dichter aus dem siebzehnten Jahrhundert, beschreibt in »The Hock-cart, or Harvest Home« einen Karren, auf dem die letzte Ernteladung vom Feld transportiert wird. Er ist festlich geschmückt. Alle Erwachsenen gehen hinter ihm her. Sie tragen Kornähren, und dahinter folgen eine fröhliche Kinderschar und ein Musiker, der ein Erntedanklied auf seiner Flöte spielt. »Manche segnen den Karren, manche küssen die Garben; manche schmücken sie mit Eichenlaub.«[56]

Überall auf der Welt hat man der letzten Korngarbe, die bei der Ernte geschnitten wurde, immer große Verehrung entgegengebracht, denn es herrschte die Vorstellung, dass sich in ihr der Geist des Getreides verkörpert. Um gute Ernten sicherzustellen, war es notwendig, diesen Geist am Leben zu halten, und deshalb wurde die letzte Garbe zum Mittelpunkt eines bemerkenswerten Rituals, das sich, trotz seines heidnischen Charakters, bis heute in vielen Ländern erhalten hat, besonders aber in Schottland.[57] Kornpuppen[58] und andere Talismane und Amulette wurden in dieser Jahreszeit hergestellt, in der Hoffnung, damit für die Familie künftigen Wohlstand zu beschwören. Die letzte Korngarbe wurde nicht notwendigerweise zu einer Menschenpuppe zurechtgeschnitten – auch Kränze, Besen und anderes Kunsthandwerk wurden aus ihr geflochten. Immer schon ist die Kornmutter die Herrscherin über das Mabon-Fest gewesen, ob sie nun in Gestalt der Demeter auftritt, als Bried, Cailleach oder Maighdean-Bhuana.

Magische Ideen für dein Lammas-Sabbatritual

* Tauche Blätter von Bäumen und Sträuchern in Paraffin und verwende sie in deinem Ritual. Segne und verschenke sie.
* Bastele eine Kornpuppe.
* Feiere dein Ritual in einem abgeernteten Feld.
* Besuche einen örtlichen Obst- oder Gemüseanbau, um dir dort Opfergaben für das Ritual zu besorgen.
* Danke einem Feld dafür, dass es den Menschen seine Früchte geschenkt hat.

MARBON-ANRUFUNG

Mabon bringt den herbstlichen Duft,
der uns mit goldenem Leuchten ruft.
Der Zauber wirbelt von Mond zu Mond,
die Kraft des Jahresrads in uns allen wohnt.

Das Rad, es dreht sich fort und fort,
tu deine Pflicht mit magischem Wort,
fülle den Kessel, das Feuer entzünde,
auf dass höchster Zauber jetzt zu dir finde!
Komm, lass uns dankbar feiern und lachen,
unsrer Mutter Erde viel Ehre machen!

Die Waage bringt uns Schönheit herbei,
unsre Ernte stets reich und üppig sei.
Lausch' auf die Weisheit der Jahreszeiten,
das wird dir die Seele öffnen und weiten.

(Wiederholung der zweiten Strophe)

Die Früchte hängen reif an den Bäumen,
der bunte Herbstwald lässt uns träumen.
In herbstlich goldener Farbharmonie
zeigt uns die Natur ihre Alchemie.

(Wiederholung der zweiten Strophe)

Schöpfungsgeschichte

Die grundlegende Schöpfungsgeschichte erzählt von der Geburt des Kosmos. Sie erklärt, wie aus dem Nichts ein Etwas wurde. Alle Kulturen, Religionen und Zivilisationen haben ihre Schöpfungsmythen. Diese symbolischen Erzählungen beinhalten oft spezielle Lehren, die für jene früheren Generationen heilig waren, und Metaphern, aus denen sich das Selbstbild einer Kultur ableitet.[59] Unsere Schöpfungsgeschichte kann während einer Weihungszeremonie vorgelesen werden, beim Samhain-Ritual oder zu jedem anderen Anlass, bei dem es darauf ankommt, dass der Suchende sich an seine Wurzeln erinnert und an den Grund, warum er oder sie beschlossen hat, den Weg der Hexe zu gehen. Sie kann auch als rituelles Schauspiel aufgeführt werden, mit Musikbegleitung, Gesang und Trommeln.

Vor langer, langer Zeit gab es nichts als Finsternis – einen tiefschwarzen Ozean leerer Unendlichkeit –, Leere ohne jeden Ort. In diesem Ort des Nichts schwebte der Große Geist ganz in sich selbst zusammengezogen, bis, in einer mächtigen, freudigen Explosion, unsere Herrin des Lichts ins Dasein trat, als Verkörperung vollkommener Liebe und absoluten Vertrauens. In ihrem Herzen war der Große Geist weiterhin gegenwärtig, und es gab nichts an ihr, das nicht göttlich war.

Voller Freude begann unsere Herrin das Große Werk. Sie tanzte durch die Himmel, ihre nackten Füße schlugen den Takt der ganzen Schöpfung. Lichtfunken stoben von ihrem fliegenden Haar und ihren ausgestreckten Fingern. So gebar sie sämtliche Formen und Muster der Energie. Sie erschuf die Sterne und Planeten und lud sie ein, mit ihr zu tanzen. Als sie sich zu bewegen begannen, wurden die Jahreszeiten geboren, und die göttliche Symphonie des Universums nahm Gestalt an. Die Herrin gab allen Dingen machtvolle Namen. Und die Dinge formten sich aus der Leere zu Gedankengebilden. Der Atem des Lebens wurde ihnen eingehaucht und sie zogen hinaus in die Welt.

Unsere Herrin sang die Worte vollkommener Liebe und vollkommenen Friedens, und als diese Worte auf die Erde fielen, wurden sie zu Bäumen, Blumen und Gräsern, die in Gaias fruchtbarem Boden Wurzeln schlugen. Aus dem reinen, weißen Licht ihres Atems kamen die Farben des Universums und verliehen allen Dingen eine leuchtende Schönheit. Aus dem Lachen, das über die Lippen der Herrin perlte, wurden die klaren Wasser der Bäche, die sanft plätschernden Wellen der Seen und die tosende Brandung der Ozeane. Ihre Tränen des Glücks wurden zu Leben spendendem Regen. Unsere Herrin wurde zur göttlichen Gegenwart, und die göttliche Gegenwart wurde zur Herrin.

Und als ihr Tanz sich verlangsamte, wünschte sich die Herrin einen Gefährten, mit dem sie die Wunder der vielen Welten teilen konnte. Als der Heilige Geist erschuf sie Gott als ihren Seelengefährten. Weil unsere Herrin die Erde so liebte, enthielten die Energiemuster des Gottes sowohl die göttliche Allgegenwart als auch die göttliche Energie der Erde – und so wurden ihm viele Namen gegeben: Grüner Mann; Herr der Wälder; König der Felder; und Vater, Sohn und Weiser.

Gemeinsam erschufen Herr und Herrin alle Geschöpfe der Erde. Die Kraft des Herrn durchströmte sie, und sie überschüttete die Erde und alles darauf mit ihren Segnungen. Gemeinsam erschufen Herr und Herrin die Vögel, Fische, Insekten, Reptilien, Säugetiere und die Menschen unserer Welt. Als Beschützer und Führer für die Menschen machten Herr und Herrin die Engel und Geistwesen. Diese Energien begleiten uns heute noch, auch wenn sie für uns oft unsichtbar sind.

Jedem Geschöpf gab unsere Herrin eine einzigartige Schwingung, durch die es kommunizieren konnte, und der Herr stattete es mit dem Feuer der Leidenschaft und dem brennenden Instinkt zu überleben aus. Als Dank für seine großartigen Werke und seine Sorge für alle irdischen Geschöpfe schenkte die Herrin dem Herrn eine Krone aus Hirschgeweihen, die er auf seinem mächtigen Haupt trägt. Dieser Ausdruck der Verbundenheit zwischen Tier- und Menschenreich zeigt für alle Zeiten, dass der Herr an den menschlichen und tierischen Geschöp-

fen gleichermaßen Freude hat. Die Krone wird immer ein Symbol dafür sein, dass die Menschen ins Zentrum des Geistes gelangen können, indem sie mit der Dualität ihres Wesens spirituell arbeiten.

Gemeinsam gaben Herr und Herrin den ersten Menschen Willensfreiheit. »Wir kommen von den Göttern, und die Götter sind wir!«, riefen die Leute. Und Herr und Herrin lächelten. »Wir sind alle eins«, sagte unsere Herrin, und dann verband sie alle Menschen durch ein Netz aus fein gesponnenen silbernen Lichtfäden miteinander und verband sie auch mit allen anderen Energiemustern des Planeten. Als dies vollbracht war, webte sie auch sich selbst und den Herrn in dieses Netz aus pulsierender Energie mit ein. »Liebe ist das Gesetz, Ehre ist das Band«, sagte der Herr, als Er dem Netz des Lebens Macht und Kraft verlieh.

Unsere Herrin hat viele Namen: Isis, Astarte, Bride, Diana, Aradia, Innana, Hekate, Mitzu Gami und tausend andere. Die Herrin begleitet alle Frauen und Männer jeder Rasse auf ihren Wegen und wohnt in ihnen. Sie ist Jungfrau, Mutter und weise Alte. Sie ist die heilige Dreifaltigkeit aller Religionen. Sie ist der Heilige Geist.

Der Herr hat viele Gesichter, ist der starke Cernunnos und der fröhliche Pan, Osiris, Tyr, Anubis, Ra, Apollo, Odin und tausend andere. Er wacht über uns und beschützt uns und wohnt in jedem Mann und jeder Frau auf der Welt. Wenn am Himmel der Donner grollt und Blitze zur Erde fahren, tanzen Herr und Herrin den göttlichen Schöpfungstanz, damit wir uns immer an sie erinnern und wissen, dass wir niemals allein und dass wir alle eins sind. Wenn die Sonne am Morgen aufgeht, ba-

den wir in der Freude seiner Liebe, und wenn die Mondin ihre Phasen durchläuft, begreifen wir den Kreislauf von Geburt, Wachstum, Tod und Wiedergeburt, dem alle Dinge unterworfen sind, und wir ehren ihre Macht.

Als aber die Menschen sich entwickelten und zu Wohlstand gelangten, vergaßen sie ihre göttlichen Eltern. Zwar riefen Herr und Herrin nach ihren Kindern, doch diese hörten nicht. Die Menschen verloren sich in der Welt, verstrickten sich in den Kampf gegen Dämonen, die sie selbst geschaffen hatten. Da Herr und Herrin ihre Kinder nicht aufgeben wollten, sandten sie ihnen Heiler und Helfer, die auf harmonische Weise unter den Menschen wirken, sie an die göttliche Quelle erinnern und ihnen den Weg zurück in die Arme der Mutter weisen sollten. In jeder einzelnen dieser besonderen Seelen wohnte die Erinnerung an das Große Werk: zu lieben, zu erschaffen und in Harmonie zu leben. Herr und Herrin lenkten Energie aus dem Reich der Engel, aus dem Reich der Krafttiere, aus dem Reich der Toten und dem Menschenreich in jene besonderen Lehrer-Seelen und schenkten ihnen die Fähigkeit, durch magische Arbeit Wunder zu vollbringen. Diese machtvollen Wesen werden seither Hexen genannt.

Unsere Herrin lehrte die Hexen die Weisheit des Universums. Sie brachte ihnen bei, Kreise zu beschwören und mit dem Großen Geist zu kommunizieren, denn all das hatten die Menschen auf der Erde vergessen. Sie lehrte sie, mit den Toten zu sprechen, ihre Vorfahren und die Traditionslinien ihrer Lehrer zu ehren und mit konzentriertem Geist wirkungsvollen Zauber zu vollbringen. Jedem Gehirn prägte sie die Muster aller Energien des Sonnensystems ein und das Wissen, wie mit Hilfe des

Mondes und der Sterne Magie betrieben werden kann. Der Herr lehrte die Hexen, wie sie mit den Elementen und Geistern von Luft, Feuer, Erde und Wasser verschmelzen und wie sie mit den Königreichen der Tiere und der Pflanzen kommunizieren konnten. Er brachte ihnen den Wetterzauber bei und das Heilen mit Energie und mit Pflanzen – und vor allem zeigte er ihnen, wie schon ihren Ahnen, wie sie sich schützen und überleben konnten. Jede Hexe, weiblich oder männlich, wurde in den Riten der Reinigung unterwiesen und lernte, in Kontakt mit der alten Weisheit ihrer Schöpfungslinie zu treten.

Zusammen schenkten Herr und Herrin den Menschen die Hexenpyramide: Wissen, Wollen, Wagen und Schweigen, denn sie wussten, dass diese besonders mit Magie und Liebe begabten Individuen nicht bei allen Menschen auf der Erde willkommen sein würden. Als die Unterweisung abgeschlossen war, wurden die Hexen zu allen Kulturen und zu jedem Stamm auf Erden geschickt. Dort wurden sie als normale Sterbliche geboren, trugen aber ihre göttliche Mission in sich. So kennt man sie unter vielen Namen und in vielen Rassen, und doch bleiben sie alle auf der Seelenebene immer Hexen. Vor allem empfingen sie die Botschaft, dass die Göttin lebt.

Doch obwohl nun die Hexen und Zauberer ihr Großes Werk vollbrachten, fiel es den Menschen immer noch schwer, zur vollkommenen Liebe und ins vollkommene Vertrauen zurückzufinden. Viele Religionen entstanden, in denen der Mutter und dem Vater Ehre erwiesen wurde. Doch in jeder dieser Religionen wurde schließlich unsere Mutter verleugnet und ausgestoßen, weil man glaubte, der männliche Gott allein genüge, um den Anhängern zu Reichtum und Stärke zu verhelfen. In seiner Enttäu-

schung über diese Entwicklung zog der Herr seine Hand von allen diesen Religionen zurück und ließ es geschehen, dass sie untergingen und im Staub der Erde versanken. Statt Schönheit und Freude zu erschaffen, trachteten die Menschen danach, einander zu zerstören, und die Leiden der Gier und Verzweiflung breiteten sich unter ihnen aus. Sie vergaßen, dass die innere Macht des Menschen größer ist als die äußere Macht, mit der Menschen sich gegenseitig zu unterjochen versuchen.

Die Leute hörten nicht auf die Hexen. Stattdessen verbrannten sie sie auf den Scheiterhaufen.

So wurden die Hexen, während Zeiten schwerer Prüfungen und Leiden, zu den verborgenen Kindern und vollzogen ihre Riten im Geheimen, um nicht Gefangenschaft und Tod aus der Hand jener Menschen zu erleiden, die aus ihrer Angst heraus schreckliche Dogmen schufen. Als die Unwissenheit und der Hass der Menschen immer stärker die Welt verdunkelten und Böses wie schwarzer Rauch aus den Kesseln des menschlichen Geistes aufstieg und den Planeten mit einer Wolke negativer Energie überzog, da flüsterte die Herrin den Hexen zu, dass sie Macht und Kraft aus ihrem Mondkörper ziehen sollten. Und der Herr übermittelte den Hexen durch die Strahlen der Sonne seine Kraft. »Der Mond und die Sonne«, sagten sie, »sind die Leuchtfeuer des Großen Werkes. Solange sie scheinen, könnt ihr von ihnen alle Energie beziehen, die ihr benötigt, und wenn ihr zu diesen himmlischen Symbolen aufblickt, wisst ihr, dass wir immer in euch sind. Es gibt keinen Teil von euch, der nicht göttlich ist.«

So kam es, dass die Hexen einmal im Monat, bei Vollmond, im Geheimen feierten und der Segnungen ge-

dachten, die ihnen von unserer Mutter geschenkt worden waren. Und sie taten ihre magische Arbeit, um ihre göttliche Mission zu erfüllen. In diesen Riten wandten sich die Hexen an die Essenz des Herrn und der Herrin. Von dort erbaten sie Hilfe, um gut für sich selbst, ihre Familien, den Planeten und ihre Freunde sorgen zu können. Viermal im Jahr, wenn an den Kreuz-Quartalen (Samhain, Lichtmess, Beltane und Lammas) überall im Land die Freudenfeuer loderten, feierten die Hexen Feuerfeste zu Ehren unseres Herrn und seiner Liebe und seines Schutzes für alle Kinder der Erde. Und ebenso feierten sie die Geburt unserer Mutter aus der Leere und den göttlichen Tanz, der alle Menschen ins Dasein gebracht hatte. An den vier Jahresquartalen (Jul, Ostara, Sommersonnenwende und Mabon) ehrten die Hexen den Sonnenzyklus des Lebens und die Gaben der Erde durch Erntedank-Rituale. Dies tun wir nun seit 8000 Jahren, denn unsere innere Natur wohnt in jedem Schamanen, jedem Magier, jedem Priester und jeder Priesterin, die die verborgene Wahrheit der vollkommenen Liebe und des vollkommenen Vertrauens in ihren Seelen tragen. Wir sind die Zunft der Weisen.

Wenn unsere Zeit gekommen ist, die irdische Ebene zu verlassen, sendet unsere Herrin uns einen Führer, der uns in das Sommerland geleitet. Von der göttlichen Gegenwart, die durch den Herrn und die Herrin fließt und strömt, werden wir auch dort weiter in den Geheimnissen des Universums unterwiesen, damit wir Leben für Leben immer wieder zurückkehren und unseren Brüdern und Schwestern dienen können – um sie daran zu erinnern, dass sie nur auf Besuch hier auf der Erde sind und dass allein ihre Taten, nicht die materiellen Schätze, die sie anhäufen, der Weg zu Wahrheit und Licht sind. In je-

dem Leben führt der Große Geist uns durch Lernerfahrungen und bereitet uns auf unsere individuellen Missionen vor. Manchmal werden wir unter Gleichgesinnten geboren, doch viel öfter unter Ungläubigen – wir werden dort geboren, um ihnen den Weg nach Hause zu zeigen. Und diese Reise wird nicht durch das ermöglicht, was wir predigen, sondern durch das, was wir tun …

Wir sind die Hexen, die Repräsentantinnen der Weisheit auf unserem Planeten. Weil die Weltreligionen es versäumt haben, das Große Werk anzuerkennen und unsere Mutter in allen Dingen zu sehen, haben uns der Herr und die Herrin unsere eigene Religion gegeben. Das ist unsere größte Prüfung.

Wir sind die verborgenen Kinder. Wir sind das Volk, die Macht und der Wandel – und wir haben uns in jeder Rasse und allen Kulturen inkarniert und werden damit bis zum Ende der Zeiten fortfahren. Wir sind die Weberinnen und wir sind das Netz. Niemand kann uns aufhalten, denn wir sind die göttliche Gegenwart, und die göttliche Gegenwart ist wir. Wir sind die Engel der Erde. Wir sind der Himmel und die Sterne. Wir sind die Erde, die Luft, das Feuer und das Wasser.

Wir sind der Große Geist. Wir sind eins. Und … Wir sind gekommen, um euch den Weg nach Hause zu weisen.

Denn wir sind die Hexen, zurückgekehrt von den Toten. So sei es.

Wenn diese Geschichte im Rahmen einer Zeremonie vorgelesen wird, ist die Wirkung am größten, wenn dabei nur ein einziges blaues Licht im Mittelpunkt des Kreises leuchtet und der übrige Raum dunkel bleibt. Ein Trommler kann mit einem leisen, langsamen Beat beginnen, der sich bei bestimmten Passagen des Textes beschleunigt und dann wieder langsamer wird, wodurch die energetische Wirkung der Geschichte verstärkt wird. Am Ende der Geschichte – *Und ... wir sind gekommen ...* – zünden dreizehn Teilnehmer des Rituals (wenn die Gruppe entsprechend groß ist) gleichzeitig ihre Kerzen an und halten sie hoch, während der Erzähler die letzten Zeilen vorliest.

Segen

Ob Sie nun glauben, etwas tun zu können oder etwas nicht tun zu können – Sie haben Recht.
Henry Ford

Obwohl viele Menschen heute nicht mehr über die Macht der Worte, Töne und Berührungen nachdenken, wussten unsere Vorfahren, dass jedes Ding seine eigene Energie besitzt. Diese positive Energie an eine andere Person weiterzugeben war eine Gabe kostbarer als Gold. Segnen heißt, alle negative Energie, die einen Menschen, ein Tier, Ort oder Gegenstand umgibt, zu entfernen und stattdessen eine Infusion mit positiver Energie vorzunehmen. Wenn wir andere Menschen segnen, stärken wir damit ihre persönliche Kraft. Durch Töne, Berührungen und Gedanken können wir den Kranken helfen, die Herzen der von Kummer Geplagten erleichtern oder einer Person den Torweg in ein besseres Leben öffnen, indem wir negative Blockierungen entfernen. Mitunter genügt es, einen Segen zu sprechen, um das Leben eines Menschen von Grund auf zu verändern. In unserer modernen Welt neigen die Leute dazu, sich über einen solchen Gedanken lustig zu machen. Sie wollen nicht glauben, dass etwas derartig Einfaches so wirkungsvoll sein kann. Viele von uns betrachten sich als unabhängige Individuen, und die Vorstellung, dass eine andere Person (allein durch Worte oder physische Nähe) unsere Lebensmuster verändern könnte, erscheint uns undenkbar.

Dennoch ist es möglich.

Sowohl in vielen alten als auch in gegenwärtigen Kulturen gibt es den Brauch, zum Abschied einen Segen zu hinterlassen. Man glaubte, dass ein in Magie bewanderter Mensch in der Lage war, Worte Fleisch werden zu lassen, also eine physische Manifestation zu erschaffen, indem er Worte mit seiner magischen Stimme intonierte (siehe in *Das Zauberbuch der Freien Hexe – Übung & Meisterschaft* unter dem Stichwort *Powwow*). Das eigene Haus auf solche Weise von einem magisch arbeitenden oder religiösen Menschen segnen zu lassen galt als sicheres Mittel für Gesundheit und Wohlstand. Auch du kannst anderen ein solches Geschenk machen. Sei nicht schüchtern. Wenn du glaubst, es tun zu können, dann geht es auch. Mitunter genügt schon die bloße Gegenwart einer Hexe oder eines Zauberers, um das Schicksal anderer grundlegend zu verändern. Je spiritueller solch ein magischer Mensch ist, desto reinigender wirkt er auf seine Umwelt. Auch habe ich beobachtet, dass die magischen Studien eines Menschen auch seine Umwelt deutlich beeinflussen können. Eine Hexe arbeitete zum Beispiel intensiv daran, mehr Wohlstand in ihr Leben zu bringen. Nach ein paar Monaten bemerkte sie, dass jedes Mal, wenn sie ein Geschäft betrat, ihre Energie zahlende Kunden von der Straße in das Geschäft lockte.

Eine andere Hexe, die daran arbeitete, einen starken Schutzzauber aufzubauen, machte eine ähnliche Erfahrung. Er (es handelte sich um eine männliche Hexe) konnte jede Art von Lokal oder Firma betreten, und falls es dort negative Leute gab, suchten diese ziemlich schnell das Weite. Das, woran du in der magischen Welt arbeitest, *hat* einen Einfluss auf die Alltagswelt.

Segnen ist ganz einfach:

* Stell dir ein weißes Licht vor, das so mächtig ist, dass es deinen Geist, deinen Körper und deine Seele umhüllt.
* Erzeuge ein inneres Bild der Person, des Gegenstandes oder Ortes, den du segnen möchtest. Lass das weiße Licht in dieses Bild einströmen.
* Stell dir vor, dass das weiße Licht regelrecht in das zu segnende Objekt hineinexplodiert. (Keine Angst, dabei wird niemand verletzt.)
* Intoniere Segensworte oder berühre den Menschen, das Tier oder den Gegenstand.
* Beschließe den Segen mit einer Handbewegung deiner Wahl, während du laut sagst: »Es ist vollbracht.«

Die dreizehn Kräfte der Hexe

Wenn du die Hexenkunst wirklich ernsthaft erlernen willst und danach strebst, in jeder Situation dein Bestes zu geben, werden dir die dreizehn Kräfte des Universums verliehen. Diese empfängst du bei einer religiösen Zeremonie durch diejenigen, die diese Gabe vor dir empfangen haben. Oder du erlangst die dreizehn Kräfte nach und nach, wenn du als freie Hexe selbstständig lernst und dich weiterentwickelst und auf diesem Weg allmählich reif dafür wirst. Falls du eine der Kräfte missbrauchst, wird dir diese Gabe wieder genommen, entweder nur für einen gewissen Zeitraum oder aber für immer. Die Kräfte ermöglichen es dir, anderen Gutes zu tun oder dein eigenes Leben zu verbessern, und damit auch das Leben der Menschen in deiner Umgebung.

Dreizehn Kräfte nennen die Hexen ihr Eigen,
das ist ihr Erbe in (nenne hier den Namen deines Patronatsgottes oder deiner Patronatsgöttin)*'s Namen.*
Binde einen Knoten und sprich die Worte,
oder lege die Hand auf die Stirn – das ist des Segens Wesen.
Eine Hexe kann Liebende vereinen, die einander suchen,
das Wetter beherrschen, die Sterne befragen,
im Namen (der oben genannten Gottheit)*'s segnen und verfluchen,*
böse Plagen und üble Einflüsse verjagen,
sie kann sich Tieren und Geistern mitteilen,
Schätze erschaffen, die dauerhaft bleiben,
die Zukunft deuten, guten Rat erteilen,
Kranken helfen und Verzweiflung vertreiben.

Dieses Gedicht kannst du sprechen, wenn du einem anderen Menschen etwas geben möchten. Es kann aber auch jedem Zauberspruch hinzugefügt werden, wenn du es um die folgenden Zeilen ergänzt:

Dies, mein Geburtsrecht, möge allen nützen,
gesegnet seist du, (Name der Person),
auf dass dich die Geister beschützen.

Dieses Gedicht ist schon für sich allein höchst wirkungsvoll und *wird* eine Veränderung bewirken. Überlege dir also gut, was du dir wünschst, denn du wirst es mit großer Wahrscheinlichkeit bekommen.

Segen vor dem Schlafengehen

Schließe die Augen und atme drei- oder viermal tief durch, bis du dich entspannt und friedvoll fühlst. Stell dir vor, wie dein ganzer Körper sich mit strahlend weißem Licht füllt. Wenn du möchtest, kannst du die Hände über dein Herz halten und sagen:

In der Stille der Nacht
wenn die Welt ringsum schläft,
mögen die Engel mir zulächeln
und die Herrin mir Frieden bringen.
Gesegnet seien (zähle die Menschen auf,
die du in dein Gebet mit einschließen möchtest).
Ich weiß, dass du für sie sorgen wirst,
damit ein jeder bekommt, was er braucht.
Lass Harmonie herrschen
in meinen Gedanken, Worten und Taten.
So sei es.

Geschenksegnung

Halte das Geschenk, das du segnen möchtest, in den Händen. Atme mehrere Male langsam und tief ein und aus. Visualisiere, dass das Geschenk in weißem Licht erstrahlt. Nimm gedanklich Kontakt mit dem Großen Geist auf und versuche, an nichts anderes zu denken. Stell dir vor, dass das Geschenk Ausdruck der Vollkommenheit des Universums ist. Dann sprich:

Vollkommene Liebe und vollkommener Frieden,
die Welt tanzt den gemeinsamen Tanz.
Ich träume den guten Wunsch ins Dasein,
der Zauber erfüllt sich nun voll und ganz.

Besiegele deinen Zauber, indem du über dem zu verschenkenden Gegenstand ein gleicharmiges Kreuz (+) in die Luft zeichnest. Auf die gleiche Weise kannst du auch Geburtstags-, Genesungs- und andere Grußkarten energetisch aufladen.

Speisensegnung

Halte deine Hände über die Speise und sprich den nachfolgenden Text dreimal hintereinander. Daraus lässt sich ein fröhlicher Segen für die ganz Familie machen, wenn er am Esstisch von allen gemeinsam laut gesprochen wird.

Die Erde ist Gast dieser Tafelrunde
und unser aller Mutter.
Wir teilen in dieser gesegneten Stunde
ihre Liebe, Freude und Fülle.
So sei es.

Segen für das persönliche Tage- oder Zauberbuch

Diese Worte hier sind mein,
spiegeln meine Seele wider.
Hülle sie in Liebe ein,
Segen komme auf sie nieder.
Hüte dich, dies Buch zu nehmen,
und die Worte drin zu lesen,
denn mein Zauber ist ganz klar,

legt mir alles offen dar,
und ich weiß, du hast berührt,
was nur mir zu sehn gebührt.

Zeremonien für Suchende

Als immer mehr Informationen über unsere Zunft an die Öffentlichkeit gelangten, wussten die Wicca-Gruppen anfangs nicht, wie sie mit den vielen neuen Interessenten umgehen sollten, die neugierig auf die Hexenreligion waren, aber noch nicht wussten, ob sie sich dauerhaft darauf einlassen wollten. In der Vergangenheit war es so gewesen, dass ein neues Mitglied zunächst als Dedikant in einen Coven eintrat, ein Jahr und einen Tag diente und dann initiiert wurde. In manchen Gruppen fand die Initiation auch sofort stand, ohne Wartezeit (diese sofortige Initiation ist im heutigen Wicca kaum noch üblich). Auf die Initiation folgten verschiedene Entwicklungsstadien bis zum Priesterstatus, der, je nach Gepflogenheit der einzelnen Gruppe, nach ungefähr vier bis sieben Jahren erreicht war. Dann wurde die Macht der Traditionslinie auf den neuen Priester oder die neue Priesterin übertragen. Zwar erhielten die meisten Wicca-Kinder die Taufe (Wiccaning), wenn sie klein waren, und wurden ungefähr im Alter von sechzehn Jahren zu Dedikanten ernannt, doch *initiiert* wurden sie erst mit einundzwanzig oder in dem Alter, bei dem die Eltern den Eindruck hatten, dass das Kind fähig war, eine eigenverantwortliche Entscheidung zu treffen. Das Alter war nicht der entscheidende Faktor, sondern die persönliche Reife. Vergiss nicht, dass Wicca eine Religion ist, nicht irgendetwas

Cooles, das man mal für ein paar Monate ausprobiert und wieder aufgibt, sobald sich die erste Langeweile breit macht. Wenn du deinen Initiationsschwur geleistet hast, gibt es kein Zurück mehr.

Die zahlreichen Veröffentlichungen über die Wicca-Religion sorgten in Hexenkreisen für ein neues Phänomen: die freie, unabhängig arbeitende Hexe. Diese neue Art von Hexe – eine, die auf eigene Faust lernt, anhand von Büchern, nicht in der Obhut eines Lehrers oder einer Gruppe – sorgte für einige Probleme in der bisherigen Hexen-Hierarchie. Da sie nicht durch einen Lehrer initiiert werden konnte, zerbrachen sich die Wicca-Schriftsteller den Kopf darüber, was zu tun war. Raymond Buckland veröffentlichte als Erster eine Dedikations-Zeremonie, bei der die Leser sich selbst, ohne Hilfe eines Lehrers oder einer Gruppe, einweihen konnten, durch ein Hexen-Selbststudium, bei dem ebenfalls der klassische Zeitrahmen von einem Jahr und einem Tag eingehalten werden sollte. Nachdem die »Probezeit« absolviert war, konnten Schüler oder Schülerin für sich allein die lebenslange Dedikation vollziehen. Mein Buch *Zauberschule der Neuen Hexen – Magie & Macht* enthält ebenfalls ein Ritual zur Selbsteinweihung in den Dedikantengrad. Das gilt auch für mehrere andere gegenwärtig auf dem Markt erhältliche Bücher. Diese Selbsteinweihung ist aber nicht vergleichbar mit dem Initiationsritual innerhalb einer Gruppe, durch das man Teil der Herkunftslinie und des Gruppenbewusstseins eines Covens, einer Tradition oder eines Clans wird. Dennoch dienen beide Zeremonien dazu, bei dir eine innere Öffnung zu bewirken, sodass du deine Verbindung mit dem Göttlichen bewusst akzeptierst.

Diese Idee funktionierte sehr gut, bis meine beiden *Junghexen*-Bücher erschienen (engl. Originaltitel: *Teen*

Witch und *Teen Witch Kit*. Deutscher Titel: *Freche Hexen*), in denen ich Hexenwissen für Teenager verbreitete. Da diese Bücher sich an Jugendliche unterschiedlicher Herkunft und Reife wandten, wurde die darin enthaltene Dedikationszeremonie nur sehr allgemein formuliert, ohne auf das weite Spektrum der Unterschiede der Leserinnen und Leser einzugehen – Unterschiede im Hinblick auf Alter, religiösen Hintergrund, elterliche Überzeugungen und Erziehungsmethoden, Bildungsniveau. Und da *Teen Witch* in mehrere Sprachen übersetzt wurde, also auch kulturelle Unterschiede zu berücksichtigen waren, erkannte ich die Notwendigkeit, eine Zeremonie zu entwickeln, die der eigentlichen Dedikation vorausgeht. Sie sollte sich direkt an die Teenager wenden und Ihnen die Möglichkeit geben, sich nicht für alle Zeiten durch einen Schwur an unsere magische Zunft zu binden, sondern zunächst einmal vorübergehende Erfahrungen mit der Hexenkunst zu sammeln.

Die Sucher-Zeremonie ähnelt durchaus der eigentlichen Dedikation. Es handelt sich um eine Absichtserklärung, die, während der Teenager die Hexenkunst studiert, für ein schützendes Netz sorgt. Sie ist rein spiritueller Natur und gilt für die Dauer von einem Jahr und einem Tag. Die Unterschiede betreffen einzelne Formulierungen. Während eine Wicca-Dedikation sich ganz auf die Hexen-Religion konzentriert, ist die Sucher-Zeremonie liberaler und ermöglicht es dem Schüler, sich der Philosophie unserer Zunft in einem für heranwachsende Teenager angemessenen Tempo zu nähern. Wenn in einem solchen Jugendlichen eine wirkliche Liebe zur Hexenkunst erwacht, kann er oder sie als nächsten Schritt eine Selbstdedikations-Zeremonie vollziehen, sobald er oder sie sich innerlich dazu bereit fühlt. Teenager auf der Suche sind noch nicht reif und innerlich gefestigt genug, um einen lebenslangen Hexeneid zu schwören. Für manche kommt dieser Moment, wenn sie die Dedikations-Zeremonie absolvieren, für andere erst später, bei der formellen Initiation.

Sucher-Zeremonie für Teenager

Der richtige Zeitpunkt: Wenn du dich innerlich bereit dafür fühlst. Wenn du möchtest, kannst du ein besonderes Datum wählen, wie etwa deinen Geburtstag, einen Wicca-Feiertag (Beltane eignet sich gut) oder einen anderen Tag, der eine besondere Bedeutung für dich hat. Manche Teenager wählen Vollmond, Neumond oder einen Sonntag. Es kommt aber weniger auf den Tag an als auf deine feste Entschlossenheit.

Der richtige Ort: Wo immer du möchtest. Manche Jugendliche gehen dafür gerne an den Strand, in den Wald, an eine Quelle oder dergleichen, du kannst aber ebenso gut den häuslichen Garten benutzen oder die Zeremonie in deinem Zimmer feiern.

Benötigte Materialien: Das hängt zum großen Teil davon ab, was deine Eltern und deine persönliche Umgebung zulassen. Du kannst, wenn du zum Beispiel gegenwärtig in einem Internats-Schlafsaal untergebracht bist, auch ganz ohne äußere Hilfsmittel still mit dem Großen Geist sprechen und ihm sagen, dass du bereit bist, den Pfad der spirituellen Erleuchtung zu beschreiten. Aber wir Menschen benutzen nun einmal gerne bestimmte zeremonielle Hilfsmittel, um besondere Momente in unserem Leben angemessen zu begehen. Du kannst beispielsweise einen kleinen Kessel mit einem Teelicht auf deinen Altar stellen oder einen besonderen Weihrauch verwenden. Was du letztendlich auswählst, liegt ganz bei dir. Du kannst dir auch einen kleinen Talisman kaufen, den du als Erinnerung an die Zeremonie immer bei dir trägst – zum Beispiel eine Halskette, einen Armreif oder etwas Kleines, das du in die Hosentasche stecken kannst.

Was du sagst und was du tust: Auch das liegt bei dir. Zwar präsentiere ich dir hier eine ausgearbeitete Ritualform als Anregung, empfehle dir aber, Worte zu sprechen, die spontan aus deinem Herzen kommen – das ist die beste Art, mit dem Großen Geist zu reden, ob du nun die Sucher-Zeremonie oder ein Heilungsritual. Die hier beschriebene Sucher-Zeremonie folgt einer bewährten Wicca-Basisform.

Der Tag der Zeremonie: Leg deine gesamten Utensilien bereit, etwa deinen Weihrauch, die Kleidung, die du tragen möchtest, den speziellen Talisman, die Objekte, die du an den Kreisvierteln deines Altars aufstellen möchtest. Lege alle Utensilien auf den Altar und bitte um den Segen der Elemente. Du kannst den Weihrauch über die Gegenstände schwenken als Repräsentation für den Osten, eine rote Kerze für den Süden, heiliges Wasser für den Westen und etwas Salz für den Norden. Sprich dazu:

Zur Vorbereitung auf meine Sucher-Zeremonie reinige und weihe ich diese Gegenstände. Möge nichts Böses und keine Negativität in ihnen wohnen. Möge der Segen des Herrn und der Herrin (oder des Großen Geistes) diesen Altar und alle diese Gegenstände umfassen. So sei es.

Wenn du planst, deine Ausrüstung an einen anderen Ort zu transportieren, packe sie sorgfältig in einen Picknickkorb, eine Reisetasche oder einen Rucksack. Vergiss nicht, etwas zum Essen und zum Trinken für die Kommunion mitzunehmen.

Das Ritual: Bereite deinen Altar vor. Dieser Altar kann auch vorübergehender Natur sein. Vergiss nicht, die Ausrichtung der Kreisviertel mit Hilfe eines Kompasses vorzunehmen und diese dann deutlich zu markieren, damit du genau weißt, wo die vier Himmelsrichtungen liegen. Wenn du das Ritual im Freien abhältst, solltest du den Ort abschreiten und die Feen und Devas des Ortes fragen, ob es ihnen recht ist, dass du das Ritual dort durchführst. Bitte sie darum, dich zu beschützen. Wenn du bereit bist, weihe den Altar, indem du mit den vier Symbolobjekten für die Himmelsrichtungen nacheinander über die Altaroberfläche streichst und alles so reinigst und weihst, wie du es gelernt hast. Nimm dir ausreichend Zeit, diesen magischen Augenblick zu genießen. Du stehst davor, einen sehr wichtigen Schritt in deinem Leben zu tun – einen großen Sprung hin zu persönlicher Spiritualität. Denke daran, dich gut zu erden und zu zentrieren, ehe du beginnst.
Beschwöre nun deinen Kreis, indem du sprichst:

Ich beschwöre dich, o Kreis der Macht, auf dass du für mich Grenze bist zwischen der Welt der Menschen und dem Reich der Mächtigen – ein Treffpunkt für vollkommene Liebe, Vertrauen, Frieden und Freude; sicherer Raum für die Macht, die ich jetzt herbeirufe. Ich rufe die Elemente des Ostens, des Südens, des Westens und des Nordens herbei, damit sie mir bei diesem Ritual helfen. Im Namen des Herrn und der Herrin beschwöre ich dich, o großer Kreis der Macht!

Denk daran, dass du einen Kreis beschwören kannst, indem du dreimal im Uhrzeigersinn herumgehst, während du die Worte rezitierst. Aber es genügt auch, den Kreis nur ein einziges Mal abzuschreiten. Wenn du fertig bist, klopfe mit der Hand auf den Boden und sage: *Dieser Kreis ist versiegelt!*
Gehe zum Nordviertel (achte dabei darauf, die unter dem Stichwort »Anrufung der Kreisviertel« beschriebenen Handbewegungen auszuführen) und sprich:

Wächter des Nordens, Element der Erde, willkommen zu meiner Sucher-Zeremonie. Kräfte der Erde, verleiht diesem Ritual eure Stärke und Stabilität, beschenkt mich mit euren speziellen Fähigkeiten. Tretet ein in den Kreis und seid willkommen.

Gehe zum Ostviertel und sprich:

Wächter des Ostens, Element der Luft, willkommen zu meiner Sucher-Zeremonie. Kräfte der Luft, verleiht diesem Ritual eure Stärke und Stabilität, beschenkt mich mit euren speziellen Fähigkeiten. Tretet ein in den Kreis und seid willkommen.

Gehe zum Südviertel und sprich:

Wächter des Südens, Element des Feuers, willkommen zu meiner Sucher-Zeremonie. Kräfte des Feuers, verleiht diesem Ritual eure Stärke und Stabilität, beschenkt mich mit euren speziellen Fähigkeiten. Tretet ein in den Kreis und seid willkommen.

Gehe zum Westviertel und sprich:

Wächter des Westens, Element des Wassers, willkommen zu meiner Sucher-Zeremonie. Kräfte des Wassers, verleiht diesem Ritual eure Stärke und Stabilität, beschenkt mich mit euren speziellen Fähigkeiten. Tretet ein in den Kreis und seid willkommen.

Gehe ins Zentrum des Kreises und nimm die Gotteshaltung ein. Schließe die Augen und fühle, wie die Macht des Gottes in deinen Körper eintritt. Nimm nun die Göttinnenhaltung ein und sprich:

Heilige Mutter, Göttlicher Herr, ich begrüße euch in diesem Kreis, den ich für mein Sucher-Ritual geschlagen habe. Kommt zu mir und segnet mich durch eure göttliche Gegenwart. Bitte schenkt mir eure besonderen Kräfte. Ich bin heute hierher gekommen, um mein Interesse an der Spiritualität und an der Zunft der Weisen zu bekunden.

Knie nieder, lege deine Hände auf den Altar und sprich:

Ich (dein vollständiger Name) *schwöre beim Erbe meiner Mutter und bei allem, was mir heilig ist, dass ich den Großen Geist und meine Brüder und Schwestern in der Hexenzunft, der Zunft der Weisen, achten und ehren werde. Ich werde hart daran arbeiten, dem Großen Geist in jeder Hinsicht zu dienen, und ich werde mich bemühen, die Hexenkunst in all ihren Aspekten gründlich zu erlernen. Ich werde mein Hexenwissen niemals dazu benutzen, anderen zu schaden, noch werde ich, von einem fairen Austausch von Energie abgesehen, Geld, Geschenke oder Dienstleistungen dafür verlangen, dass ich für andere Menschen bete oder zaubere. Wenn ich genug gelernt habe, werde ich mich vielleicht dafür entscheiden, mich als Dedikant(in) dem Herrn und der Herrin zu verpflichten, oder aber ich gebe die Hexenkunst auf und beschreite einen anderen spirituellen Weg. Ich werde mich nach Kräften bemühen, stets harmonische Beziehungen zu meinen Mitmenschen zu pflegen. Ich werde andere Religionen ebenso respektieren wie meine eigene. Der Große Geist ist Zeuge für den Schwur, den ich hier leiste. An diesem Tag* (nenne Wochentag und Datum) *beanspruche ich meine Macht! So sei es!*

Steh auf und zünde das Teelicht in dem Kessel an. Nimm den Talisman, den du gekauft oder draußen in der Natur gesucht und mitgenommen hast, halte ihn über den Altar und sprich:

Herr und Herrin, bitte segnet diesen Talisman meines Glaubens. Möge er mir als Schutz dienen, wenn ich den Pfad der Weisen beschreite.

Schreite mit dem Talisman die Kreisviertel ab und bitte die Energien jedes Kreisviertels, das Objekt zu segnen und mit Energie aufzuladen. Kehre zum Altar zurück, halte den Talisman wieder darüber und sprich:

Dieser Gegenstand soll Zeugnis sein für diesen besonderen Tag und meinen Schwur. Ich werde ihn ab heute zu Ehren des Herrn und der Herrin immer bei mir tragen. So sei es.

Während du das Schmuckstück anlegst (oder den Talisman in die Tasche steckst) sprich:

Jetzt, in diesem Augenblick, werde ich an Körper, Geist und Seele wiedergeboren. So sei es!

Beschließe die Zeremonie mit der persönlichen Kommunion. Halte die Hände über den Opfertrank und sprich:

Vom Mond zum Land, vom Land in den Weinstock, vom Weinstock in die Traube, von der Traube in den Saft, weihe ich diesen Trank im Namen des Herrn und der Herrin. Möge ihr Segen mich begleiten bis in alle Ewigkeit. So sei es.

Trinke etwas von dem Saft und gieße dann den Rest als Opfergabe für den Großen Geist auf die Erde (oder in eine Schüssel, wenn die Zeremonie nicht im Freien stattfindet). Sage dabei: *Für die Götter!*
Halte die Hände über den Kuchen, die Plätzchen oder das Brot und sprich:

Von der Sonne zum Land, vom Land in den Halm, vom Halm ins Korn, vom Korn in dieses Brot, weihe ich diese Speise im Namen des Herrn und der Herrin. Möge ihr Segen mich begleiten bis in alle Ewigkeit. So sei es.

Iss etwas von dem Brot und wirf den Rest als Opfergabe für den Großen Geist auf die Erde (oder in die Schüssel). Sage dabei: *Für die Götter!* Wenn du fertig bist, verbringe etwas Zeit in stiller Meditation. Um die Zeremonie abzuschließen, stell dich ins Zentrum des Kreises und sprich:

Große Mutter, Göttlicher Vater, ich danke euch, dass ihr meiner Sucher-Zeremonie beigewohnt habt. Behütet und führt mich auf meinem Weg, egal ob ich mich eines Tages entscheide, der Gemeinschaft der Weisen Künste für immer beizutreten oder einen anderen Pfad zu beschreiten. Helft mir, meine göttliche Bestimmung zu erfüllen und stets weise Entscheidungen zu treffen. So sei es.

Gehe zum Westviertel und sprich:

Wächter des Westens, Element des Wassers, ich danke euch, dass ihr an meinem Sucher-Ritual teilgenommen habt. Friede sei mit euch, und möget ihr nie jemandem schaden. Kräfte des Wassers, ich danke euch für eure besonderen Gaben. Geht nun, wenn ihr müsst, und bleibt, wenn ihr es wünscht. Seid gesegnet und lebt wohl!

Gehe zum Südviertel und sprich:

Wächter des Südens, Element des Feuers, ich danke euch, dass ihr an meinem Sucher-Ritual teilgenommen habt. Friede sei mit euch, und möget ihr nie jemandem schaden. Kräfte des Feuers, ich danke euch für eure besonderen Gaben. Geht nun, wenn ihr müsst, und bleibt, wenn ihr es wünscht. Seid gesegnet und lebt wohl!

Gehe zum Ostviertel und sprich:

Wächter des Ostens, Element der Luft, ich danke euch, dass ihr an meinem Sucher-Ritual teilgenommen habt. Friede sei mit euch, und möget ihr nie jemandem schaden. Kräfte der Luft, ich danke euch für eure besonderen Gaben. Geht nun, wenn ihr müsst, und bleibt, wenn ihr es wünscht. Seid gesegnet und lebt wohl!

Gehe zum Nordviertel und sprich:

Wächter des Nordens, Element der Erde, ich danke euch, dass ihr an meinem Sucher-Ritual teilgenommen habt. Friede sei mit euch, und möget ihr nie jemandem schaden. Kräfte der Erde, ich danke euch für eure besonderen Gaben. Geht nun, wenn ihr müsst, und bleibt, wenn ihr es wünscht. Seid gesegnet und lebt wohl!

Beginne im Westen und hebe deinen Kreis auf, während du widdershins um ihn herumgehst. Wenn du fertig bist, klopfe mit der Hand auf den Boden und sprich:

Der Kreis ist offen, doch nicht gebrochen. Fröhliches Treffen und fröhlicher Abschied, bis wir uns fröhlich wiedersehen. Denn wir sind die Menschen, wir sind die Macht, und wir sind der Wandel. So sei es!

Soeben hast du eine der wichtigsten Zeremonien deines Lebens durchgeführt! Das ist ein großer Schritt in deiner spirituellen Entwicklung, auf den du stolz sein kannst. Nun ist es Zeit, den Ritualraum aufzuräumen und keine Spuren zu hinterlassen (vor allem, wenn du dich im Freien aufhältst). Wenn du deine Zeremonie innerhalb des Hauses durchgeführt hast, trage die Opferschale ins Freie, schütte den Inhalt auf die Erde und sage dabei: *Für die Götter!*

Ein Ritual der Widmung

Okay, du bist bereit, über die Sucher-Zeremonie für Teenager hinauszugehen und dich für ein Jahr und einen Tag als Mitglied der Hexen-Religion zu verpflichten, also ausschließlich diese Religion und keine andere zu praktizieren. Das bedeutet, dass du bereit bist, die Lehre, Wissenschaft und Religion der Hexenkunst für volle zwölf Monate und einen Tag auf jede mögliche Weise in dein Leben zu integrieren, und zwar mit der Absicht, im Anschluss daran die Initiation innerhalb einer Hexen-Gruppe anzustreben oder als selbstständig praktizierende Hexe durch die Wiederholung der nachfolgend beschriebenen Zeremonie auf Dauer als Dedikant oder

Dedikantin dieser Religion beizutreten. **Hinweis:** Wenn du diese Zeremonie verwirrend oder langweilig findest, dann bist du für die Dedikation innerlich noch nicht bereit. Lass dir genug Zeit. Der Herr und die Herrin sind ewig für dich da. Wenn du die Dinge überstürzt, handelst du dir damit nur Probleme ein. Wie du sehen wirst, habe ich keine Hilfsmittel für die Zeremonie aufgelistet. Ich denke, du solltest reif genug sein, selbst zu entscheiden, welche Materialien du benötigst. Wenn du ernsthaft vorhast, eine Hexe zu werden, musst du lernen, solche Dinge eigenverantwortlich zu entscheiden – warum also nicht gleich jetzt damit beginnen?

Phase eins: Während der neun Wochen vor dem Datum, das du für die Zeremonie ausgesucht hast, solltest du an jedem Sonntag (oder an dem Tag, der mit dem Tag deiner Geburt übereinstimmt) eine weiße Kerze abbrennen und dazu das folgende Gebet sprechen:

Wächter der Tore, ich grüße euch. Beschützt mich auf meinem Weg zu Dedikation und Initiation und öffnet die Tore zwischen den Welten, sodass meine Bitte gehört und ausgeführt wird, ohne dass mir dadurch ein Schaden entsteht. Schutzengel, komm zu mir, komm zu mir. Ich brauche dich. Ich lade dich ein. Beschütze und führe mich auf meinem Weg zu Dedikation und Initiation. Was immer ich für die Zeremonie benötige, bereite mir den Weg. So sei es!

Besonderer Hinweis: Wenn du an einem der vorgesehenen Tage vergisst, dieses Ritual auszuführen, musst du den 9-Wochen-Zyklus noch einmal ganz von vorn beginnen, weil sonst der Energieaufbau für die Dedikations-Zeremonie gestört ist.

Nutze diese neun Wochen, um deinen heiligen Raum vorzubereiten, den Altar zu bauen, die erforderlichen heiligen Werkzeuge zu beschaffen oder anzufertigen, deinen Zauberschrank mit den benötigten Vorräten auszustatten, dir den magischen Namen auszusuchen, den du künftig tragen willst, und dir ein Ritualgewand zu nähen oder zu kaufen (weitere Informationen zu diesen Vorbereitungen für deine Widmung findest du in meinem Buch *Zauberschule der Neuen Hexen – Magie & Macht*). Du solltest in dieser Zeit wenigstens fünfzehn Minuten täglich meditieren. Solche Zeremonien werden oft an Neumond gefeiert, doch du kannst auch ein Datum auswählen, das für dich persönlich eine besondere Bedeutung hat – vielleicht deinen Geburtstag oder den ersten Frühlingstag. Während der neun Wochen solltest du dir ein neues *Zauberbuch* kaufen und das nachfolgende Widmungsritual vollständig dort hineinschreiben. Nimm dir dafür genug Zeit. Du musst nicht alles an einem Abend abschreiben. Wenn du das Ritual eigenhändig abschreibst, bereitet dich das auf die göttlichen Energien vor, die du während der Zeremonie empfangen wirst, was besonders wichtig ist, wenn du auf eigene Faust, also als freie Hexe, arbeiten möchtest. Ein bis zwei Wochen vor der Zeremonie (vielleicht auch noch etwas früher) wirst du eine Art »Bewusstseins-Beschleunigung« verspüren, so etwas wie eine pulsierende Erwartung. Manche Menschen fühlen einen leichten Druck auf der Stirn. Keine Sorge, das ist völlig normal. Deine inneren Energien sortieren und justieren sich, um die Bühne für diese neue Phase deines Lebens vorzubereiten.

Phase zwei: Nimm am Abend der Zeremonie ein spirituelles Bad. Trockne dich mit einem sauberen Handtuch ab. Lege dein Ritualgewand an (keinen Schmuck). Wenn du vorhast, die Zeremonie an einem anderen Ort auszuführen, pack deine Ausrüstung sorgfältig in einen Picknickkorb, eine Reisetasche oder einen Rucksack. Vergiss nicht, etwas zum Trinken und zum Essen für die Kommunion mitzunehmen. Verwende die Basis-Altar-Ausstattung (Informationen dazu findest du im Kapitel »Altäre« auf Seite 313). Lege deinen Lieblingsschmuck auf den nördlichen Bereich des Altars. Wenn du drinnen praktizierst, solltest du das Telefon ausstöpseln und die Tür abschließen, um Störungen zu vermeiden. Verbringe zunächst mindestens eine halbe Stunde in Meditation, ehe du fortfährst. Denk genau darüber nach, warum du diesen Schritt tust, was du dir davon versprichst und welche positiven Veränderungen du in deinem Leben herbeiführen möchtest. Unmittelbar bevor du mit der Zeremonie beginnst, reinige und weihe alle Ausrüstungsgegenstände und sonstigen Hilfsmittel und lade sie energetisch auf. Halte die vier Elemente über die Gegenstände und sprich:

Zur Vorbereitung auf meine Dedikations-Zeremonie reinige und weihe ich diese Gegenstände. Möge nichts Böses und keine Negativität in ihnen wohnen. Möge der Segen des Herrn und der Herrin diesen Altar und alle diese Gegenstände heiligen. So sei es.

Leg dein *Zauberbuch* auf oder neben den Altar, sodass du problemlos darin lesen kannst. Es ist in Ordnung, während des Rituals eine Leselampe zu benutzen.

Phase drei: Schaffe den heiligen Raum, indem du einen repräsentativen Gegenstand für jedes der Elemente im Uhrzeigersinn zu den vier Kreisvierteln trägst. Fege den Raum mit einem neuen, aufgeladenen Besen, ebenfalls im Uhrzeigersinn. Stelle in jedem Kreisviertel eine Votivkerze auf, zusammen mit Blumen oder anderen Objekten, die zur Energie des jeweiligen Kreisviertels passen. Wenn du den Kreis für deine Widmung beschworen hast, solltest du besser keine Tür hineinschneiden. Überprüfe daher gründlich, ob sich alle Hilfsmittel auf dem Altar befinden, auch die für die Kommunion.

Phase vier: Beginne dein Ritual, indem du den Kreis beschwörst und die Kreisviertel anrufst, ganz so wie schon bei dem Sucher-Ritual.

Ich beschwöre dich, o Kreis der Macht, auf dass du für mich Grenze bist zwischen der Welt der Menschen und dem Reich der Mächtigen – ein Treffpunkt für vollkommene Liebe, Vertrauen, Frieden und Freude, sicherer Raum für die Macht, die ich jetzt herbeirufe. Ich rufe die Elemente des Ostens, des Südens, des Westens und des Nordens herbei, damit sie mir bei diesem Ritual helfen. Im Namen des Herrn und der Herrin beschwöre ich dich, o großer Kreis der Macht!

Denk daran, dass du einen Kreis beschwören kannst, indem du dreimal im Uhrzeigersinn herumgehst, während du die Worte rezitierst. Aber es genügt auch, den Kreis nur ein einziges Mal abzuschreiten. Wenn du fertig bist, klopfe mit der Hand auf den Boden und sprich: *Wie oben, so unten. Dieser Kreis ist versiegelt!*

Stampfe dreimal mit dem Fuß auf oder klopfe dreimal mit dem Zauberstab auf den Boden. Stell dich in die Kreismitte und sprich:

Wächter der Tore der Dedikation, ich heiße euch willkommen. Schützt mich während meiner Dedikations-

Zeremonie und öffnet die Tore zwischen den Welten, sodass meine Bitte gehört und ausgeführt wird, ohne dass mir dadurch ein Schaden entsteht. Schutzengel, komm zu mir, komm zu mir. Ich brauche dich. Ich lade dich ein. Beschütze und führe mich während dieses Widmungsrituals. So sei es.

Gehe zum Nordviertel und sprich:

Wächter des Nordens, Element der Erde, und ihr alle aus dem Reich der Feen, ich (nenne deinen Namen) *rufe euch herbei, damit ihr Zeugen dieses Rituals seid und diesen heiligen Raum beschützt. Willkommen zu meiner Widmungszeremonie. Kräfte der Erde, verleiht diesem Ritual eure Stärke und Stabilität, beschenkt mich mit euren speziellen Fähigkeiten. Tretet ein in den Kreis und seid zu diesem Anlass willkommen.*

Gehe zum Ostviertel und sprich:

Wächter des Ostens, Element der Luft, und ihr alle aus dem Reich der Feen, ich (nenne deinen Namen) *rufe euch herbei, damit ihr Zeugen dieses Rituals seid und diesen heiligen Raum beschützt. Willkommen zu meiner Widmungszeremonie. Kräfte der Luft, verleiht diesem Ritual eure Stärke und Stabilität, beschenkt mich mit euren speziellen Fähigkeiten. Tretet ein in den Kreis und seid zu diesem Anlass willkommen.*

Gehe zum Südviertel und sprich:

Wächter des Südens, Element des Feuers, und ihr alle aus dem Reich der Feen, ich (nenne deinen Namen) *rufe euch herbei, damit ihr Zeugen dieses Rituals seid und diesen heiligen Raum beschützt. Willkommen zu meiner Widmungszeremonie. Kräfte des Feuers, verleiht diesem Ritual eure Stärke und Stabilität, beschenkt mich mit euren speziellen Fähigkeiten. Tretet ein in den Kreis und seid zu diesem Anlass willkommen.*

Gehe zum Westviertel und sprich:

Wächter des Westens, Element des Wassers, und ihr alle aus dem Reich der Feen, ich, (nenne deinen Namen)*, rufe euch herbei, damit ihr Zeugen dieses Rituals seid und diesen heiligen Raum beschützt. Willkommen zu meiner Widmungszeremonie. Kräfte des Wassers, verleiht diesem Ritual eure Stärke und Stabilität, beschenkt mich mit euren speziellen Fähigkeiten. Tretet ein in den Kreis und seid zu diesem Anlass willkommen.*

Gehe ins Zentrum des Kreises und nimm die Gotteshaltung ein. Schließe die Augen und fühle, wie die Macht des Gottes in deinen Körper eintritt. Nimm nun die Göttinnenhaltung ein und sprich:

Heilige Mutter, Göttlicher Herr, ich (nenne deinen wirklichen Namen, gefolgt von deinem magischen Namen) *begrüße euch in diesem Kreis, den ich für mein Widmungsritual geschlagen habe. Kommt zu mir und segnet mich durch eure göttliche Gegenwart. Bitte schenkt mir eure besonderen Kräfte. Ich bin heute hierher gekommen, weil ich den Wunsch habe, Dedikant/in der Zunft der Weisen zu werden. Ich wünsche, die Hexenkunst zu erlernen und zu praktizieren. Helft mir während dieses Jahres und des einen Tages, damit ich verstehe, was es heißt, als spiritueller Mensch zu leben. Schenkt mir die Stärke, die ich für meinen heiligen Pfad benötige, denn ich weiß und verstehe, dass ich noch viel lernen muss.*

Gehe zum Nordviertel und sprich:

Heil, ihr Wächter des Nordens, ich (nenne deinen wirklichen Namen, gefolgt von deinem magischen Namen) *komme, um zum/zur Dedikanten/in der Zunft der Weisen geweiht zu werden. Ich rufe die Kräfte der Erde an, damit sie mich alles lehren, was ich wissen muss.*

Zünde die Votivkerze an, die du in diesem Kreisviertel aufgestellt hast. Visualisiere, dass die Energien des Nordens deinen Körper durchströmen und dir helfen, dich auf die heilige Reise vorzubereiten. Gehe zum Ostviertel und sprich:

Heil, ihr Wächter des Ostens, ich (nennen deinen wirklichen Namen, gefolgt von deinem magischen Namen) *komme, um zum/zur Dedikanten/in der Zunft der Weisen geweiht zu werden. Ich rufe die Kräfte der Luft an, damit sie mich alles lehren, was ich wissen muss.*

Visualisiere, dass die Energien des Ostens deinen Körper durchströmen und dir helfen, dich auf die heilige Reise vorzubereiten. Gehe zum Südviertel und sprich:

Heil, ihr Wächter des Südens, ich (nenne deinen wirklichen Namen, gefolgt von deinem magischen Namen) *komme, um zum/zur Dedikanten/in der Zunft der Weisen geweiht zu werden. Ich rufe die Kräfte des Feuers an, damit sie mich alles lehren, was ich wissen muss.*

Visualisiere, dass die Energien des Südens deinen Körper durchströmen und dir helfen, dich auf die heilige Reise vorzubereiten. Gehe zum Westviertel und sprich:

Heil, ihr Wächter des Westens, ich (nenne deinen wirklichen Namen, gefolgt von deinem magischen Namen) *komme, um zum/zur Dedikanten/in der Zunft der Weisen geweiht zu werden. Ich rufe die Kräfte des Wassers an, damit sie mich alles lehren, was ich wissen muss.*

Visualisiere, dass die Energien des Westens deinen Körper durchströmen und dir helfen, dich auf die heilige Reise vorzubereiten. Gehe zum Altar. Wiederhole den nachfolgenden Segensspruch, während du jeden der acht Punkte deines Körpers mit heiligem Wasser besprengst:

Gesegnet seien meine Füße, die den Weg des spirituellen Dienstes beschreiten. Gesegnet seien meine Knie, die ich vor dem geweihten Altar beuge. Gesegnet sei meine Gebärmutter (mein Phallus), die/der Leben hervorbringt. Gesegnet sei mein Herz voller Schönheit und Kraft. Gesegnet seien meine Lippen, die stets nur die Wahrheit und Weisheit des Herrn und der Herrin verkünden. Gesegnet seien meine Augen, auf dass ich die Schönheit und Fülle der Erde sehe. Möge ich gereinigt, geweiht und regeneriert werden im Dienst der Hexenzunft und Hexenkunst. So sei es!

Atme dreimal tief durch und visualisiere, dass dein Körper sich mit heiligem, göttlichem Licht füllt. Knie dich vor deinen Altar. Lege dein Athame in die Mitte des Altars. Lege dann deine Hände auf die Scheide des Athame und sprich den folgenden Eid:

Ich (dein vollständiger Name) *schwöre beim Erbe meiner Mutter und bei allem, was mir heilig ist, den Herrn und die Herrin zu achten und zu ehren, und ebenso meine Brüder und Schwestern in der Hexenzunft, der Zunft der*

Weisen. Ich werde hart dafür arbeiten, dem Herrn und der Herrin auf bestmögliche Weise zu dienen, und mich bemühen, alle Aspekte der Hexenkunst gründlich zu erlernen. Ich werde mein Hexenwissen niemals dazu benutzen, anderen absichtlich zu schaden, noch werde ich, von einem fairen Austausch von Energie abgesehen, Geld, Geschenke oder Dienstleistungen dafür verlangen, dass ich für andere Menschen bete oder zaubere. Wenn ich genug gelernt habe, werde ich mich vielleicht für eine permanente Dedikation oder eine Initiation entscheiden, oder aber ich gebe die Hexenkunst auf und beschreite einen anderen spirituellen Weg. Ich werde mich nach Kräften bemühen, stets harmonische Beziehungen zu meinen Mitmenschen zu pflegen. Ich werde andere Religionen ebenso respektieren wie meine eigene. Ich werde stets die Arbeit der Hexen achten, die vor mir in der Zunft tätig waren, und ich ehre den Beitrag, den die anderen Praktizierenden zu meiner Religion und deren Entwicklung leisten. Nie werde ich die Identität jener Brüder und Schwestern preisgeben, die gezwungen sind, im Verborgenen zu praktizieren, und ich weiß, dass ich ganz allein für die Konsequenzen verantwortlich bin, die ein Bruch dieses Eides nach sich ziehen würde. Ich werde nach der Vollkommenheit des Universums streben, und ich werde sie erlangen. Nachdem dies alles ausgesprochen ist, erkläre ich mich hiermit zu einem Mitglied der Hexenreligion. Der Große Geist ist Zeuge für meinen Schwur. An diesem Tag (nenne Wochentag und Datum) *beanspruche ich* (nenne deinen magischen Namen) *meine Macht! So sei es.*

Steh auf und zünde das Teelicht im Kessel an. Nimm den Talisman oder das Schmuckstück, das du für dich ausgewählt hast, halte es über den Altar und sprich:

Herr und Herrin, bitte segnet diesen Talisman meines Glaubens. Möge er mir als Schutz dienen, wenn ich den Pfad der Weisen beschreite.

Schreite mit dem Talisman die Kreisviertel ab und bitte die Energien jedes Kreisviertels, das Objekt zu segnen und mit Energie aufzuladen. Kehre zum Altar zurück, halte den Talisman wieder darüber und sprich:

Dieser Gegenstand soll Zeugnis sein für diesen besonderen Tag und meinen Schwur. Ich werde ihn ab heute zu Ehren des Herrn und der Herrin immer bei mir tragen. So sei es.

Während du das Schmuckstück anlegst (oder den Talisman in die Tasche steckst) sprich:

Jetzt, in diesem Augenblick, werde ich an Körper, Geist und Seele wiedergeboren. So sei es!

Beschließe die Zeremonie mit der persönlichen Kommunion. Halte die Hände über den Opfertrank und sprich:

Vom Mond zum Land, vom Land in den Weinstock, vom Weinstock in die Traube, von der Traube in den Saft, weihe ich diesen Trank im Namen des Herrn und der Herrin. Möge ihr Segen mich begleiten bis in alle Ewigkeit. So sei es.

Trinke etwas von dem Saft und gieße dann den Rest als Opfergabe für den Großen Geist auf die Erde (oder in eine Schüssel, wenn die Zeremonie nicht im Freien stattfindet). Sage dabei: *Für die Götter!*

Halte die Hände über den Kuchen, die Plätzchen oder das Brot und sprich:

Von der Sonne zum Land, vom Land in den Halm, vom Halm ins Korn, vom Korn in dieses Brot, weihe ich diese Speise im Namen des Herrn und der Herrin. Möge ihr Segen mich begleiten bis in alle Ewigkeit. So sei es.

Iss etwas von dem Brot und wirf den Rest als Opfergabe für den Großen Geist auf die Erde (oder in die Schüssel). Sage dabei: *Für die Götter!*

Wenn du fertig bist, verbringe etwas Zeit in stiller Meditation. Um die Zeremonie abzuschließen, stell dich ins Zentrum des Kreises und sprich:

Große Mutter, Göttlicher Vater, ich danke euch, dass ihr meiner Sucher-Zeremonie beigewohnt habt. Behütet und führt mich auf meinem Weg, egal ob ich mich eines Tages entscheide, der Gemeinschaft der Weisen Künste für immer beizutreten oder einen anderen Pfad zu beschreiten. Helft mir, meine göttliche Bestimmung zu erfüllen und stets weise Entscheidungen zu treffen. So sei es.

Gehe zum Westviertel und sprich:

Wächter des Westens, Element des Wassers, ich danke euch, dass ihr an meinem Sucher-Ritual teilgenommen habt. Friede sei mit euch, und möget ihr nie jemandem schaden. Kräfte des Wassers, ich danke euch für eure besonderen Gaben. Geht nun, wenn ihr müsst, und bleibt, wenn ihr es wünscht. Seid gesegnet und lebt wohl!

Gehe zum Südviertel und sprich:

Wächter des Südens, Element des Feuers, ich danke euch, dass ihr an meinem Sucher-Ritual teilgenommen habt. Friede sei mit euch, und möget ihr nie jemandem schaden. Kräfte des Feuers, ich danke euch für eure besonderen Gaben. Geht nun, wenn ihr müsst, und bleibt, wenn ihr es wünscht. Seid gesegnet und lebt wohl!

Gehe zum Ostviertel und sprich:

Wächter des Ostens, Element der Luft, ich danke euch, dass ihr an meinem Sucher-Ritual teilgenommen habt. Friede sei mit euch, und möget ihr nie jemandem schaden. Kräfte der Luft, ich danke euch für eure besonderen Gaben. Geht nun, wenn ihr müsst, und bleibt, wenn ihr es wünscht. Seid gesegnet und lebt wohl!

Gehe zum Nordviertel und sprich:

Wächter des Nordens, Element der Erde, ich danke euch, dass ihr an meinem Sucher-Ritual teilgenommen habt. Friede sei mit euch, und möget ihr nie jemandem schaden. Kräfte der Erde, ich danke euch für eure besonderen Gaben. Geht nun, wenn ihr müsst, und bleibt, wenn ihr es wünscht. Seid gesegnet und lebt wohl!

Beginne im Westen und hebe deinen Kreis auf, während du widdershins um ihn herumgehst. Wenn du fertig bist, klopfe mit der Hand auf den Boden und sprich:

Der Kreis ist offen, doch nicht gebrochen. Wir treffen uns froh und trennen uns froh, bis wir uns wiedersehen. Denn wir sind die Menschen, wir sind die Macht, und wir sind der Wandel. So sei es!

Herzlichen Glückwunsch, damit bist du deinem Ziel, eine echte Hexe zu werden, einen großen Schritt näher gekommen. Denke aber immer daran, dass die Reise wichtig ist, nicht der Pfad.

Hilfreiche Hinweise zur Durchführung von Ritualen

Ich praktiziere Magie und Rituale nun seit meiner Teenagerzeit, und ich habe ein paar nützliche Lektionen gelernt, die ich gerne an dich weitergeben möchte. Natürlich musst du meinem Rat nicht folgen, aber wenn du dir die Zeit nimmst, diese Ratschläge auszuprobieren, wirst du feststellen, dass deine magische Arbeit einfach reibungsloser verläuft.

- Rituale und Magie sind etwas sehr Persönliches, und darum ist es eine gute Idee, sie an einem privaten Ort zu praktizieren, wo du ungestört bist. Bei meinen ersten magischen Versuchen kam ich mir furchtbar albern vor, weil ich nicht wusste, ob meine Zauberei funktionieren würde. Und ich wollte nicht, dass die anderen mich bei etwas beobachteten, das sich möglicherweise als ziemlich töricht herausstellen würde. Nach einer Weile wirst du dich weniger gehemmt fühlen, aber auch dann ist es noch immer sinnvoll, deine magischen Aktivitäten für dich zu behalten. Wenn du zur Zielscheibe für spöttische Bemerkung wirst, kann das deinem Selbstwertgefühl einen ziemlichen Knacks versetzen.
- Stell deine Ausrüstung vor jeder Zeremonie bzw. jedem Zauberritual in Ruhe zusammen, damit du nicht mittendrin herumrennen musst, weil du etwas verges-

sen hast. So vermeidest du, die Energie zu schwächen, und erhältst deine Konzentration aufrecht.

* Arbeite niemals magisch, wenn du wütend bist. Zähle bis zehn. Oder warte ein paar Stunden. Kühl dich erst wieder ab. Denk in Ruhe über die Angelegenheit nach.
* Wenn dir ein Ritual oder ein Zauberspruch misslingt, mach dir deshalb keine Sorgen. Manche Schüler fürchten, dass schlimme Dinge geschehen, wenn sie etwas falsch machen. Keinesfalls. Das Schlimmste, was passieren kann, ist, dass sich dein Wunsch, dein Ziel ganz einfach nicht manifestiert. Die Wände des Hauses werden nicht über dir zusammenstürzen, der Keller wird nicht voll Wasser laufen, es wird kein Dämon unter dem Bett hervorkriechen und deine kleine Schwester aus der Wiege stehlen, E. A. Poes berühmtes Herz wird nicht unter den Dielenbrettern pochen, und es wird auch kein Tornado durch dein Stadtviertel fegen und dich nach Oz pusten, bloß weil dir ein Schnitzer unterlaufen ist. Wir alle machen Fehler. Erkenne an, dass du Mist gebaut hast, und setz deine Reise fort.
* Angst ist deine größte Feindin. Vor langer Zeit las ich das Buch *Ein Kurs in Wundern (A course in miracles)*. Darin heißt es: »Nichts, was wirklich real ist, kann bedroht werden. Nichts, was nicht real ist, existiert. Darin liegt der Friede Gottes.« Lies diese Worte sorgfältig und denk darüber nach. Schreib sie auf ein Kärtchen und kleb es dir an den Schlafzimmerspiegel. Vergiss sie niemals; sie werden dir gute Dienste leisten.

Funktionieren Rituale? Unbedingt! Heute wie vor tausend Jahren ist die Dramatik und Komplexität von Ritualen ein ausgezeichnetes Gegenmittel gegen Depression, Einsamkeit und Furcht, und zwar unabhängig davon, ob und welche magischen Komponenten verwendet werden. In gewisser Weise sind Rituale ebenso psychologisch wie spirituell, eine Mischung aus Quantenphysik und Psychotherapie.

Moderne Hexen-Rituale

Wenn du die formellen Wicca-Rituale studierst (die nicht von allen Gruppen praktiziert werden), wirst du feststellen, dass es Parallelen zu den Initiationen und festlichen Ritualen der Freimaurer gibt. Ich stieß vor fünfzehn Jahren auf diese Zusammenhänge, als mir zufällig ein Abdruck der Freimaurer-Riten aus dem Jahre 1920 in die Hände fiel. Diese Parallelen betreffen Gradsystem, Aufnahme, Beförderung, Erhebung, die Leistung eines Eides, Ritualwerkzeuge, geometrische Symbole, Codewörter, die Himmelsrichtungen im Tempel (vergleichbar den Kreisvierteln im Wicca), den fünffachen Kuss und den hierarchischen Aufbau. Tatsächlich war ich Mitglied der Rainbow Girls (einer amerikanischen Organisation für die Töchter von Freimaurern). Wir liebten unsere Rituale und gingen ganz in ihnen auf. Oh, du willst wissen, welchen Rang ich hatte? Ich war Chaplain. Nun werden einige von euch messerscharf schließen, dass mein Vater Freimaurer gewesen sein muss, wenn ich Mitglied bei den Rainbow Girls war. Das stimmt, und er ist es noch. Aber er war es nicht, der mir das Buch über die Freimaurerriten gab. Im Gegenteil, der Schwur, der sie zur Geheimhaltung verpflichtet, ist so stark, dass mein Vater ziemlich ärgerlich wurde, als ich ihm das Buch unter die Nase hielt. Ist etwas Schlechtes an diesem Buch? Ganz bestimmt nicht. Freimaurer und Hexen haben eine wichtige Gemeinsamkeit – ihren Schwur der Geheimhaltung, der Ausbildung, Ritual und soziale Interna umfasst. Das alles bleibt streng innerhalb der Gruppe.

Die moderne zeremonielle Ritualmagie (von der die moderne Hexenkunst einige Elemente übernommen hat) verdankt viele ihrer heutigen Strukturen einem 1910 geborenen Franzosen namens Alphonse Louis Constant, bekannt als Eliphas Zahed Levi[60]. Von Levi stammt der Begriff »okkult«, der, je nach gesellschaftlichem Klima, immer mal wieder in Mode kam. Levi betonte außerdem etwas, worauf ich dich schon zu Beginn dieses Buches hingewiesen habe – magische Kräfte »bekommt« man nicht, sondern wir alle verfügen bereits darüber. Die Hexenkunst liefert uns lediglich einen Rahmen für unsere Weiterentwicklung, ermutigt uns zum täglichen Üben und bietet Methoden an, mit denen wir diese latenten Kräfte aufwecken können. Levi glaubte, dass wir im Lauf des Lebens viele unserer Gaben verkümmern lassen und dass es nur der Schulung und des Trainings bedarf, um das, was bereits in uns angelegt ist, zur Blüte zu bringen. Tatsächlich stimmen heutige Wissenschaftler (wenigstens teilweise) mit Levis Theorie überein, wenn sie uns sagen, dass der Mensch nur einen geringen Prozentsatz seiner Gehirnkapazität nützt und dass eine Erweiterung unseres geistigen Horizonts uns in die Lage versetzen würde, weitaus mehr zu leisten, als es heute möglich erscheint. Jedoch war es der Golden Dawn, der die vier zeremoniellen »Elementarwaffen«[61] (Kelch, Pentagramm, Dolch und Zauberstab) in der Hexenkunst einführte. Weitere Informationen zu den Ritualen findest du in diesem Buch unter dem Stichwort »Esbat« und »Rad des Jahres«.

Übergangsriten

Manchmal kommt es vor – und das kann Sechzehnjährigen genauso passieren wie Sechsundsechzigjährigen –, dass man sich wie ein Außerirdischer fühlt, so als würde man nirgendwo dazugehören, von niemandem verstanden werden und hätte die ganze Welt gegen sich. In solchen Momenten fragst du dich, wie du bloß auf diesen Planeten geraten konntest, ob diese Erwachsenen bei dir zu Hause wirklich deine Eltern sind oder ob deine Kinder von einer fremden, dir nicht freundlich gesonnenen Macht hierher gebracht worden sind. Was die anderen Leute sagen, klingt in deinen Ohren völlig wirr. Manche Jugendlichen und Erwachsenen haben das Gefühl, noch nie wirklich in Übereinstimmung mit ihrer Umwelt gelebt zu haben, oder vielleicht kommt es dir in letzter Zeit so vor, als jage in deinem Leben eine Katastrophe die andere, und dein Selbstwertgefühl liegt völlig am Boden. In solchen Zeiten verändert sich dein Körper, und ebenso verändern sich auch dein Bewusstsein und die Welt um dich herum. Dann möchtest du laut Stopp! schreien, und du veränderst dich nicht nur von innen nach außen, sondern auch von außen nach innen – als Kind dachte ich, dass ich am liebsten gleich als Erwachsene zur Welt gekommen wäre, um mir all diese Jahre zwischen eins und einundzwanzig zu ersparen. Je älter ich wurde, desto mehr schien es mir wünschenswert, noch einige Jahre mehr auszulassen – sagen wir: Geburt mit dreißig, einer schönen, magischen Zahl. Leider funktioniert die Welt nicht so.

Hexen-Eltern wissen, wie schwer diese Veränderungen sein können. In der Hexenkunst gibt es Übergangsriten, die den Kindern, Jugendlichen und jungen Erwachsenen bei ihrer Entwicklung helfen sollen. (Aus meiner Altvorderen-Perspektive gehören auch Sechsundzwanzigjährige noch zu den jungen Erwachsenen.) Der Zyklus beginnt mit der Taufe, dem Wiccaning, kurz nach der Geburt des Kindes. Bei dieser Zeremonie wird das Kind mit den vier Elementen gesegnet, und der Große Geist wird gebeten, über es zu wachen. Beim Eintritt in die Pubertät folgt eine zweite Zeremonie, die ebenfalls als Übergangsritual bezeichnet wird. Es gibt mehr als ein Übergangsritual, und daher handelt es sich hierbei um einen Oberbegriff für spezielle Zeremonien, die jeweils besonderen Lebensabschnitten gewidmet sind.

Übergangsriten können lang oder kurz, blumig ausgeschmückt oder knapp und ernsthaft gehalten sein, zeremoniell oder eher als Stammesfest begangen werden. Sie können still oder laut mit vielen Trommeln und Freudengeschrei gefeiert werden. Das hängt von der Persönlichkeit des Kindes und von den familiären Gepflogenheiten ab. Der vordringliche Zweck solcher Zeremonien besteht einfach darin, dir dabei zu helfen, die gegenwärtigen und künftigen Veränderungen in deinem Leben zu bewältigen. Bei Jugendlichen können Übergangsriten vollzogen werden beim Erreichen der Pubertät, zur Mittleren Reife oder dem Abitur, wenn jemand achtzehn wird oder den goldenen Ring des einundzwanzigsten Lebensjahres erreicht.

Wenn du dich entscheidest, als Hexe zu leben, wirst du immer anders sein als die anderen. Sehen wir den Tatsachen ins Auge: Die Welt, wie wir sie kennen, besteht aus Leuten, die nie verstehen werden, was Hexen sind und was sie tun, und auch nicht wirklich interessiert daran sind, was manchmal schmerzhaft sein kann. Die Hexenkunst wird dich in die Lage versetzen, Dinge zu tun, von denen andere nicht einmal träumen. Wenn du deine magischen Studien konsequent vorantreibst, wirst du stets das Gefühl haben, Mitglied einer obskuren, fremden Nation zu sein. So geht es mir heute noch manchmal, und ich praktiziere die Hexenkunst nun schon ziemlich lange. Wenn du erwachsen bist, wirst du dir Freunde suchen, die deine Interessen teilen, aber du wirst trotzdem immer noch mit dem Rest der Welt klarkommen müssen, und selbst Erwachsenen fällt es schwer, sich von Leuten zu trennen, die sie negativ beeinflussen.

Das Gefühl zu haben, anders zu sein als alle anderen, ist normal, ob du nun Hexe bist oder nicht. Die Leute tun verrückte Dinge, um Aufmerksamkeit zu erregen. Wichtig dabei ist, dass wir lernen, dieses Bedürfnis, anders zu sein und akzeptiert zu werden, in positive, konstruktive Bahnen zu lenken. Schlecht über andere zu reden, sich daneben zu benehmen oder gewalttätig zu werden ist keine Lösung, erst recht nicht für Hexen, egal welchen Alters. Eine magische Regel, die man als Hexe schnell zu spüren bekommt, lautet: *Alles, was du aussendest, kehrt vielfach vermehrt zu dir zurück*. Das bedeutet, dein eigenes Verhalten (Gedanken, Worte und Handlungen) bestimmt darüber, was du vom Leben erhältst.

Was ist, wenn es in deiner Familie keine anderen Hexen gibt und auch kein Hexenzirkel für dich in Reichweite ist, wo man ein Übergangsritual für dich abhalten könnte? Wie kannst du trotzdem in den Genuss der Vorteile kommen, die eine solche Zeremonie haben kann? Indem du sie selbst durchführst.

In diesem Abschnitt findest du einen Schwangerschaftssegen für werdende Mütter und eine Taufzeremonie für ein neugeborenes Kind. Das Übergangsritual für Teenager kann gefeiert werden, wann immer du die Zeit für reif erachtest. Du findest nachfolgend auch einen Abschnitt über Tod und Sterben und eine Totenfeier. Dann habe ich noch eine Zeremonie für Examen und Prüfungen beigefügt. An die Beschreibung der Übergangsriten schließt sich eine allgemeine Einführung in magische Rituale an. Wenn die Hexenkunst Neuland für dich ist, solltest du dir zunächst diesen allgemeinen Teil durchlesen, ehe du einen der Übergangsriten durchführst.

Schwangerschaftssegen

Diese Zeremonie habe ich eingefügt, weil ich hoffe, dass dieses Buch dich durch dein Leben als Hexe begleiten wird, und um deine Familie dazu zu ermutigen, gemeinsam zu feiern, und zwar ungeachtet der persönlichen religiösen Ausrichtung. Diese Zeremonie ist für eine schwangere Frau gedacht und als Schutz für das Kind, das sie erwartet. In vielen Wicca-Zirkeln ist dieser Segen eine Art spirituelle Energiedusche mit Ritual. Vielleicht erwartet deine Mutter ein weiteres Kind, oder deine ältere Schwester möchte gerne, dass die Empfängnis ihres ersten Kindes auf besondere Weise gefeiert wird. Oder du möchtest diese magische, spirituelle Dusche einer Freundin schenken.

Benötigte Materialien: Eine große weiße Säulenkerze und eine kleinere blaue Votivkerze (als symbolische Lichter für Mutter und Kind); fünf weiße Votivkerzen (für die Spitzen des Pentagramms); heiliges Wasser; eine rote Kerze; Weihrauch deiner Wahl; Kreppband; Geschenke für die werdende Mutter.

Anleitung: Reinige vor dem Ritual den Raum mit Hilfe der vier Elemente. Stelle die Geschenke für die werdende Mutter neben den Altar und reinige sie, indem du Salbei oder ein anderes Räuchermittel verbrennst. Stelle die weiße Säulenkerze mitten auf den Altar und die anderen Hilfsmittel dicht daneben. Platziere die rote Kerze auf dem südlichen Bereich deines Altars. Zünde sie an. Klebe ein großes Pentagramm aus Kreppband auf den Boden, wobei dessen obere Spitze auf den Altar zeigt. Stelle auf jede Pentagrammspitze eine weiße Votivkerze. Beschwöre den Kreis und die Kreisviertel, rufe die Gottheit an, schneide dann eine Tür in den Kreis und führe die werdende Mutter hinein, salbe ihren Kopf und sprich:

Mögest du gereinigt, geweiht und regeneriert werden im Namen des Herrn und der Herrin. So sei es.

Vergiss nicht, die Tür sorgfältig wieder zu schließen, und achte darauf, dass keine wallenden Kleidersäume in die Kerzenflammen geraten.

Lass die Mutter die weiße Säulenkerze anzünden (die Mutter-Kerze) und fordere sie auf, still um eine sichere, reibungslose Geburt und beständigen Schutz für ihr Kind zu bitten. Die blaue Kerze repräsentiert das Baby. Lass sie die blaue Kerze an der weißen entzünden und dabei um besondere Geschenke und Schutz für das ungeborene Kind beten. Führe sie zu jeder Spitze des Pentagramms, wobei sie die blaue Kerze tragen soll. Bitte die Gottheit um Segen für Mutter und Kind, zünde dann die Pentagramm-Kerzen mit der blauen Kerze an, wobei du eine Energieübertragung von der Gottheit auf die Mutter visualisierst. Die Spitzen des Pentagramms stehen für Liebe, Gesundheit, Stärke, Harmonie und Weisheit. **Hinweis:** Du kannst diese fünf Worte auf Klappkarten schreiben, die du neben die jeweilige Kerze stellst, damit alle Anwesenden einschließlich der werdenden Mutter wissen, worum du bittest.

Kehre in die Kreismitte zurück und bitte die Gottheit um Segen, indem du die blaue Kerze hoch in den Himmel hältst. Halte die blaue Kerze über die weiße Kerze und sprich:

Da wir eins sind mit dem Herrn und der Herrin,
sind auch diese Mutter und ihr Kind eins.

Halte beide Hände vor den Bauch der Mutter und sprich:

Mögen sie während der Geburt gesund und beschützt sein. Möge nichts Böses, real oder eingebildet, die Liebe zwischen Mutter und Kind stören oder hemmen. Mögen sie in dieser Welt und in den Welten, die wir nicht sehen können, allzeit behütet und beschützt sein.

Wenn noch andere Personen anwesend sind, können diese nun ebenfalls ihre Segnungen sprechen.

An dieser Stelle kannst du, wenn du möchtest, die Anrufung der Göttin (siehe Seite 17) verlesen oder du kannst die dreizehn Kräfte der Hexe rezitieren (siehe Seite 229). Überreiche der Mutter deine Geschenke. Hebe den Kreis in der üblichen Weise auf. Lass die blaue Kerze brennen, bis sie von allein ausgeht, oder lösche sie mit den Fingern und gib sie der Mutter mit, damit sie sie zu Hause abbrennen kann.

Taufzeremonie

Mit einem Tauf-/Einsegnungsritual wird ein neugeborenes Kind in der »Weltfamilie« willkommen geheißen. Die Zeremonie soll das Kind beschützen, während es in der materiellen Welt heranwächst. Eine solche Zeremonie kann kurz nach der Geburt abgehalten werden oder später während des Geburtsjahres. Manchmal bitten Eltern, die sich der Hexenreligion anschließen, um eine Taufzeremonie für ältere Kinder bis zum zehnten Lebensjahr. Vielleicht hast du Eltern, die sich freuen, wenn du eine Taufzeremonie für ein neugeborenes Schwesterchen oder Brüderchen abhältst. Für diesen Fall stelle ich dir nun ein einfaches Ritual vor, das die Familie gemeinsam feiern kann.

Benötigte Materialien: Standard-Altar mit den vier Elementen; Kerzen zur Beleuchtung; eine neue Decke fürs Baby; acht circa dreißig Zentimeter lange farbige Bänder. Nähe die Bänder sorgfältig auf die Decke, wobei du während dieser Arbeit an das denkst, was jedes der Bänder symbolisiert. Die Farben der einzelnen Bänder stehen jeweils für eine besondere Gabe:

Weiß: Die Gabe des spirituellen Erfolges, des freien Willens und der Läuterung des Geistes.
Silber: Die Gabe der Medialität und die Liebe der Göttin.
Blau: Die Gabe der Kommunikation und der Intelligenz.
Grün: Die Gabe der Heilung und der Harmonie mit der Natur.
Gelb: Die Gabe, dass alle Bedürfnisse des Kindes auf positive Weise erfüllt werden und dass Freude seine ständige Begleiterin ist.
Gold: Die Gabe der Weisheit und Urteilskraft.
Rot: Die Gabe der Tapferkeit, des Lachens und des rechten Handelns.
Purpur: Die Gabe der Kommunikation mit den Schutzengeln und Geistführern.

Wähle eine Ritualform, von der du glaubst, dass sie für deine Familie besonders angenehm ist.

Anleitung: Reinige den Raum mithilfe der vier Elemente. Stelle die Geschenke für das Kind neben den Altar. Auf dem Höhepunkt des Rituals segne das Kind mit heiligem Wasser (nur eine kurze Berührung) und sprich:

Mögest du gereinigt, geweiht und regeneriert werden
im Namen des Herrn und der Herrin
(oder des Großen Geistes).
Mögest du immer auf den Pfaden der Liebe
und Erleuchtung wandeln.
So sei es.

Halte nacheinander die vier Elemente über das Kind und bitte sie, ihm in seinem künftigen Leben Liebe und Kraft zu schenken:

Willkommen zurück, kleiner Mensch!
Möge die Große Mutter dich mit ihren
Segnungen überschütten,
möge dir die Liebe deiner Familie und
vieler Freunde zuteil werden.
Indem ich dir meine Hand auf die Stirn lege,
ermächtige ich dich als ein Teil des Kreises,
der kein Ende hat.[62]
Ich schenke dir diese Gaben des Lebens
und der Magie –

Berühre jedes der acht Bänder und sag dabei, für welche Gabe es jeweils steht, halte dann deine Hände über das Kind und visualisiere, dass alle acht Gaben sich zu einer Lichtkugel verdichten, die das Kind umhüllt. Zeichne über dem Kind ein gleicharmiges Kreuz in die Luft und sprich:

Diese Gaben sind dein, du kannst sie behalten oder zurückweisen, wenn du alt genug bist, um sie zu verstehen. Mögest du weisen Gebrauch von ihnen machen. So sei es.

Wenn es noch andere Geschenke für das Kind gibt, werden sie nun überreicht, dann wird das Ritual auf die übliche Weise beendet.

Übergangsritual für Teenager

Benötigte Materialien: Ein großer Wandspiegel; dein Lieblings-Weihrauch; Wasser; Salz; eine weiße Kerze; leise, sanfte Musik; ein Geschenk für dich selbst. Ich weiß, dass man noch zahlreiche weitere Utensilien verwenden könnte (Kelch, Zauberstab, Athame, etc.), aber das Wichtigste bei einem Übergangsritus ist deine Kommunikation mit dem Großen Geist. Magische Werkzeuge sind irdische Dinge, deren Gebrauch Freude macht, aber hier geht es darum, deine persönlichen Schwingungen anzuheben, um eine positive Zukunft für dich zu erschaffen. Außerdem kannst du deine Werkzeuge nicht immer bei dir tragen. Darum ist es keine schlechte Sache, wenn du lernst, mit dem zu arbeiten, was du immer dabei hast: dein eigenes wahres Selbst.

Vorbereitung: Auch wenn dir das vermutlich lästig ist – reinige unbedingt den Raum, in dem das Ritual stattfinden soll. Staub und Dreck speichern negative Energie. Setz dich anschließend hin und denke darüber nach, welche Gaben du benötigst, um eine positive Zukunft zu manifestieren. Halte diese Dinge auf einem Blatt Papier fest. Im Ritual wirst du um diese Gaben bitten. Kleiner Hinweis: Um sechs Richtige im Lotto zu bitten ist hier nicht angesagt. Dieses Ritual dient der Entwicklung deines Charakters und deiner inneren Fähigkeiten, damit du Selbstachtung und Mut entwickelst, lernst, dich selbst zu mögen, deine Talente zu entfalten, weise Entscheidungen zu treffen.

Zeitpunkt: Neumond.

Anleitung: Dieses Ritual besteht aus drei Teilen: Anfang (dient der Vorbereitung), Mittelteil (hier widmest du dich dem eigentlichen Ziel des Rituals) und Schlussteil (bringt die Angelegenheit auf magisch saubere Weise zum Abschluss). Wenn du schon andere Bücher über Hexenmagie gelesen hast oder Mitglied eines magischen Zirkels bist, ist es gut möglich, dass deine Rituale von den hier beschriebenen abweichen. Wenn dir das, was du anderswo gelernt hast, mehr zusagt, dann integriere es ruhig in diese Zeremonie. Am wichtigsten für jede Zauberei und jedes Ritual ist aber, dass du ungestört bist. Das kann ein echtes Problem sein, besonders wenn du dir dein Zimmer mit einem Bruder oder einer Schwester teilen musst oder wenn deine Familie glaubt, dein Zimmer sei ein für alle offen stehender Durchgangsbahnhof. In diesem Fall kann es ratsam sein, das Ritual draußen im Freien durchzuführen, an einem See oder Bach. Dabei kannst du auf den Spiegel verzichten oder nur einen kleinen Handspiegel mitnehmen. Das ist völlig in Ordnung. Es kommt darauf an, dass du einen Weg findest, der für dich gut funktioniert. Wenn du dich entscheidest, im Freien zu arbeiten, beachte dabei die üblichen Sicherheitsregeln – lauf nicht allein im Dunkeln herum (diese Rituale können problemlos im hellen Tageslicht ausgeführt werden) und halte dich von Plätzen fernen, von denen du weißt, dass es dort gefährlich ist. Wenn du Hexenfreunde oder -freundinnen hast, ist es keine schlechte Idee, die Zeremonie mit ihnen gemeinsam durchzuführen.

Platziere den Spiegel und alle Elemente entweder in der Mitte des Raumes oder in seiner Nordecke (beides ist in Ordnung). Nimm ein Bad oder eine Dusche, wodurch Geist und Seele ebenso gereinigt werden wie der Körper. Erde und zentriere dich (nähere Informationen dazu findest du im zweiten Band dieser Reihe – *Übung & Meisterschaft*).

Teil eins: Trage die vier Elemente eines nach dem anderen im Uhrzeigersinn durch den Raum. Beginne mit dem Salz (Symbol für das Element Erde), gefolgt von dem entzündeten Weihrauch, der brennenden Kerze und zuletzt einer Schüssel mit Wasser. Während du im Kreis gehst, rezitiere:

Hexe, Zauber, Feuer (oder Erde, Luft, Wasser, je nachdem, welches Element du gerade herumträgst), *Kraft – seid eins, seid eins, werdet!*

Hierzu ein paar Erläuterungen: Mit diesem Chant und der Bewegung im Kreis tust du Folgendes:

* Du erschaffst einen heiligen Raum.
* Du rufst die Elemente an.

Möglicherweise unterscheidet sich das von dem, was du bereits gelernt hast. In manchen Zeremonien wird das Erschaffen eines heiligen Raumes und die Anrufung der

Elemente separat ausgeführt, wobei die Anrufung der Elemente (oder Kreisviertel) erst erfolgt, nachdem der Kreis geschlagen wurde.

Gehe nun vom nördlichen Kreisviertel am äußeren Rand des Raumes im Uhrzeigersinn in einer Spirale zum Mittelpunkt des Kreises (dabei sollte die Spirale, die du abschreitest, aus mindestens drei und höchstens sieben Runden bestehen). Strecke beim Gehen den Zeigefinger Richtung Boden, als würdest du einen Kreis in die Luft malen. Das einzige Problem bei dieser Visualisierung kann darin bestehen, dass du dir den Kreis als eine zweidimensionale Linie denkst (was er nicht ist) – eher umhüllt der Kreis dich wie eine Blase, die bis über deinen Kopf und unter deine Füße reicht. Während des Gehens sprich:

Hexe, Geist, Kreis der Macht –
Zauber geschehe, werde vollbracht!

Wenn du in der Kreismitte angekommen bist, wiederhole den Chant noch einmal mit lauter, kraftvoller Stimme (wenn die äußeren Umstände das zulassen) und hebe die Arme dabei gen Himmel. Stampfe fest mit dem Fuß auf und sprich: *Dieser Kreis ist versiegelt!*

Hierbei können ein paar besondere Effekte auftreten, auf die ich näher eingehen möchte. Möglicherweise begegnet dir eines der folgenden Phänomene:

* ein heißer oder kalter Energiestrom vom Kopf bis zu den Füßen,
* Aufregung, wie wenn du an einem Sportwettkampf oder einer Schultheater-Aufführung teilnimmst,
* Kribbeln in den Armen und Beinen oder den Fingern,
* ein angenehmes, friedvolles Gefühl,
* feuchte Hände,
* ein Gefühl der Stärke und Unbesiegbarkeit.

Keine dieser Reaktionen ist schlecht oder Besorgnis erregend. Das alles ist vollkommen natürlich. Wenn du dich zittrig oder nervös fühlst, solltest du dich erden und zentrieren. Atme schön tief und gleichmäßig, ehe du dich dem zweiten Teil des Rituals zuwendest.

Teil zwei: Stell die Kerze so vor den Spiegel, dass du dein eigenes Spiegelbild und die Kerze gut sehen kannst. Schau in den Spiegel und sprich:

Herr und Herrin (oder Großer Geist), hier ist jemand,
der ein Übergangsritual vollziehen möchte
(sage, um welchen Übergang es sich handelt,
zum Beispiel: in die Pubertät, die Oberstufe
des Gymnasiums, eine Berufsausbildung,
das Erwachsenenalter, etc.).

Betrachte dich aufmerksam im Spiegel.

Dieser Sucher/diese Sucherin bin ich selbst.
Hier sind meine Hände (strecke sie vor),
mein Herz (lege beide Hände auf dein Herz) *und mein*
eigenes wahres Selbst (strecke die Arme aus und
drehe die Handflächen nach oben, als würdest
du etwas tragen). *Ich bitte um euren (deinen) Segen*
für meine Reise der Transformation (hebe die Arme,
noch immer mit nach oben weisenden Handflächen,
zum Himmel empor).

Schließe die Augen und spüre die Liebe des Universums, das dich umgibt. Dann, wenn du dieses Gefühl eine Weile genossen hast, öffne die Augen wieder.

Schaue nun auf die Reflexion der Kerze im Spiegel und bitte den Großen Geist (oder Herrn und Herrin) um die Segnungen und Gaben, die du während der Vorbereitung auf dem Blatt Papier notiert hast. Nimm dir dafür genug Zeit. Nenne einen Wunsch nach dem anderen. Konzentriere deine ganze Willenskraft auf die Verwirklichung, während du in die Kerzenflamme starrst. Wenn du fertig bist, atme tief durch und entspanne dich. Halte deine Hand über das Geschenk, das du für dich vorbereitet hast. Bitte den Großen Geist, dieses Geschenk zu segnen, damit es von der besonderen Macht der universellen Liebe durchdrungen wird.

Teil drei: Danke dem Großen Geist (oder Herrn und Herrin) für ihre Gegenwart und ihre Gaben. Beginne in der Mitte des Kreises, gehe entgegen dem Uhrzeigersinn von der Mitte spiralförmig nach außen und sprich dabei:

Kehre zurück aus dem Kreis, kehre dorthin zurück,
woher du kamst, zu den Elementen,
zum Tagesanbruch.
Mit den Segnungen des Friedens, mit Freude und Liebe,
kehre zurück zu unserer Herrin,
die uns von oben zulächelt.

Einige Anmerkungen zu unserem Bild im Spiegel: Manchmal haben wir Angst davor, in den Spiegel zu schauen, weil uns nicht gefällt, was wir dort erblicken (einen Pickel auf der Nase, zum Beispiel, oder dass wir nicht wie ein Filmstar oder ein Actionheld gebaut sind). Statt dir zu wünschen, du wärst jemand anders, solltest du dir klar machen, dass du dir diesen Körper, diese Augen und dieses Haar aus gutem Grund ausgesucht hast, und zwar bevor du hierher auf die irdische Realitätsebene gekommen bist. Ja, ja, ich weiß über Gene und all diesen Kram Bescheid. Aber viele Hexen glauben, dass unser Leben nicht von genetischen Zufällen bestimmt wird, sondern dass wir vielmehr selbst die Kontrolle darüber haben, wer und was wir sind. Wenn du dir also vor der Geburt einen Körper mit solchen Hüften ausgesucht hast, dann gab es dafür einen guten Grund. Wenn du dich für glattes Haar statt für Locken entschieden hast, so ist auch das Teil deiner inneren Weisheit. Wenn man berücksichtigt, dass jedes Elternpaar aus seinem genetischen Code über 10 000 Variationen hervorbringen kann, ist dieser Glaube der Hexen gar nicht so weit hergeholt. Es ist okay, sich selbst verbessern zu wollen – schließlich sind wir ja aus diesem Grund hier auf der Erde – um zu lernen, uns weiterzuentwickeln und etwas Besonderes aus uns zu machen. Das bedeutet aber keineswegs, dass du dich selbst fertig machen sollst, weil du glaubst, nicht so attraktiv wie Martin oder so hübsch wie Lisa zu sein. Du hast hier auf Erden Wichtigeres zu tun! Davon abgesehen – ist dir nie der Gedanke gekommen, dass du das hübsche Grübchen in deinem Kinn oder deine Sommersprossen oder außergewöhnliche Ohren hast, damit die wichtigsten Menschen in diesem Leben dich erkennen? Das meine ich durchaus ernst. Manche Hexen sind der Auffassung, dass wir uns bestimmte körperliche Merkmale als vorher vereinbarte Erkennungszeichen auswählen, damit wir einander hier auf der irdischen Ebene wiederfinden. Natürlich musst du das nicht glauben, aber es ist doch eine interessante Idee, oder nicht?

Tod

Hexen wissen, dass Menschen oder Haustiere, die uns nahe gestanden haben, nach ihrem Tod immer noch in der Lage sind, uns zu hören und bei uns zu sein. Das bedeutet nicht, dass sie »festhängen« und nicht weiterreisen können. Es heißt nur, dass der Große Geist den Verstorbenen die Fähigkeit verleiht, ihren Hinterbliebenen Liebe und Unterstützung zukommen zu lassen, bis sie mit dem Herzen erkennen können, dass der Tod nicht das letzte Kapitel ist, sondern ein neuer Anfang. Die meisten Hexen glauben, dass die Seele des Verstorbenen, wenn sie sich von ihren Angehörigen verabschiedet hat, zu einem unvorstellbar schönen Ort reist, der das Sommerland genannt wird. Im Sommerland kommen wir wieder zu Kräften, lassen unser vergangenes Leben noch einmal Revue passieren, vertiefen unsere Erkenntnis und treffen die Entscheidung, ob wir erneut auf die Erdebene zurückkehren wollen oder nicht. Den Glauben an diesen heiligen Lebenszyklus aus Geburt, Leben, Tod und Wiedergeburt nennt man Reinkarnation.

Im Umgang mit dem Tod benötigen die Hinterbliebenen eine Art von Abschluss, vor allem, wenn der Tod plötzlich und unerwartet eintrat. Manche Leute sind der Ansicht, dass es nach dem Tod für die Verstorbenen eine Ruhephase gibt, während der sie nicht in der Lage sind, mit den Lebenden zu kommunizieren. Diese Phase kann unterschiedlich lange dauern. Die emotionale Verfassung der Hinterbliebenen spielt dabei ebenfalls eine Rolle. Wenn du nach dem Tod einer dir nahe stehenden Person in sehr schlechter nervlicher Verfassung bist oder glaubst, dass der Tod das Ende und es völlig unmöglich ist, mit Verstorbenen in Kontakt zu treten, wird es für den verstorbenen Menschen schwer sein, mit dir Verbindung aufzunehmen, und es kann sehr lange dauern, bis er zu dir durchdringt.

Der Umgang mit dem Tod lässt in der amerikanischen Gesellschaft sehr zu wünschen übrig. Zwar schauen wir uns in Kino und Fernsehen ständig Mord und Totschlag an und lesen ganze Lastwagenladungen von Krimis und Horrorromanen, aber wenn uns der Tod in unserem persönlichen Umfeld begegnet, wissen wir nicht, wie wir uns verhalten sollen. Manche Wiccas besitzen Ahnenaltäre oder Schreine, wo sie ihren verstorbenen Freunden und Verwandten regelmäßig Ehre erweisen. Mein Schrein ist ein Regal auf meinem Schreibtisch, auf dem ich mehrere Fotos aufbewahre. An Samhain und zu anderen Zeiten im Jahr, wenn ich ein inneres Bedürfnis danach verspüre, zünde ich eine Kerze an und spreche ein Gebet für meine geliebten Verstorbenen, bejahe, dass sie in der geistigen Welt Liebe empfangen und sich positiv weiterentwickeln. Manchmal schaue ich mir die Fotografien auch einfach nur still an und gedenke all dessen, was ich diesen Menschen verdanke. Oder ich lege eine Süßigkeit oder eine Blume vor eines der Bilder. So werde ich immer wieder daran erinnert, dass es nur unsere guten Taten, die Liebe in unseren Herzen und unser Verhalten im Alltag sind, die bleiben, wenn wir eines Tages fortgehen.

Wicca ist eine Religion der Freiheit, und das zeigt sich auch an unseren Begräbnisriten und Abschiedszeremonien. Es gibt hierfür keine festen Regeln. Während in anderen Religionen schwarze Trauerkleidung üblich ist, tragen Wiccas normalerweise Weiß. Damit ehren wir den Großen Geist und wir ehren den Neuanfang, die neue Geburt des Verstorbenen.

Beerdigung und die Abschiedszeremonie, auch *Crossing* genannt, können zusammen stattfinden oder getrennt vollzogen werden. Bei der Beerdigung steht die Trauer der Hinterbliebenen im Mittelpunkt, während das Crossing dem Verstorbenen helfen soll, sicher seinen Weg auf die andere Seite des Schleiers zu finden. Dass die beiden Zeremonien oft getrennt stattfinden müssen liegt leider daran, dass die Familie eines Toten, auch wenn dieser eine Hexe war, oft einer anderen Religion anhängt und darauf besteht, die Beisetzung nach ihren Regeln durchzuführen. In diesem Fall wird das Crossing unabhängig von der Beerdigung von den Mitgliedern des Covens durchgeführt und im Beisein naher Freunde, die kein Problem mit der Religion des Verstorbenen haben. Manchmal werden Wiccas mit ihrem Maß, das bei der Initiation genommen wurde, den originalen Kerzenstummeln von jener Zeremonie und einigen ihrer magischen Lieblings-Werkzeuge bestattet.

Crossings finden auch statt, um Verstorbene zu ehren. Deine Tante war vielleicht keine Wicca, aber du möchtest trotzdem gerne ein Ritual abhalten, mit dem du ihr ganz persönlich und privat die letzte Ehre erweist.

Das nachfolgende Ritual dient dazu, dir selbst, deiner Familie und deinen Freunden dabei zu helfen, mit dem Verlust eines geliebten Menschen (oder Haustiers) fertig zu werden. Ein vollständiges Begräbnisritual und ein Crossing-Ritual findest du in meinem Buch *Halloween*.

Erinnerungszeremonie

Geeigneter Zeitpunkt: Das liegt ganz bei dir. Geh am besten danach, wann du selbst dich innerlich bereit dazu fühlst. In manchen Coven wird der Vollmond bevorzugt, während andere den Neumond geeigneter finden. Wenn das richtige magische Timing dir sehr wichtig ist, solltest du die folgenden Vorschläge in Erwägung ziehen:

1. Wenn der Mond in den Fischen steht (mit Jupiter und Neptun als Herrscher; die Energien beider Planeten gelten als spirituell).
2. In der Stunde des Jupiter, der Venus oder des Mondes.

(Informationen dazu findest du im Abschnitt über Astrologie in *Das Zauberbuch der Freien Hexe – Übung & Meisterschaft,* wo die Berechnung der Planetenstunden erläutert wird.)

3. Am Montag (Mond), Donnerstag (Jupiter) oder Freitag (Venus).

Benötigte Materialien: eine Glocke (oder Trommel); eine Kerze (in der Lieblingsfarbe der verstorbenen Person) für den Altar; acht Votivkerzen für die acht Festtage auf dem Rad des Jahres (siehe Diagramm auf S. 171); eine Räucherkerze (sie wird als Erste angezündet); die Lieblingsblumen der verstorbenen Person; ihr Lieblingsgetränk und ihre Lieblingsspeise. Halte Papiertaschentücher bereit (es ist vollkommen gesund und natürlich, bei dieser Zeremonie zu weinen). Wähle Musik aus, wenn du das angemessen findest. Lege nach Möglichkeit weiße Kleidung an. Schreibe die Namen der Verwandten und Freunde der verstorbenen Person auf eine Liste (wozu du diese Liste benötigst, erkläre ich dir später). **Wenn gewünscht:** Kerzen zur Beleuchtung.

Vorbereitung: Reinige den Raum mit Hilfe der vier Elemente. Statte den Altar mit den von dir bevorzugten magischen Wicca-Werkzeugen aus. Platziere den Kessel (für die Transformation) in der Mitte des Altars. Stell die Blumen, die Kerze für den Toten, die Räucherkerze, die Fotografie und die Speise auf den Altar oder einen Tisch. Verteile die Votivkerzen auf die dafür vorgesehenen Plätze im Raum (du kannst Platzkarten hinzustellen, auf denen notiert ist, welche Kerze für welchen Festtag steht), oder stell alles zusammen auf einen großen Tisch, wobei dann der Tisch selbst zum Altar wird. Weihe den Altar durch ein Gebet, zünde die Räucherkerze an, vermische dann die Energien auf dem Altar mit deinen Händen. Versiegele den Altar, indem du ein gleicharmiges Kreuz darüber in die Luft zeichnest.

Das Ritual: Zünde die Beleuchtungskerzen an. Beschwöre den magischen Kreis und rufe die Kreisviertel an. Wenn mehrere Personen am Ritual teilnehmen, stellt euch im Kreis auf und haltet euch bei den Händen. Nun folgt die Anrufung des Herrn und der Herrin. Hierzu kannst du einen der Anrufungstexte aus diesem Buch verwenden oder einen Text, den du selbst geschrieben hast.

Stell dich vor das Bild der verstorbenen Person und sprich:

Wie sich das Rad des Jahres langsam dreht
und uns mit dem Wunder des ewigen Wandels beschenkt,
so dreht sich auch unser menschlicher Zyklus
von Leben, Tod und Wiedergeburt
und ermöglicht es uns, unsere Bestimmung zu erfüllen.

Sprich den Namen der Person dreimal laut aus. Sage dann:

Auch wenn du hinter den Schleier gegangen bist,
wissen wir doch, dass wir dir unseren Segen senden können.

Zünde jede der Sabbatkerzen an, wiederhole den Namen des jeweiligen Sabbats laut und benenne dann ein Geschenk, das du dem/der geliebten Verstorbenen durch die Flamme der jeweiligen Kerze übermittelst – zum Beispiel Liebe, Frieden, Harmonie, Ruhe, Glück, eine sichere

Reise. Gehe dabei folgendermaßen vor: Zünde die Jul-Kerze an der Räucherkerze an. Trage die Räucherkerze im Uhrzeigersinn um den Kreis und stell sie auf den Altar. Stell dich dann vor die Jul-Kerze und sprich den Jul-Segen (siehe Seite 282). Zünde dann mit der Jul-Kerze die Lichtmess-/Weihnachtskerze an. Trage die Jul-Kerze im Uhrzeigersinn um den Kreis und stelle sie danach wieder an der Jul-Position auf. Stell dich vor die Weihnachtskerze und sprich den Segen, gehe dann zur Ostara-Kerze und so weiter. Auf diese Weise wird jede Sabbat-Kerze mit der vorherigen angezündet, wobei du mit Jul beginnst und dann im Uhrzeigersinn im Kreis vorangehst. Dadurch wird die Energie, die du der verstorbenen Person übermitteln willst, systematisch und stark aufgebaut. Folgende Segensgebete kannst du bei den einzelnen Sabbaten sprechen:

Jul: Möge die Liebe des Göttlichen dich begleiten.
Lichtmess: Möge dein geistiger Führer ein Licht auf deinem Weg sein.
Ostara: Mögest du in deiner Wiedergeburt Freude finden.
Beltane: Mögen unsere Liebe und unsere Gebete dich erreichen.
Mittsommer: Mögest du Weisheit und Kraft erlangen.
Lammas: Mögest du die Fähigkeit zu umfassender Vergebung finden.
Mabon: Mögest du von allem Unglück gereinigt werden.
Samhain: Mögest du in Frieden ruhen.

Nimm die Samhain-Kerze und stell dich vor den Altar. Bitte den Großen Geist mit deinen eigenen Worten, der verstorbenen Person (oder dem verstorbenen Tier) deinen Segen zu übermitteln. Wenn es sich um ein Tier handelt, kannst du außerdem den spirituellen Hüter der Tiere herbeibitten, damit er die Seele des Tieres beschützt. Sprich den Namen des Verstorbenen dreimal laut aus, zünde dann mit der Samhain-Kerze die Kerze vor dessen Foto an und visualisiere, dass alle Energie und aller Segen, die in dem Ritual aufgebaut wurden, nun zu dem/der Toten übermittelt und von ihm/ihr mit offenen Armen empfangen werden.

Wenn du die verstorbene Person in den Bereich deiner persönlichen Ahnen geleiten möchtest, beginne nun mit der Opferzeremonie, indem du deine Ahnenlinie aufzählst und den Namen der Person auf die Liste setzt. Gib bei jedem Namen, den du nennst, etwas heiliges Wasser in den Kessel. Wenn du den Toten/die Tote nicht in dein Ahnen-Pantheon einreihen möchtest, zähle die Namen deiner Ahnen auf, ohne den Namen des Toten der Liste hinzuzufügen – dann wird dessen Name erst später genannt (siehe unten). Wenn du diese Zeremonie für andere Leute abhältst (beispielsweise für die Familie eines Freundes), benötigst du eine Liste von deren Ahnenlinie, die du dann an dieser Stelle des Rituals verliest. Die Litanei könnte folgendermaßen lauten:

Ich ehre meinen Urgroßvater Wilhelm Meier.
Ich ehre meine Urgroßmutter Wilhelmine Meier.
Ich ehre meinen Urgroßvater Richard Schmidt.
Ich ehre meine Urgroßmutter Emma Schmidt.
Ich ehre meine Großmutter Christine Baumann.
Ich ehre meine Großmutter Luise Müller.
Ich ehre meinen Onkel Stefan Baumann.
Ich ehre meinen Hund Bello.
Ich ehre den Herrn und die Herrin.
Mögen sie unablässig fortfahren, die Lebenden und die Toten zu segnen und zu beschützen.

Gieße nun das Lieblingsgetränk des Verstorbenen in den Kessel und sprich seinen Namen aus. (Wenn du die verstorbene Person in dein Ahnen-Pantheon aufgenommen hast, ist es das zweite Mal, dass du den Namen nennst.) Zum Beispiel: *Ich ehre meinen Freund Patrick Lindemann. Möge der Große Geist ihm diese Ehrenbekundung übermitteln. So sei es.*

Anschließend dankst du dem Großen Geist (und dem Hüter der Tiere, wenn die Zeremonie einem verstorbenen Tier gilt), entlässt die Kreisviertel und hebst den Kreis auf. Lege Speise und Blumen im Freien aus. Gieße den Inhalt des Kessels auf die Erde. Wenn möglich, lass die Kerze(n) ganz herunterbrennen. Wenn deine Eltern es nicht erlauben, dass du allein Kerzen im Haus anzündest, sind sie vielleicht einverstanden, bei dir zu sitzen und zuzusehen, während du die Zeremonie durchführst.

Sind unsere Verstorbenen wirklich nicht mehr da?

Doch, sie sind es, auch wenn es nicht so zu sein scheint. Offensichtlich sind sie in der physischen Welt nicht mehr gegenwärtig, aber das bedeutet nicht, dass sie nicht mit dir kommunizieren und dir helfen können, wenn du in Schwierigkeiten steckst. Vielleicht hast du einen Traum, der dir vermittelt, dass sie wohlauf sind, oder du erhältst ein Geschenk, das dich an sie erinnert, riechst plötzlich den Duft ihres Parfüms oder Rasierwassers im Zimmer oder musst ganz unvermittelt an sie denken. Diese Kommunikation mit den Verstorbenen ist ganz ohne Zweifel real. Wenn du den Mund aufmachst und mit ihnen sprichst, werden sie dich hören. Das beste und faszinierendste Buch, das ich je zu diesem Thema gelesen habe, ist *Die Reisen der Seele* von Dr. Michael Newton. Ich empfehle es allen, die einen geliebten Menschen verloren haben.

Tod eines Haustiers

Das Sterben eines geliebten Haustiers geschieht meist zu Hause und ist nur schwer zu ertragen. Es schafft Probleme, mit denen die Menschen unserer Zeit oft gar nicht vertraut sind. Wenn ein Mensch stirbt, geschieht das häufig im Krankenhaus oder an einem anderen Ort. Ein Haustier, vor allem, wenn es ein geselliges Wesen hat, wird sich zumeist dafür entscheiden, hinüberzugehen, während du oder andere Mitglieder deines Haushalts anwesend sind. Von manchen Tieren weiß man, dass sie trotz schweren Leidens ausharrten, bis ihre menschlichen Freunde aus dem Urlaub zurückkehrten. Mitzuerleben, wie ein Tier in die nächste Welt weiterreist, kann erschreckend und belastend sein. Wir fühlen uns sehr tief mit unseren Haustieren verbunden, und wenn sie sterben, kann das genauso schmerzhaft sein wie der Verlust eines geliebten Freundes oder eines Kindes. Wir spüren, dass wir nichts mehr tun können, und dann brechen mitunter Wut und Frustrationsgefühle über uns herein wie eine Lawine und belasten uns über Wochen, Monate, manchmal sogar Jahre, je nachdem, welchen Platz das Tier in unserem Leben einnahm. Einen solchen Verlust muss jeder Mensch auf seine Weise verarbeiten. Hierfür gibt es kein Patentrezept. Wir alle müssen lernen, den Zyklus des Lebens zu verstehen und zu akzeptieren.

Viele Eltern schirmen ihre Kinder vom Tod nahe stehender Menschen oder der Haustiere ab, aber nun, wo du älter und erwachsener bist, möchtest du vielleicht bei einem Sterbefall anwesend sein. Heute sind viele Tierärzte bereit, ins Haus zu kommen und einem schwerkranken Tier auf seiner Reise hinter den Schleier beizustehen. Das Wichtigste, was du dabei tun kannst, ist, dem Tier mental (oder laut, wenn du dazu in der Lage bist) zu sagen, dass es in Ordnung ist, in die nächste Welt weiterzureisen. Sende ihm liebevolle Energie und hab den Mut, auf Wiedersehen zu sagen. In einem solchen Moment zu weinen ist weder kindisch noch dumm. Manche Hexen verbrennen Salbei, um einen heiligen Raum zu erschaffen, und zünden weiße Kerzen an, um dem Tier bei seiner Reise zu helfen. Wenn du aber zu aufgeregt und mitgenommen bist, um dich um diese Dinge zu kümmern, ist das auch in Ordnung und du brauchst dir deshalb keine Vorwürfe zu machen. Das Tier wird seinen Weg schon finden, unabhängig davon, was du selbst dazu tust. Wenn du dich sehr schwach fühlst oder glaubst, völlig die Fassung zu verlieren, atme tief durch und bitte still um Beistand.

Als mein geliebtes Shetlandpony starb, hatte ich das Gefühl, vor Schmerz wahnsinnig zu werden, aber für meine Kinder wollte ich stark sein. Ich atmete tief durch und bat den Großen Geist um Hilfe – denn die hatte ich damals wirklich nötig! Sofort durchströmte mich die reinste, liebevollste Energie, die ich jemals erfahren habe. Dies ermöglichte es mir, meine Emotionen in den Griff zu bekommen und meinen Kindern durch diese schwere Zeit zu helfen.

Deine Familie kann in einer solchen Situation entweder sehr unterstützend sein oder sich scheinbar völlig gefühllos verhalten. Wenn sie wenig Mitgefühl zeigen, liegt das vielleicht daran, dass sie nicht verstehen, wie verzweifelt du bist. Oder sie wissen selbst nicht, wie sie mit dem Tod des geliebten vierbeinigen Freundes fertig werden sollen. Die unterschiedlichsten Reaktionen können auftreten, von Tränen und Streitigkeiten bis zu albernem Benehmen oder dummen Bemerkungen wie: »Aber, Richard, es ist doch bloß eine doofe Ratte!« Die Reaktionen anderer Menschen angesichts des Todes kannst du nicht ändern, aber du selbst kannst ein schönes Bild des verstorbenen Tieres in deinem Herzen bewahren und visualisieren, dass es auf seiner Weiterreise von Licht und Liebe begleitet wird. Der Tod ist nichts Schreckliches, sondern nur eine Tür, hinter der Schönheit und Frieden die Seele erwarten.

Wenn das Tier seine Reise angetreten hat, wirst du seinen Körper begraben wollen. Eltern werden oft versuchen, dir das Tier schnell wegzunehmen, wofür sie gute Gründe haben können. Vor allem möchten sie dich und deine Gefühle schützen. Je länger das Tier sichtbar ist, desto schwerer wird es emotional für dich und damit auch für deine Eltern, denn sie sind nicht nur wegen des Tieres aufgeregt, sondern auch wegen des Schmerzes, der dir dadurch entsteht. Deine Eltern möchten dich beschützen, und das ist völlig berechtigt. Wenn eines deiner jüngeren Geschwister ein Tier verliert, solltest du bedenken, dass kleine Kinder es gewohnt sind, Stofftiere festzuhalten, und deshalb vielleicht auch den toten Körper des Haustiers aufbewahren möchten wie ein Stofftier. Mach ihnen behutsam klar, dass die Seele des Tieres nicht länger in dem Körper anwesend ist, und lass ihnen genug Zeit, sich physisch und emotional von dem vierbeinigen Spielgefährten zu verabschieden. Vielleicht erscheint dir dieser Gedanke seltsam, aber ich glaube, dass der Große Geist den Körper so erschaffen hat, dass er sich nach dem Tod schnell zersetzt, damit wir nicht in den Fehler verfallen, den Körper für das eigentlich Wesentliche eines Menschen oder Tieres zu halten. Das kann ein weiterer Grund dafür sein, warum Eltern größere Tiere (Katzen und Hunde) sofort nach deren Tod wegbringen möchten. Vielleicht bestehen deine Eltern darauf, das Tier allein zu begraben, oder aber sie erlauben dir, an der Beerdigung teilzunehmen. Es ist hilfreich, die Lieblingsspielzeuge des Tieres zusammen mit seinem Körper zu vergraben. Du kannst gleich bei der Bestattung persönlich Abschied nehmen, oder später, wenn der Körper bereits vergraben ist, eine kleine Zeremonie durchführen, je nachdem, wobei du dich besser fühlst.

Manchmal wird dein Haustier nach ein paar Tagen oder Wochen noch einmal zurückkommen, in Form einiger besonders klarer Erinnerungen, einem vertrauten Bellen oder einem anderen Laut, oder du hast für einen Moment den Eindruck, dein Tier an einem seiner gewohnten Plätze zu sehen. Vielleicht erscheint es dir auch in einem besonders lebhaften Traum, in dem du siehst, dass es ihm gut geht. Solche Erlebnisse werden von den meisten Leuten zwar als Wunschdenken abgetan, doch viele Hexen glauben, dass ihr Haustier sie auf diese Weise wissen lassen möchte, dass mit ihm jetzt nach seinem physischen Tod alles in Ordnung ist und sie sich keine Sorgen machen müssen.

Einfache Abschiedszeremonie für ein Haustier
(zu Ehren von Buddy, der Ratte)

Benötigte Materialien: eine purpurfarbene Kerze; heiliges Wasser; ein Stück Marzipanschokolade; ein Lieblingsspielzeug des Tieres; einige Stängel frische Minze.
Hinweis: Purpur ist die Farbe, die mit den Toten assoziiert wird. Die Marzipanschokolade mit der schwarzen Schokolade außen und der weißen Marzipanfüllung

steht für die Dunkelheit vor der ersten Mutter und das Licht des Großen Geistes. (Nehmen wir einmal an, dass sie außerdem die Lieblingsknabberei unserer Ratte war.) Die Minze dient dazu, negative Energie zu bannen und die Seele des gestorbenen Tieres auf ihrer Reise ins Sommerland zu beschützen.

Anleitung: Binde die Minzestängel mit einem Faden oder einem Gummi zu einem Bund zusammen. Zerdrücke die Minze ein wenig in deiner Hand. Tauche die Minzeblätter in das heilige Wasser und besprenge damit den Altar. Besprenge dann den Raum im Uhrzeigersinn. Kehre zum Altar zurück. Besprenge vorsichtig die Kerze, ohne dass der Docht dabei nass wird. Halte die Kerze in den Händen und schließe die Augen. Denk an dein Tier und stell es dir in einer Umgebung vor, in der es sich wohl gefühlt hat. Visualisiere, dass es umgeben ist von seinem Lieblingsfutter und seinen Lieblingsspielzeugen. Mach dir bewusst, dass dein Tier in den Armen der Göttin und des Gottes sicher und geborgen ist. Strahle bewusst liebevolle Energie auf die Kerze aus. Atme tief durch, entspanne dich und öffne die Augen. Stell die Kerze auf den Altar zurück, zünde sie an und sprich:

Ich liebe dich und lasse deine Seele
jetzt zu dem glücklichen,
liebevollen Ort ziehen, wo sie hingehört.

Lass die Kerze vollständig herunterbrennen. Vergrabe Minze, Kerzenstummel, Schokolade und Spielzeug in deinem Garten oder lege sie dem Tier auf das Grab.

Am Tag nach dem Tod deines Tieres kann es sein, dass du dich körperlich unwohl fühlst. Vielleicht leidest du unter Kopfschmerzen oder Magenbeschwerden, fühlst dich matt, möchtest nichts als schlafen oder bist einfach nur traurig. Vielleicht hast du auch das Gefühl, durch eine Traumwelt zu laufen. Diese Dinge sind völlig natürlich und werden rasch vorbeigehen.

Zum Schluss möchte ich dir einen Gedanken weitergeben, den du annehmen kannst oder auch nicht. Den Forschungen Dr. Michael Newtons zufolge, von denen er in seinem Buch *Die Abenteuer der Seelen* berichtet, ist es sehr gut möglich, dass du selbst drüben auf der anderen Seite warst, um dein Tier dort zu begrüßen. Dr. Newton glaubt, dass zwar ein großer Teil unseres spirituellen Wesens in unserem physischen Körper auf der Erde zentriert ist, es aber auch einen Wesensteil von uns gibt, der immer auf der anderen Seite präsent ist und unsere Verbindung dorthin aufrechterhält. Zu diesem Schluss gelangte er, nachdem er Hunderte von Versuchspersonen unter Hypnose interviewt hatte. Er fand heraus, dass Ehefrauen und -männer und andere Verwandte, die noch unter den Lebenden weilen, manchmal auf der anderen Seite erscheinen, um frisch Verstorbene zu begrüßen. Wenn das tatsächlich zutrifft, dann steht dein Haustier auch weiterhin mit deiner liebevollen Energie in Verbindung und musste seine Reise hinter den Schleier nicht allein bewältigen. Du warst dort und hast es auf der anderen Seite willkommen geheißen.

Ritual für bestandene Prüfungen und Examen

Benötigte Materialien: Wähle eine Kerze in deiner Lieblingsfarbe oder, wenn du ein Astrologie-Fan bist, in der Farbe des Planeten, der am Tag deiner Geburt herrschte. Ich wurde an einem Dienstag geboren, also ist Rot meine

Kraft-Farbe. Wenn du weißt, an welchem Wochentag du geboren wurdest, kannst du deine Kraft-Farbe der nachfolgenden Auflistung entnehmen:

Sonntag: Gelb oder Gold
Montag: Weiß oder Blau
Dienstag: Rot
Mittwoch: Blau oder Silber
Donnerstag: Purpur
Freitag: Grün
Samstag: Schwarz oder Mitternachtsblau.

Außerdem brauchst du einen Gegenstand, der für die bestandene Prüfung steht. Das kann ein Zeugnis sein, eine Medaille oder dergleichen. Des Weiteren benötigst du zwei Bögen selbstklebende Klarsichtfolie, die normalerweise benutzt wird, um Dokumente, Fotos, Karten, etc. zu schützen (solche Folien bekommst du in Schreibwarengeschäften); eine gefaltete Karte, auf der du dir selbst Erfolg wünschst; eine getrocknete Blume in deiner Kraft-Farbe; ein Foto von dir; ein Pentagramm auf einem großen Keramikteller – es kann mit Mehl gestreut oder aufgemalt sein –, oder das Bild eines Pentagramms auf einem DIN-A4-Blatt; deinen Lieblingsweihrauch und eine Schere.

Der richtige Zeitpunkt: Vollmond (symbolisiert die Ernte) oder Neumond (als Symbol für Anfänge).

Vorbereitung: Reinige, weihe und lade alle Hilfsmittel auf (mehr dazu in *Das Zauberbuch der Freien Hexe – Zauberkraft im Alltag*). Wenn du Mehl benutzt, ist es besser, das Ritual im Freien durchzuführen, wo du mit dem Mehl ein großes Pentagramm auf den Boden malen kannst. Wenn du den Pentagramm-Teller oder ein auf ein Blatt Papier gemaltes Pentagramm benutzt, kannst du deinen kleinen Altar zu Hause benutzen. Lege das, was die bestandene Prüfung oder den sonstigen errungenen Erfolg repräsentiert, in die Mitte des Pentagramms (das Zeugnis, die Medaille oder dergleichen). Stelle die Kraft-Kerze an die obere Spitze des Pentagramms. Schreibe einen wohlüberlegten geheimen Wunsch auf die Innenseite der gefalteten Erfolgskarte.

Ritual: Entzünde den Weihrauch und trage ihn im Kreis durch das Zimmer oder den geheiligten Bereich im Freien. Nun folgt die Beschwörung des magischen Kreises und die Anrufung der Kreisviertel. Stell dich ins Zentrum deines Pentagramms (im Freien; im Zimmer in die Mitte des beschworenen Kreises) und nimm die Gotteshaltung ein.

Konzentriere dich auf das geistige Bild des Gottes und spüre, wie die Macht und Stärke des Meisters des Universums dich durchströmt. Atme tief durch und öffne die Augen. Nimm die Göttinnenhaltung ein und breite die Arme aus, um die Gaben und den Zauber der Meisterin des Universums zu empfangen. Spüre, wie die Energie der Herrin sich durch deinen Körper bewegt. Atme tief durch und senke die Arme, werde dir voller Freude deiner Verbundenheit mit allem, was ist, bewusst.

Halte die Kraft-Kerze in den Händen und denke über deinen errungenen Erfolg nach. Sei stolz auf dich! Glaube fest daran, dass ein freudvoller Weg, reich an Chancen und guten Gelegenheiten, vor dir liegt. Zünde die rote Kerze zu Ehren deines Erfolges an und zieh positive Zukunftsenergien zu dir heran.

Entferne das Schutzpapier von einer der beiden Klebefolien. Arrangiere die Karte, die Blume und dein Foto kunstvoll auf der klebenden Seite der Folie. Ziehe dann von der zweiten Folie ebenfalls das Schutzpapier ab und decke deine Kreation mit ihr ab (klebrige Seite nach unten). Nun hast du dir einen magischen Erfolgsbrief erschaffen. Streiche die Folien sorgfältig glatt, bis alle Luftblasen verschwunden sind, und stell dir dabei vor, dass du damit auch alle Unebenheiten auf dem Weg, der vor dir liegt, beseitigst. Wenn du fertig bist, danke der Gottheit für den Erfolg, den du errungen hast, und die Hilfe, die dir dabei zuteil wurde. Vergiss nicht, um künftigen Erfolg für dich selbst und alle zu bitten, die dich unterstützt haben. Entlasse die Kreisviertel und hebe den Kreis auf. Lass die Kerze nach Möglichkeit ganz herunterbrennen und vergrabe den Stummel irgendwo in deinem Garten. Bewahre deinen magischen Erfolgsbrief gut auf.

Wenn du in deinem Leben den nächsten Meilenstein erreichst, wiederholst du die Zeremonie und stellst dir einen neuen Erfolgsbrief her. Loche beide Briefe am oberen Ende und binde sie zusammen. Verwende dazu ein Band in deiner Kraft-Farbe. Mit der Zeit werden immer mehr Briefe zusammenkommen und dir mit vereinter Energie helfen, das Leben zu verwirklichen, das du dir wünschst.

Wiccan Rede – Das Glaubensbekenntnis der Hexen

Bei deiner Beschäftigung mit magischer Spiritualität wirst du häufig auf folgende Regel stoßen: *Acht Worte erfüllen das Wicca-Gesetz: Wenn es niemandem schadet, tu, was du willst.* Obgleich Gerald B. Gardner behauptete, dass dieses Glaubensbekenntnis auf den Worten des legendären guten Königs Paulsol beruhe – »tu, was du willst, solange du niemandem Schaden dabei zufügst«[63] –, ist es eher wahrscheinlich, dass diese Regel wie andere Teile des Gardnerschen Materials Crowleys Gesetz von Thelema entlehnt ist: »Tu, was du willst, soll sein das ganze Gesetz.« Crowley wiederum griff auf das Wissen magischer Logen zurück, die im späten achtzehnten und frühen neunzehnten Jahrhundert in Europa populär gewesen waren. Und diese beriefen sich auf magische Texte aus dem alten Ägypten, die auf die Zeit um 3000 v. Chr. zurückgehen[64]. Allerdings herrscht bezüglich der Datierung Uneinigkeit. Manche Historiker datieren diese Texte auf 1600 v. Chr., während andere die Pyramiden-Texte von 2500 v. Chr. hinzunehmen, die höchstwahrscheinlich Wissen aus noch älteren Quellen enthalten. Selbst wenn man von der jüngsten Datierung, 1600 v. Chr., ausgeht, sind diese Worte aber doch ganz schön alt.

Im magischen/religiösen System der Ägypter wurde die Magie (wie in unserer Hexenreligion) weder als gut noch als böse angesehen. Wenn jemand sich einer Herausforderung gegenübersah, wurde diese unverzüglich mit gleicher Münze beantwortet, ohne dass man sich Sorgen machte, deswegen später verdammt zu werden. *Tu, was du willst* hieß, dass man unbedingt seiner Mission im Leben folgen sollte. Von den alten Ägyptern stammt auch diese magische Weisheit: *Es gibt nichts an uns, das nicht göttlich wäre.* Griechische Heiden sagten: *Dem Reinen sind alle Dinge rein.* Damit ist gemeint, dass ein spirituell erleuchteter Mensch über den kleinen täglichen Ärgernissen steht. Ab einer gewissen spirituellen Entwicklungsstufe lässt man religiöse Dogmen und auch die manchmal irregeleiteten Vorstellungen der Gesellschaft hinter sich und erkennt die Bedeutung des eigenen wahren Willens.[65]

Wenn du den Grundsatz »schade niemandem« ganz wörtlich nimmst, ergibt sich allerdings das Problem, dass du niemals Polizist, Soldat, Geschworener oder Richter werden darfst. Auch könntest du nicht gegen diskriminierendes Verhalten vorgehen, sexuellen Missbrauch und Gewalt bekämpfen oder dafür sorgen, dass der Blödmann, der dir die Autoscheibe eingeschlagen hat, von der Polizei zur Rechenschaft gezogen wird.

Manche Hexen-Neulinge stoßen sich an dieser Regel. Und tatsächlich gibt es Leute, die nie die Furcht ablegen, sie würden irgendwie dem Universum ins Handwerk pfuschen, wenn Sie Magie betreiben. Dabei pfuschen wir ohnehin schon mit jedem unserer Gedanken dem Universum ins Handwerk (schließlich gibt es ein kollektives Unbewusstes und die Gesetze der Quantenphysik), weswegen es viel klüger ist, konzentriert und zielgerichtet Magie zu betreiben, statt die eigenen Gedanken einfach unkontrolliert herumschwirren zu lassen. Wir Menschen sind hier, um zu erschaffen. Wir haben unsere individuellen Talente aus gutem Grund. Ich glaube nicht, dass wir dazu geboren sind, als träge »Couch Potatoes« zu Hause herumzusitzen. Es gibt Leute, die sich haufenweise Bücher über Hexerei, Okkultismus und Magie kaufen und lesen, lesen, lesen, aber aus Angst, sie könnten etwas falsch machen, selbst nie auch nur einen magischen Finger krümmen, sogar dann noch nicht, wenn ein Tornado auf ihr Haus zurast. Das ist eine Opfer-Mentalität, nicht die Haltung einer wahren, aktiven Hexe! Das Wort *Rede* stammt aus dem Altenglischen und bedeutet »führen oder lenken« – es bedeutet nicht »sich hinlegen und sich vom Leben überrollen lassen«.

»Schade niemandem«, ist ein moralischer, spiritueller Sound-Bite, habe ich neulich im Internet gelesen. Das trifft es ziemlich genau. Ein gutes Beispiel für eine realistische, lebensnahe Umsetzung dieses Prinzips wäre Karate, wo der Schüler lernt, Kämpfen nach Möglichkeit aus dem Weg zu gehen und seine Fähigkeiten nur einzusetzen, wenn dies unvermeidlich ist, um sein Zuhause, seine Familie oder Freunde zu beschützen. In den alten Gesetzen der Hexenzunft wurde den Schülern vermittelt, dass sie niemals angreifen sollten, aber jedes Recht hätten, sich selbst gegen Angriffe zu verteidigen, und zwar mit den jeweils wirkungsvollsten Mitteln. Falls bei dieser Verteidigung andere zu Schaden kamen, rangen sie deswegen nicht verzweifelt die Hände und sorgten sich um ihre Karma-Bilanz. Außerdem wurde ihnen beigebracht, bei ihrer Arbeit niemals Unschuldigen absichtlich Schaden zuzufügen, was bedeutete, alle notwendigen Vorsichtsmaßnahmen zu beachten.[66]

Wie die Rede funktioniert

Ich möchte dir anhand eines Beispiels zeigen, wie diese Regel zu verstehen ist. Mal angenommen, du und ein Mädchen namens Susanne wollt beide Schulsprecherinnen werden. Wenn du Susanne fertig machst, weil sie hübsch ist, reiche Eltern hat und höchstwahrscheinlich die Wahl gewinnen wird, weil sie ein guter Mensch ist, verstößt du damit gegen die »Schade niemandem«-Regel und wirst früher oder später die Quittung dafür bekommen. Wenn Susanne dagegen eine Schmutzkampagne gegen dich vom Zaun bricht, Lügen verbreitet und behauptet, du hättest ihre Wahlplakate von der Wand gerissen und würdest Drogen nehmen, obwohl das gar nicht stimmt, dann ist es dein gutes Recht, dich gegen diese unfaire Behandlung zur Wehr zu setzen. Denn wenn du nichts unternimmst, verstößt du ebenfalls gegen die »Schade niemandem«-Regel, weil du nämlich zulässt, dass dir selbst Schaden zugefügt wird. Aber auch in einer solchen Situation gelten für Hexen bestimmte Verhaltensregeln. Statt einfach Susanne zu attackieren (was für dich nachteilige karmische Folgen haben könnte), würdest du zunächst ein Ritual zu deinem Selbstschutz ausführen und dann einen Zauberspruch oder ein Ritual anwenden, das dazu dient, die Wahrheit ans Licht zu bringen.

Schadest du mit diesen magischen Handlungen Susanne? Nein. Du schützt dich lediglich vor der Negativität, die Susanne selbst in die Welt gesetzt hat. Du verweigerst die Annahme ihres hässlichen Pakets und schickst es ungeöffnet zu ihr zurück. In der Hexenkunst gilt: Was du erschaffst, folgt dir überallhin. Du bist stets für deine eigenen Handlungen verantwortlich und kannst die Schuld für dein Verhalten nicht anderen in die Schuhe schieben (weder den Lebenden noch den Toten, noch den Göttern). Christentum und Judentum haben ihre Sündenböcke (Satan und diverse andere Dämonen), in der Hexen-Religion dagegen gilt alle Negativität als von uns Menschen selbst verursacht, womit die Verantwortung dort platziert wird, wo sie hingehört: in unsere eigene Hand. Es kann durchaus sein, dass Alicia die Wahl gewinnt (vor allem, wenn du zu spät reagiert hast oder einfach erst einmal abwarten wolltest, wie die Dinge sich von selbst entwickeln – ein unter Umständen durchaus angemessenes und vernünftiges Verhalten). Doch früher oder später wird sie die Konsequenzen ihres Handelns zu spüren bekommen. Magie arbeitet nicht immer so schnell, wie wir es gerne hätten, was uns zeigt, dass der Große Geist seinem eigenen göttlichen Plan folgt, ungeachtet unserer Ungeduld. Vielleicht erfährst du erst Jahre später, dass Alicia ihre Quittung bekommen hat. Ich habe festgestellt, dass der Große Geist uns zumeist über solche Dinge informiert, besonders wenn wir emotional noch einen Strich unter eine alte Angelegenheit ziehen müssen. Aber vergeude nicht deine Zeit damit, auf eine solche Botschaft zu warten, und nähre in dir keinen Groll wegen alter Geschichten, von denen du dich schon längst hättest lösen sollen.

Andere Hexen befolgen die *Wiccan Rede,* indem sie in einem magischen Ritual ein Problem dem Großen Geist übergeben, womit sie sich selbst von jeder karmischen Verstrickung frei halten. (Karma bedeutet, dass auf jede Aktion eine adäquate Reaktion folgt.) Auch hier wird der Zauber praktiziert und das Ritual vollzogen, aber statt Alicia beim Namen zu nennen, konzentrieren sie sich auf geistige Harmonie und überlassen es dem Großen Geist, die möglicherweise erforderlichen harten Maßnahmen zu ergreifen – was keine schlechte Sache ist und in Zusammenhang mit der alchemistischen Transformation steht, auf die in diesem Buch an anderer Stelle eingegangen wird. Betrachte das Geschehen einmal auf alchemistische Art: Das Chaos (das Problem) konfrontiert dein Denken und wird durch Reinigung (die vom Großen Geist gelenkte Magie) hin zu einer positiven Veränderung gelenkt (der bestmöglichen Manifestation), da du mit unerschütterlicher Gewissheit an eine positive Entwicklung glaubst. (Im Kapitel *Zauberstab, Rute, Stange und Stab* findest du nähere Angaben dazu.) Daher brauchst du dir, wenn du in deiner Magie die alchemistische Formel der Transformation benutzt, wegen der Ethik keine Sorgen zu machen, da du die Angelegenheit dem Großen Geist überantwortest und damit deine Absicht reinigst.

Und schließlich gilt die *Wiccan Rede* auch für deinen Umgang mit Menschen aus anderen Glaubenssystemen.[67] So, wie ich Religion verstehe, geht es dabei nicht darum, die religiösen Überzeugungen anderer herabzuwürdigen, um sich selbst besser zu fühlen. Religion sollte ein System von Praktiken sein, die unsere spirituellen Bedürfnisse unterstützen. Wenn du Menschen anderen Glaubens beleidigst oder diskriminierst, handelst du damit deinen eigenen spirituellen Bedürfnissen zuwider. Wenn du dich so negativ verhältst, verkümmert deine Seele, und du hemmst und blockierst damit deine eigene spirituelle Entwicklung. Ich werde niemals den Glauben aufgeben, dass wir Hexen zu den physischen Engeln hier auf der irdischen Ebene gehören und dass es unsere Aufgabe ist, nicht nur unser eigenes Leben zu verbessern, sondern auch unseren Mitmenschen zu dienen, und zwar unabhängig von unseren eigenen und deren religiösen Überzeugungen. Ebenso gilt es als schändlich, sich einer Zunftschwester oder einem Zunftbruder gegenüber ehrlos zu verhalten. Dadurch setzt du dich der Gefahr aus, deine magischen Gaben wieder zu verlieren und obendrein alles Ansehen, das du dir in deiner magischen Gemeinschaft erworben hast. Wer sich gegen seine eigenen Leute wendet, verdient es nicht, zur Gemeinschaft zu gehören.

Viele heutige Hexenschüler kennen die *Rede* durch das Gedicht *Das Glaubensbekenntnis der Hexen* von Doreen Valiente. Es kann bei einem Sabbatritual nach der Kreisbeschwörung rezitiert werden. Den meisten modernen Wicca-Schülern sind die in dem Gedicht enthaltenen alchemistischen Anspielungen jedoch nicht bewusst. Wenn du den Abschnitt über Alchemie im Band *Zauberkraft im Alltag* dieser Reihe gelesen hast, der die Smaragd-Tafel und das Große Werk behandelt, wirst du genau verstehen, was Valiente meint, und dann wirst du nie wieder über die Ethik der *Wiccan Rede* diskutieren. (Die Anmerkungen zu Doreens Gedicht stehen in Klammern.)

Das Glaubensbekenntnis der Hexen (mit Kommentar)

Hört nun die Worte der Hexen,
Geheimnis gehütet während dunkler Zeit,
während grausamer Verfolgung, bitterem Leid,
das nun endlich wieder tritt ans Licht.

Die Mysterien von Wasser und Feuer,
(die Urenergien von Wasser und Feuer; in manchen Hexenzirkeln Eis und Feuer)
von Erde und himmlischer Luft,
in ihrer verborgenen Quintessenz
(spirituelle Energie – das fünfte Element, das in den alchemistischen Wissenschaften erstmalig benutzt wurde)
sind sie uns bekannt,
uns, die wir wollen und schweigen und wagen.
(bezieht sich auf die Hexenpyramide)

Die Geburt und Wiedergeburt aller Natur,
(das Rad des Jahres)
den Lauf von Winter und Frühling,
teilen wir mit dem universellen Leben,
und erfreuen uns am magischen Ring.
(dem magischen Kreis)

Viermal im Jahr kehrt der Große Sabbat zurück,
und man sieht tanzend die Hexen ziehn,
an Lammas und an Lichtmess,
am Maienabend und an Halloween.

Wenn Tag und Nacht gleich lang sind,
(Sonnenwenden)

die Sonne am stärksten und am schwächsten scheint,
werden die kleinen Sabbate gefeiert,
und wieder sind die Hexen im Feste vereint.

Dreizehn silberne Monde hat das Jahr.
(alter Mondkalender, in dem es dreizehn Monate gab statt zwölf)
Dreizehn ist des Covens Ordnungszahl.
Dreizehnfach sei am Esbat fröhlich,
für jedes goldene (Sonnen-) *Jahr danke einmal.*

Die Gabe der Macht ward uns geschenkt,
(Traditionslinie)
überliefert zwischen Frau und Mann,
von einem Jahrhundert zum nächsten,
seit die Menschheitsgeschichte begann.

Wenn der magische Kreis beschworen ist,
mit dem Schwert oder dem Athame der Macht,
ist er unser Kompass zwischen den Welten,
wo im Land der Schatten uns die richtige
Stunde lacht.

Diese Welt hat kein Recht, davon zu wissen,
und die andere Welt verrät sich nie.
Dort werden die ältesten Götter verehrt,
vollbracht das Große Werk (Alchemie) *der Magie.*

Zwei magische Pfeiler gibt es,
(Chaos versus Ordnung; Kraft und Form)
die stehen am Tore des Schreins,
und zwei Mächte beleben die Natur,
die Formen und Kräfte göttlichen Seins.
(okkulte Kabbala)

Dunkel und Licht ziehen in Folge,
im Wechsel der Gegensätze
(Vollmond)
zeigen sie sich als Göttin und Gott,
die Lehre der Ahnen offenbart ihre Schätze.

Bei Nacht reitet er auf dem wilden Wind,
ist aller Schatten Herr,
Tags ist er König des Waldlands,
zieht in grünenden Wäldern umher.

Sie ist alt oder jung, ganz wie's ihr gefällt,
segelt im Wolkenschiff durch die Luft,
die strahlend silberne Herrin der Mitternacht,
die weise Alte, die die Hexen zu sich ruft.

Der Herr und die Herrin des Zaubers,
die in des Geistes Tiefen wohnen,
(Psychologie und die magische Wissenschaft)
unsterblich und sich ewig erneuernd,
mit ihrer Kraft befreien und belohnen.

So trinkt den guten Wein auf die Alten Götter
(Kommunion)
und tanzt und liebt euch zu ihrem Preise
bis Elphames schönes Land (das Sommerland;
Feenland) *uns aufnimmt,*
in Frieden am Ende unserer Reise.

Tu, was du willst, lautet die Prüfung,
ohne zu schaden und mit liebendem Verstehen,
denn das ist das einzige Gebot,
und des Zaubers Wunder kann geschehen!

Nimm nun das Pentakel und schreite damit im Uhrzeigersinn den Kreis ab. Halte das Symbol an jedem der vier Kreisviertel, Osten, Süden, Westen und Norden, hoch und wiederhole dabei jedes Mal:

Acht Worte erfüllen das Wicca-Gesetz:
Wenn es niemandem schadet,
tu, was du willst![68]

anmerkungen

zu teil 1

Vorwort

1 Hutton, R.: *The Triumph of the Moon: A History of Modern Pagan Witchcraft*. Oxford: Oxford University Press, 1999, S. 3.

Teil 1

1 Ausführliche Informationen über Kreisviertel-Anrufungen findest du in meinem Buch *Zauberschule der Neuen Hexen. Sprüche & Beschwörungen*. München: Heyne, 2002.
2 Bartel, P.: *Spellcasters: Witches & Witchcraft in History, Folklore & Popular Culture*. Dallas: Taylor Publishing Company, 2000. S. 151.
3 Wenn dir dieses Grundritual unklar ist, schlag in meinem Buch *Freche Hexen* (Freiburg: Hans-Nietsch-Verlag, 2000) nach, in dem alle Esbat- und Sabbat-Rituale vollständig beschrieben werden. Zusätzliche Informationen findest du in meiner dreibändigen *Zauberschule der Neuen Hexen*.
4 *Song of Proserpine* des Dichters Shelley (1820)
5 Graf, F.: *Magic in the Ancient World*. Cambridge: Harvard University Press, 1997. S. 117.
6 Flint, V. I. J.: *The Rise of Magic in Early Medieval Europe*. Princeton: Princeton University Press, 1991. S. 103.
7 Fortune, D.: *Aspects of Occultism*, Hg. G. Knight. York Beach: Samuel Weiser, Inc., 1962, 2000. S. 35.
8 Hutton, R.: *The Triumph of the Moon*, S. 16.
9 Ebd., S. 32.
10 Ebd., S. 391–392.
11 Hutton, R.: *The Pagan Religions of the Ancient British Isles*. Blackwell Publishers Ltd., 1991. S. 150.
12 Fiero, G. K.: *The Humanistic Tradition: The First Civilizations and the Classical Legacy*, vol. I. The McGraw-Hill Companies, Inc., 1998, S. 6.

13 Ebd., S. 8.

14 Chambers, E. K.: *The Medieval Stage, vol. I.* Oxford: Oxford University Press, 1903. S. 9. Hutton, R.: *The Triumph of the Moon,* S. 36.

15 Aus privater Korrespondenz, 9. August 2002.

16 Hutton, R.: *The Triumph of the Moon,* S. 41.

17 Interessierst du dich für die Geschichte? Hier hast du die Gelegenheit, eigene Nachforschungen anzustellen. Auf geht's!

18 Gibons, P. E.: *Pennsylvania Dutch and Other Essays.* Philadelphia: J. B. Lippincott & Co., 1882. S. 427.

19 Anderson, W.: *Green Man: Archetype of Our Oneness with Earth.* San Francisco: HaperCollings, 1990. S. 14 (*Der Grüne Mann: ein Archetyp der Erdverbundenheit.* Solothurn, Düsseldorf: Walter, 1993).

20 Ebd.

21. Valiente, D.: *An ABC of Witchcraft.* Custer: Phoenix Publishing, Inc., 1973. S. 150.

22 Biedermann, H.: *Dictionary of Symbolism: Cultural Icons & the Meanings Behind Them.* New York, N. Y.: Meridian, 1989. S. 362 (*Knaurs Lexikon der Symbole.* Augsburg: Weltbild-Verlag, 2000).

23 Walker, B.: *The Woman's Encyclopedia of Myths and Secrets.* New York: HarperCollins Publishers, Inc., 1983. S. 268 (*Das geheime Wissen der Frauen: ein Lexikon.* Engerda: Arun, 2003).

24 Gimbutas, M.: *The Language of the Goddess.* New York: HarperCollins, 1991. S. 316 (*Die Sprache der Göttin.* Frankfurt a. M.: Zweitausendeins, 1995).

25 Grimassi, R.: *Encyclopedia of Wicca & Witchcraft.* St. Paul: Llwellyn, 2000. S. 55. Gimbutas M.: *The Language of the Goddess.* (*Die Sprache der Göttin).*

26 Man nimmt an, dass Gardners Methode, die Flüssigkeit zu weihen, aus der Initiation in den sechzehnten Grad des OTO stammt, bei der ein Mann die Klingenspitze in einen Becher Wein taucht, der von einer Frau gehalten wird – doch im Wicca-Gruppenritual wird dies umgekehrt. Der Mann hält den Becher, und die Frau hält das Athame (Hutton, R.: *The Triumph of the Moon,* S. 231. Valiente, Doreen: *Rebirth of Witchcraft,* S. 60.). In der modernen Hexentradition wird heiliges Wasser auf die gleiche Weise hergestellt: Das Athame wird in das Wasser getaucht. Zumeist wird dies aber von einer Person allein durchgeführt, wobei der Kelch dann in der Mitte auf dem Altar steht.

27 Crossan, J. D.: *The Historical Jesus: The Life of a Mediterranean Jewish Peasant.* San Francisco: HarperCollins, 1992. S. 142, 143. (*Der historische Jesus.* München: Beck, 1995).

28 Honis Geschichte: Ebd., S. 145.

29 *Standard Dictionary of Folklore, Mythology, and Legend.* Hg. M. Leach. New York: Harper & Row, 1984. S. 235.

30 Wenn du mehr Abwechslung suchst, findest du eine große Auswahl an Kreisbeschwörungen und Kreisviertel-Anrufungen in meinem Buch *To Stir a Magick Cauldron (Zauberschule der Neuen Hexen – Sprüche & Beschwörungen).*

31 Die Formel »So sei es« taucht erstmalig in freimaurerischen Riten im 18. Jahrhundert auf.

32 Biedermann, H.: *Dictionary of Symbolism: Cultural Icons & The Meanings Behind Them,* S. 71 *(Knaurs Lexikon der Symbole).*

33 Smolin, L.: *Three Roads to Quantum Physics.* New York: Basic Books, 2001. S. 231.

34 Walker, B.: *The Woman's Dictionary of Symbols and Sacred Objects.* New York: HarperCollins Publishers, 1998. S. 41 (*Die geheimen Symbole der Frauen.* München: Heyne, 2000).

35 Lady MorningStar ist eine Älteste des Black Forest Clans, Coven des Bleichen Pferdes.

36 Grimassi, R.: *Encyclopedia of Wicca and Witchcraft,* S. 394. *Decorative Symbols and Motifs for Artists and Craftspeople,* Dover Publications, 1986.

37 Die früheste historische Erwähnung des Hexensabbats findet sich in den Prozessakten von Toulouse und Carassone, um 1335. (Grimassi, S. 310.)

38 »Ihr Buch *The Witch Cult in Western Europe* beruhte auf einer nur geringen Menge an archivarischer Forschung, wobei sie hauptsächlich auf im neunzehnten Jahrhundert abgedruckte alte Prozessakten zurückgriff und auf frühe moderne Pamphlete …« Hutton, R.: *The Triumph of the Moon,* S. 195.

39 Ausführliche Informationen über Heilzirkel findest du in meinem Buch *Zauberschule der Neuen Hexen: Ritual & Harmonie.*

40 Sowohl in der keltischen Überlieferung wie in der römischen astrologischen Literatur (*Ancient Astrology Theory and Practice – Matheseos, Libri VIII* von Firmicus Maternus, übersetzt von Jean Rhys Bram, Hg. David McCann, erschienen bei Ascella, Spica & JustUs Publications, Originaltext verfasst um das Jahr 346 n. Chr., Übers. 2002) wurden die Winde mit den kardinalen Richtungen und den astrologischen Zeichen assoziiert. Dem Nordwind wurden die Zeichen Widder, Löwe und Schütze zugeordnet; dem Südwind Stier, Jungfrau und Steinbock; dem Ostwind (*Afeliotes,* was »Wind der Sonne« bedeutet) Zwillinge, Waage und Wassermann; und dem Westwind (von den Griechen *libs* genannt, »Wind aus Libyen«) Krebs, Skorpion und Fische. Beachte hierbei, dass sich im westlichen Wicca die Zeichenplatzierungen von Süden und Norden inzwischen vertauscht haben.

41 RavenWolf, S.: *Halloween: Customs, Spells, and Recipes*. St. Paul: Llwellyn, 1999. S. 209.
42 Hutton, R.: *The Stations of the Sun*. Oxford: Oxford University Press, 1996.
43 Ebd., S. 6, 7.
44 McNeill, M. F.: *The Silver Bough, Vol. 2: A Calendar of Scottish National Festivals, Candlemas to Harvest Home*. Glasgow: William Maclellan, 1959. S. 132.
45 Ebd., S. 20.
46 Darüber ist gegenwärtig eine wissenschaftliche Diskussion im Gange. Das Wort ist eindeutig germanischen Ursprungs, aber die Bedeutung gilt immer noch als unklar. Hutton, R.: *The Stations of the Sun*, S. 180.
47 McNeill, M. F.: *The Silver Bough, Vol. 2*, S. 49.
48 Hutton, R.: *The Stations of the Sun*, S. 203.
49 Die erstmalige Erwähnung des mit Bändern geschmückte Maibaums wurde mit der Überschrift »The May« unter den städtischen Haushaltsausgaben der Marktstadt Launceston in Ost-Cornwall gefunden. Ebd., S. 226.
50 McNeill, M. F.: *The Silver Bough, Vol. 2*, S. 75. Die Floralien der Römer begannen am 28. April und endeten am 3. Mai mit einem Blumen-Wettstreit.
51 Ebd., S. 58.
52 Ebd., S. 56, 57.
53 Ebd., S. 89.
54 Hutton, R.: *The Stations of the Sun*, S. 314.
55 Damit wird nicht auf Satan oder irgendwelche satanistischen Praktiken angespielt. Der Dunkle Herr ist die Verkörperung Saturns und steht für Autorität und Organisation. Er ist der Meister der Übergänge zwischen dieser Welt und der Welt der Magie.
56 Hutton, R.: *The Stations of the Sun*, S. 333.
57 McNeill, M. F.: *The Silver Bough, Vol. 2*, S. 199.
58 In meinem Buch *Halloween: Customs, Spells, and Recipes* findest du weitere Anregungen zu diesem Thema.
59 Leeming, D. M.: *A Dictionary of Creation Myths*. Oxford: Oxford University Press, 1994. S. vii.
60 Levi, E. Z. (Alphonse Louis Constant): *The History of Magic*. York Beach: Samuel Weiser, Inc., 2000. S. 384.
61 Regardie, I.: *The Golden Dawn*. 6th ed.. St. Paul: Llwellyn, 1971. S. 807.
62 Dieser Abschnitt wurde von Lady MorningStar verfasst, Älteste des Black Forest Clans, Coven des Bleichen Pferdes.

63 Bartel, P.: *Spellcasters: Witches & Witchcraft in History, Folklore & Popular Culture,* S. 173.

64 Zu Anfang des 20. Jahrhunderts prägte der berüchtigte Aleister Crowley den Satz: »Tu, was du willst, soll sein das ganze Gesetz.« Die These, dass »die Liebe sich dem Willen unterwerfen« müsse, findet sich im 20. Jahrhundert in vielen Interpretation ägyptischer Texte, die sich unter anderem mit den esoterischen Inhalten des aus der Zeit um 3000 v. Chr. stammenden *Totenbuches,* besser bekannt als die *Sargtexte,* beschäftigten. Pinch, G.: *Magic in Egypt.* Austin: University of Texas Press, 1995. S. 175.

65 Valiente, D.: *Witchcraft of Tomorrow.* Custer: Phoenix Publishing, Inc., 1978. S. 44.

66 Z. Budapest.

67 Wie von Raven Grimassi dargelegt in *Encyclopedia of Wicca and Witchcraft.*

68 Valiente, D.: *Witchcraft for Tomorrow,* S. 172–174, und Grimassi, R.: *Encyclopedia of Wicca and Witchcraft,* S. 436, 437.

Teil 2

Die Hexen-ausrüstung

INHALT

Altäre

Manche Gelehrte sind der Ansicht, die ersten Altäre seien eigentlich Grabmäler gewesen, wo den als Götter verehrten Ahnen Opfer dargebracht wurden. Andere glauben, die Idee des Altars sei aus dem heidnischen Glauben entstanden, dass die Seelen der Menschen sich nach dem Tod am Rand des Himmels versammeln, unter dem Sternbild Ara, was »der Altar« bedeutet[1]. Ara liegt in der Milchstraße, südlich des Skorpion. Die antiken Griechen stellten sich vor, dass sich dort der Altar befand, wo ihre Götter sich Bündnistreue schworen, ehe sie mit den Titanen um die Vorherrschaft im Universum kämpften[2]. Das Wort »Altar« stammt von einem lateinischen Wort ab, das »hoch oben« bedeutet. Hier ist eine Vielzahl von Interpretationen denkbar – von einem hoch gelegenen Ort zu einer Sternwarte bis zur esoterischeren Bedeutung eines geweihten Bereichs zwischen den Welten der Menschen und der Götter, der es den Menschen ermöglicht, mit dem Göttlichen auf der göttlichen Ebene zu arbeiten. Alte Altäre wurden häufig aus Stein gefertigt, oder wenn sie aus Holz bestanden, gab es doch im Zentrum eine Platte aus Stein. Viele wurden mit Schnitzereien verziert und mit Tier- und Göttersymbolen bemalt. Zur Zeit der verschiedenen Heiden- und Hexenverfolgungen wurde der Hexen-Altar als Symbol für dunkle, unheilvolle Mächte verleumdet. Diese negative, ganz unangemessene Sicht spiegelt sich noch in vielen Horrorfilmen von den vierziger bis zu den siebziger Jahren des 20. Jahrhunderts wider, in denen mit Un- und Halbwahrheiten die Sensationsgier der Öffentlichkeit befriedigt wurde. Während einiger weniger Zeremonien innerhalb der modernen Hexenkunst kann der Körper eines Menschen für ein paar Augenblicke zum Altar werden, um mit den elementaren und göttlichen Energien zu verschmelzen, damit diese künftig leichter durch diesen Menschen in Raum und Zeit wirksam werden können. Grausame Opferriten und sexuelle Ausschweifungen, wie man sie im Kino zu sehen bekommt, sind aber *nicht* Bestandteil der Wicca-Religion.

Altargestaltung

Magisch arbeitende Menschen gibt es auf der Welt eine ganze Menge, und ebenso vielfältig ist auch die Gestaltung der magischen Altäre. Ein magischer Altar besteht normalerweise aus einer ebenen Fläche oder Tischplatte, die zum Zentrum der Zauberei, der Rituale und täglichen religiösen Aktivität wird. Der Altar ist ein Ort der Kraft. Mit der Zeit konzentriert sich in ihm all die positive Energie, die sich beim magischen Arbeiten manifestiert. Du kannst einen Altar aus nahezu jedem Material herstellen, und ziemlich viele Hexen benutzen dazu ein Möbelstück, das sie bereits im Haus haben, statt einen neuen Altar zu bauen oder zu kaufen (besonders wenn sie gerade erst mit der magischen Praxis begonnen haben). Als Altar kannst du die Oberfläche deiner Schlafzimmerkommode auswählen, einen Couchtisch oder ein Nachtschränkchen. Diese multifunktionalen Fernseh- und Audioschränke mit allerlei Schubfächern und beweglichen Brettern eignen sich ebenfalls sehr gut, solange du beim Abbrennen von Kerzen vorsichtig bist. Zwischen einer Kerzenflamme und dem nächsten Regalbrett sollte mindestens ein Meter Abstand sein. Wenn nicht, besteht die Gefahr, dass das Möbelstück in Flammen aufgeht. Du kannst dir aber auch einen mobilen Altar herstellen, den du nach Gebrauch wegräumen kannst. Das kann der Deckel eines Koffers sein, ein flaches Brett oder eine Steinfliese, die du unter dein Bett schieben kannst.

Es gibt viele Möglichkeiten, einen Altar zu schmücken. Du kannst seine Oberfläche mit einem Tuch abdecken, spezielle Kerzenständer verwenden, Statuen von Göttinnen und Göttern oder von deinem Lieblings-Totemtier aufstellen. Abhängig von deiner Persönlichkeit gefällt es dir aber vielleicht auch, deinen Altar möglichst schlicht zu belassen und ihn nur zu benutzen, wenn du an einem konkreten Vorhaben arbeiten möchtest. Hexen, die einem Coven oder einer größeren Gruppe angehören, wird beigebracht, ihren Altar entsprechend der Tradition der betreffenden Gruppe zu gestalten.

Am wichtigsten ist, dass du für die Feuersicherheit deines Altars sorgst, da in der Magie oft mit Kerzen, Ölen und offenen Flammen gearbeitet wird. Es kann klug sein, einen Feuerlöscher in der Nähe des Altars aufzubewahren. So halte ich es seit einiger Zeit. Ich habe ihn zwar noch nie benutzen müssen, aber es hat in unserer Familie schon einige Missgeschicke mit offenem Feuer gegeben. Die sind zwar in der Erinnerung meistens recht lustig, aber wenn die Flammen plötzlich zur Decke hochschießen, ist einem nicht nach Lachen zumute! Ich habe einmal buchstäblich unseren Esstisch abgefackelt, weil ich nicht vorsichtig genug mit einem großen Beutel Vesta-Pulver umgegangen war (einer Spezialmischung, die das Feuer im Hexenkessel anfacht). Und einmal platzte auf meinem Altar eine Schwimmkerze, und die Flammen züngelten an meinen Wohnzimmergardinen empor. Zum Glück waren mehrere Familienmitglieder anwesend, die mir zur Hilfe eilten, sodass eine Katastrophe abgewendet werden konnte. Sonst wäre unser Haus in Flammen aufgegangen. Mit Feuer kann man gar nicht vorsichtig genug sein.

Bevor du an deinem Altar praktizierst, solltest du seine Oberfläche immer gründlich von Staub und Schmutz reinigen und dann eine Reinigungs-Zeremonie abhalten, gefolgt von einer Aufladungs- und einer Segens-Zeremonie, um die magnetischen Kräfte des Altars zu aktivieren. Wenn der Altar aktiviert ist, sollten sich nur noch die Dinge darauf befinden, die mit deiner Religion und Magie in Zusammenhang stehen – keine schmutzigen Socken, Tennisbälle, Limoflaschen, Autoschlüssel oder Kaugummipackungen. Alles, was nicht dorthin gehört, beeinträchtigt die reine, positive Energie, die du erschaffen möchtest.

Magisches Wissen über deinen Altar

* Dein Altar wird, wenn er aktiviert ist, zu einem Sammelplatz für positive Energie – deine eigene und die des Großen Geistes.
* Ursprünglich dienten Altäre dazu, die Gegenwart des Göttlichen herbeizubitten.
* Wie du deinen Altar benutzt ist wichtiger, als an welchem Ort du ihn aufstellst.
* Welche äußere Form du deinem Altar gibst, liegt ganz bei dir.
* Du kannst mehr als einen Altar besitzen.
* Einen Altar für spirituelle Sammlung und Meditation zu benutzen verstößt gegen kein religiöses Dogma.

* Bevor du mit deinem Altar arbeitest, solltest du ihn mit heiligem Wasser besprengen, Salz auf ihn streuen, ihn mit Weihrauch und heiligem Öl einsegnen und ihn im Namen des Großen Geistes aufladen (siehe *Reinigung*).

Altar-Ideen

Alle möglichen Gegenstände lassen sich mit ein wenig Fantasie zum Altar umfunktionieren:

* Kommode, Nachttisch oder Sekretär in deinem Zimmer,
* eine leichte, tragbare Steinplatte,
* ein Skateboard,
* ein leerer Kleiderschrank,
* eine Schreibtischschublade (nicht für brennende Kerzen geeignet),
* ein Mauerziegel,
* ein Trittstein (bekommt man im Baumarkt),
* ein Bücherregal (nicht für brennende Kerzen zu empfehlen – auch wenn du glaubst, die Flamme sei weit genug vom nächsten Regalbrett entfernt. Kerzenflammen flackern und zucken und entzünden schließlich doch noch das darüber liegende Brett. Auf diese Weise hätte ich beinahe meinen Geschirrschrank im Esszimmer verloren, als jemand eine Kerze in ein Regal stellte),
* die Oberseite eines Aktenschranks,
* ein großer Spiegel,
* ein Tischtuch,
* ein Serviertablett,
* ein Camping-Dreifuß, wie er in den Campingabteilungen der Kaufhäuser erhältlich ist (darauf achten, dass er nicht wackelt),

* ein alter Überseekoffer oder jeder andere große Koffer mit Fächern, wie man sie in Antiquitätenläden und auf Trödelmärkten findet. (Auch hier gilt: Vorsicht mit offenem Feuer)
* ein Fensterbrett,
* Der Altar kann aber auch allein in deiner Fantasie existieren. Manche Leute finden diese Idee verrückt, aber es gibt Menschen, denen es nicht erlaubt ist, sich einen eigenen Altar zuzulegen. Vielleicht haben deine Eltern oder andere Aufsichtspersonen Angst, dass du dich auf religiöse Irrwege begibst, und erlauben dir deshalb keinen eigenen Altar. Auch Internatsschülern oder Studenten in einem Wohnheim kann das Aufstellen eines Altars untersagt sein. Und Soldaten während der Grundausbildung wird man dergleichen sowieso kaum gestatten. Vielleicht verbringst du deine Sommerferien bei der Großmutter und weißt, dass ein heidnischer Altar ihre religiösen Gefühle verletzen würde. Falls eine längere Urlaubsreise mit deinen Eltern ansteht, bei der die Menge des Gepäcks eine Rolle spielt, sind Mama und Papa, auch wenn sie zu Hause nichts gegen deine magischen Aktivitäten einzuwenden haben, vermutlich nicht erbaut, dass ihr Nachwuchs einen zentnerschweren Koffer mit Altarutensilien mitschleppen möchte! Wenn du lernst, dir in deiner Fantasie einen Altar einzurichten, ist das ein gutes Training für deine Visualisierungsfähigkeiten. Man kann nie wissen, ob diese Fähigkeiten sich nicht eines Tages als sehr nützlich erweisen. Wenn Leute sich bei mir beklagen, dass sie keine Möglichkeit haben, sich einen eigenen Altar einzurichten, sage ich ihnen immer, dass sie sich glücklich schätzen sollen. Denn das zwingt sie dazu, geistige Fähigkeiten zu trainieren, die zuvor vielleicht brachgelegen haben.

Der richtige Ort

Wo sollte man seinen Altar aufstellen? Gibt es dafür einen »richtigen« Platz? Nun ja, so wie es verschiedene Methoden gibt, den Altar zu reinigen und zu weihen, gibt es auch nicht nur den einen richtigen Platz für ihn. Manche Hexen stellen ihren Altar im Osten auf, in Korrespondenz zum Tagesanbruch, zur Intelligenz und der aufgehenden Sonne. Andere bevorzugen den Norden, da für sie diese Himmelsrichtung für die Energie der Manifestation in der physischen Welt steht (»alles kommt von Norden«). Eine dritte Gruppe stellt den Altar in der Mitte auf, wo man um ihn herumgehen kann. Bei einem großen Altar ist das eine kluge Entscheidung. Denn wenn du dich von einer Seite über eine große Altarplatte beugen musst, sind umgeworfene Kerzen und dergleichen vorprogrammiert. Dann gibt es noch einige Hexen, die ihren Altar mit den Jahreszeiten wandern lassen (siehe Seite 171 *Rad des Jahres*). Dabei wird er jeweils an den acht Hohen Heiligen Tagen umgesetzt wie auf einer Kompasseinteilung (von Norden nach Nordosten, Osten, Südosten, Süden, Südwesten, Westen, Nordwesten).

Aber wenn du nicht die Möglichkeit hast, deinen Altar umzustellen, ist das auch nicht weiter schlimm. Ich kenne beispielsweise eine Frau, die ihren Altar in der obersten Schreibtischschublade aufbewahrt. Wenn sie ihn nicht benutzt, schiebt sie einfach die Schublade zu. Natürlich hat ein solcher Altar ein paar Nachteile. Erstens darf sie keine allzu schweren Objekte auf den Altar stellen, damit die Schublade nicht überlastet wird. Zweitens muss sie Acht geben, dass sie nicht vergisst, die Kerzen zu löschen, ehe sie die Schublade schließt! Doch diese Methode ermöglicht es ihr, sehr diskret ihre magische Arbeit zu verrichten.

Ich persönlich habe es gerne einfach. Altäre, die vor magischen Objekten geradezu überquellen, ziehen eine Menge Staub an. Und Staub wiederum wirkt als Magnet für negative Energie. Wenn du ein viel beschäftigter Mensch bist, der oft Besuch hat und bei dem ständig Verwandte und Kinder durchs Zimmer rennen, und wenn dann noch die Katze gern auf dem Altar herumspringt, ist es vermutlich keine gute Idee, deinen Altar überreich zu dekorieren. Und du willst ja auch nicht, dass magische Gegenstände verloren gehen. Wir entwickeln eine enge Beziehung zu unseren Zauberwerkzeugen, und wenn plötzlich der Zauberstab oder der Kessel verschwunden sind, weil ihn irgendein Kind oder Mitschüler stibitzt hat, kann uns das mächtig in Stress versetzen. Aber du musst nicht verzweifeln, wenn eines deiner Werkzeuge beschließt, »davonzulaufen«. Wenn es sich nicht wieder einfindet, denke an die alte Hexenweisheit: *Die Dinge verschwinden immer aus gutem Grund.* Vielleicht ist längst etwas Besseres auf dem Weg zu dir.

In den letzten Jahren erfreut sich die Idee, einen persönlichen Altar zu besitzen, auch außerhalb der Hexen-Bewegung wachsender Beliebtheit. Doch was die Menschen »Altar« nennen, ist oft eher ein Schrein, der einer bestimmten Gottheit oder einer Energie gewidmet ist, die man sich gerne in sein Haus holen möchte. Für eine Hexe ist der Altar eine magische Arbeitsstätte, während ein Schrein eher der allgemeinen Spiritualität dient, ein Ort, wo täglich, wöchentlich oder monatlich Opfergaben dargebracht werden. In manchen Hexen-Traditionen wird der Schrein als der hohe Altar bezeichnet, und die davon getrennte magische Arbeitsstätte nennt man den niedrigen Altar. Gebete und Fürbitten werden

Beispiel für eine Altar-Austattung.
Im Uhrzeigersinn von der Mitte oben: (1) Statue als Symbol für das Göttliche, (2) Kerze zur Beleuchtung, (3) Weihrauch, (4) Zauberstab, (5) Feuer-Kerze, (6) Kuchen, (7) Schwert, (8) Salböl, (9) Wasserschale, (10) Salzbecher, (11) Zauberbuch, (12) Kerze zur Beleuchtung, (13) Kelch. Ein Besen lehnt am Ostviertel des Altars.

am hohen Altar verrichtet, während die manchmal etwas Schmutz verursachende Handarbeit (beispielsweise Kräuter zerreiben, Hantieren mit Wachs, oder Zauberei, bei der bestimmte Objekte hergestellt und zusammengesetzt werden) am niedrigen Altar stattfindet.

Als Basis-Ausstattung für den Altar sind lediglich die vier Elemente erforderlich. Hinzu kommen eine Statue als Symbol für das Göttliche; zwei Kerzen zur Beleuchtung (eine für die Göttin und eine für den Gott); ein flaches Symbol in Altarmitte (in der Regel ein geometrisches Symbol: Pentagramm – manchmal auch Pentakel genannt –, Hexagramm, Halbmond, der Tierkreis oder dergleichen); der Zauberstab und, wenn in deiner Familie niemand etwas dagegen hat, das Athame (siehe Seite 327).

Wenn du über mehr Platz und genügend Rückzugsmöglichkeiten verfügst, kannst du die traditionelle Altar-Ausstattung[3] verwenden, die bei den meisten Wicca-Schülern üblich ist, wenn sie in ihrer magischen Ausbildung etwas über die »Zunft der Weisen« lernen[4].

Reinigung

Benötigte Materialien: Geweihtes Wasser; Duftöl; Weihrauch; ein Miniaturbesen (den bekommst du in Fachgeschäften für Esoterik und Magie); Salz; zwei Schalen (eine für das Salz und eine für das Wasser – jedes kleine, wasserdichte Behältnis ist akzeptabel, viele Teenager verwenden gerne Muscheln); eine rote Kerze (kann eine einfache Wachskerze oder eine Votivkerze sein); Kerzenständer; inspirierende Musik. **Hinweis:** Wenn du zu Hause nicht mit offenem Feuer hantieren darfst, ist es auch okay, sich etwas auszudenken, was als Feuer-Symbol dienen kann. Beispielsweise kannst du das Foto einer brennenden Kerze benutzen oder eine elektrische Kerze (wie sie manchmal als Weihnachtsdekoration verkauft werden). Oder du bastelst dir aus rotem, gelbem und orangefarbenem Papier ein schönes Feuer-Symbol. Du kannst auch eine Taschenlampe mit buntem Papier umwickeln, wenn dir das dabei hilft, dir das lebendige Glühen einer Flamme vorzustellen. Ich bin mir bewusst, dass die Schönheit einer echten Flamme nur schwer zu ersetzen ist, aber wenn deine Eltern dies nicht erlauben, solltest du das akzeptieren und dir etwas anderes einfallen lassen.

Der richtige Zeitpunkt: Vollmond oder Neumond.

Anleitung: Am wichtigsten bei allen magischen Handlungen und Ritualen ist, dass du dir genug Zeit lässt und die Sache ohne Unterbrechung durchziehst. Wenn dein Bruder ständig an die Zimmertür klopft oder deine Tante immer wieder unangemeldet hereinspaziert, während du bei der Arbeit bist, wirst du dich höchstwahrscheinlich nicht konzentrieren können und frustriert aufgeben. Da Konzentration aber für erfolgreiche Magie sehr wichtig ist, musst du dir eine Zeit aussuchen, während der du ungestört bist, besonders wenn es um eine so ernsthafte und wesentliche Sache geht wie das Reinigen und Weihen deines Altars.

Stell deine Werkzeuge und Hilfsmittel auf ein Tablett oder neben dem Altar auf den Boden. Ehe du anfängst, atme dreimal tief durch. Löse dich beim Ausatmen von allen negativen Gefühlen. Schließe nun die Augen und reibe leicht deine Handflächen gegeneinander. Das tiefe Atmen hilft dir, dich zu entspannen, und das Reiben aktiviert die Chakrapunkte (Energiefelder) in deinen Händen. Dass du die Augen schließt, hilft dir, dich zu erden und zu zentrieren und dich so auf die magische Arbeit vorzubereiten. Sprich:

Ich fühle die Macht des Großen Geistes
in mir und um mich herum.
So sei es.

Öffne die Augen. Nimm die rote Kerze in die Hand und sprich:

Mögest du gereinigt, geweiht und
gesegnet sein
im Namen des Großen Geistes
(oder *im Namen des Herrn und der Herrin).*

Zünde die Kerze an, halte sie in Brusthöhe vor dich und sprich:

Aus der schwarzen, formlosen Weite
erblühte das Licht.
Indem ich diesen Kerzendocht entzünde,
bringe ich die Gnade des Großen Geistes
(oder *unserer Mutter)*
in mein Leben und zu meinem Altar.
Element des Feuers,
wirke deinem Willen und meinem Wunsch
entsprechend.

Beschreibe mit der Kerze entgegen dem Uhrzeigersinn (widdershins) dreimal einen Kreis über dem Altar und sag dabei:

Ich banne alle Negativität aus diesem (Holz, Stein).
Nichts Böses oder Schlechtes, real oder imaginär,
kann jemals hier eindringen.

Stell die brennende Kerze vorsichtig seitlich ab. Du brauchst sie später noch.
Halte deine Hände über den Weihrauch und sprich:

Element der Luft, mögest du gereinigt, geweiht und
gesegnet sein im Namen des Großen Geistes.

Entzünde den Weihrauch an der Kerzenflamme. Fahre mit dem brennenden Weihrauch dreimal entgegen dem Uhrzeigersinn über den Altar und sag dabei:

Element der Luft, wirke deinem Willen
und meinem Wunsch entsprechend.

Ich banne alle Negativität aus diesem (Holz, Stein).
Nichts Böses oder Schlechtes, real oder imaginär,
kann jemals hier eindringen.

Stelle das Gefäß mit dem brennenden Weihrauch vorsichtig seitlich ab. Du brauchst es später noch.
Halte deine Hände über das Salz und sprich:

Element der Erde, mögest du gereinigt, geweiht und
gesegnet sein im Namen des Großen Geistes.

Wenn deine Handflächen zu kribbeln anfangen oder warm werden, streue behutsam ein wenig Salz auf den Altar. Eine kleine Prise genügt. Sag dazu:

Ich reinige diesen Altar mit dem Salz der Erde.
Element der Erde, wirke deinem Willen
und meinem Wunsch entsprechend.
Ich banne alle Negativität aus diesem (Holz, Stein).
Nichts Böses oder Schlechtes, real oder imaginär,
kann jemals hier eindringen.

Stell die Schale weg. Nimm nun die Schale mit dem Wasser und sprich:

Element des Wassers, mögest du gereinigt, geweiht
und gesegnet sein im Namen des Großen Geistes.

Stell die Wasserschale in die Mitte des Altars. Gib drei Fingerspitzen Salz hinzu und rühre jedes Mal mit dem Finger im Uhrzeigersinn um. Stell dir vor, dass das Wasser in einem weichen blauen oder weißen Licht leuchtet. Nimm den kleinen Besen, besprenge ihn mit etwas Salz und Wasser und sag dabei:

Besen, mögest du gereinigt, geweiht und gesegnet sein
im Namen des Großen Geistes.
Vollbringe den Zauber so, wie ich es mir wünsche.

Tauche den Besen in das geweihte Wasser, sprenkele damit kleine Tropfen der Flüssigkeit kreisförmig entgegen dem Uhrzeigersinn (widdershins) auf den Altar und sprich dabei:

Ich banne alle Negativität aus diesem (Holz, Stein).
Nichts Böses oder Schlechtes, real oder eingebildet,
kann jemals hier eindringen. So sei es!

Segnung und Aufladung
(folgt nach der Reinigung)

Benötigte Materialien: Zusätzlich zu den bereits aufgezählten noch Duftöl oder Parfüm.

Anleitung: Beschreibe mit den vier Elementen (rote Kerze, Weihrauch, Salz und Wasser) nacheinander dreimal im Uhrzeigersinn einen Kreis über dem Altar. Stell dir dabei vor, dass du den Fluss der positiven Energien aktivierst. Danach platzierst du den Weihrauch im Osten, das Feuer im Süden, das Wasser im Westen und das Salz im Norden. Betupfe alle vier Ecken des Altars und dann seine Mitte mit dem Duftöl, und sag dabei:

Ich segne und weihe dich, o heiliger Altar,
im Namen des Großen Geistes. Mögest du
von diesem Tag an bis ans Ende der Zeit negative
Energie stets abweisen und positive Energie
sammeln und verstärken. So sei es.

Zeichne über dem Altar ein gleicharmiges Kreuz in die Luft, um die positive Energie im Stein/Holz zu versiegeln. Klopfe viermal auf den Rand des Altars, einmal für jede Himmelsrichtung. Sag dann:

Wie oben, so unten. Dieser Altar ist versiegelt.
So sei es!

Nun ist alles vorbereitet, und du kannst mit der eigentlichen magischen Arbeit beginnen!

Athame, Bolline, Dolch und Schwert

(Bekannt und beliebt als die coolen scharfen, spitzen Teile.) Auf einem Tongefäß aus dem antiken Rom (200 v. Chr.) sieht man zwei Menschen, die den Mond herabrufen. Dabei hält der eine einen Zauberstab, der andere ein Kurzschwert, was belegt, dass der Gebrauch von rituellen Werkzeugen seinen Ursprung in der Antike hat[5]. In der heutigen Hexenkunst handelt es sich beim Athame um einen Dolch mit zweischneidiger Klinge, wobei die Klinge meistens aus Stahl und der Griff schwarz ist. Es wird ausschließlich für rituelle Zwecke benutzt und nicht, um damit irgendetwas Physisches zu schneiden. (Wenn versehentlich doch etwas Materielles geschnitten oder geritzt worden ist, gilt das Metall als entweiht und unrein.) In den meisten Hexen-Traditionen wird das Athame als Symbol für Luft angesehen (wegen des pfeifenden Geräuschs, das entsteht, wenn man bei der Anrufung des Ostviertels damit rasche Handbewegungen ausführt) oder als Feuer-Symbol (weil die Klinge im Feuer geschmiedet wurde)[6]. Manche Hexen sind der Ansicht, eine Eisenklinge eigne sich am besten, während andere davor zurückschrecken und glauben, Eisen mache die magische Absicht zunichte. Wenn du beabsichtigst, mit der Feen-Energie zu arbeiten, solltest du auf keinen Fall Eisen verwenden – sie hassen es.

Ritualmesser können benutzt werden, um einen Kreis zu beschwören, die Kreisviertel zu öffnen und zu schließen, Objekte zu reinigen und aufzuladen oder Astralenergien zu dirigieren (um nur einige mögliche Verwendungen zu nennen). In vielen Traditionen werden in die Griffe der Waffe bestimmte Symbole eingraviert, durch die sie mit den magischen Absichten ihres Trägers, mit den Elementen und dem Gruppenbewusstsein in Verbindung gebracht wird. Diese Siegel können auch in anderen Formen der Magie verwendet werden, etwa bei Kerzenzauber, Petitionsmagie und allgemeinen Ritualen. (Ausführliche Informationen über Siegel, Symbole und magische Alphabete findest du im dritten Band dieser Reihe: *Zauberkraft im Alltag*.)

Manche Hexen laden das Athame energetisch auf, indem sie mit einem Magnet, Kristall oder Magneteisenstein mehrfach über die Stahlklinge streichen, um deren Kraft zu verstärken. Man glaubte, die scharfe Spitze des Athame könnte gezielt Energie aussenden, um Negativität abzuwehren, während der Zauberstab benutzt wurde, um die magische Kraft für andere Zwecke zu steuern. So, wie ich es verstehe, lag die Logik darin, dass man der Spitze der Klinge eine energetisch schneidende und trennende Wirkung zuschrieb und den aus Holz gefertigten Zauberstab mit seiner stumpfen Spitze als ungeeignet für magische Verteidigungsmaßnahmen ansah. In der alten ägyptischen Magie jedoch wurden Stäbe (hergestellt aus Holz oder anderen natürlichen Materialien) benutzt, um die Dame des Hauses zu verteidigen. Diese Stäbe dienten dazu, negative Energie in positive zu verwandeln.[7]

Wo das Wort »Athame« herkommt und wie das Ritualmesser schließlich als Werkzeug auf dem Wicca-Altar landete, ist historisch umstritten. Manche glauben, das Wort »Athame« sei aus dem Arabischen *adhdhame* abgeleitet, das in symbolischer Form »Blut-Buchstabe« bedeutet[8]. Doch diese Definition lässt viele moderne Wiccas um ihren guten Ruf fürchten, denn unsere Messer werden niemals dazu benutzt, rituelle Verletzungen beizubringen und blutige Riten abzuhalten. In der modernen Hexenlehre steht das Athame für den Willen, nicht für die physische Assoziation einer Waffe, mit der Menschen oder Tiere verletzt werden. Viele meinen, dass Gerald Gardner (der Vater des modernen Wicca) das Athame aus Mathers' *Der Schlüssel Solomon* entliehen hat, einem zeremoniellen Text, der in den magischen Logen seiner Zeit gebräuchlich war (und heute immer noch erhältlich ist). Doch, wie Ronald Hutton in *The Triumph of the Moon* erläutert:

... gibt es im Britischen Museum sieben verschiedene Varianten dieses Textes, und die Anzahl und Funktion der Ritualwaffen variiert in den einzelnen Texten erheblich. Nur in einem wird das Messer mit dem schwarzen Griff als »Arclavo« oder »Arclavum« bezeichnet. Das der Gardnerschen Variante ähnlichste Wort ist »Arthame«, das in Frankreich, in Paris, erwähnt wird. ... Manche Historiker sind der Ansicht, dass das Wort nicht aus dem Arabischen, sondern aus dem Französischen kommt, wo »attame« »schneiden« bedeutet.[9]

Wenn man die anderen Anleihen Gardners bei jenen zeremonielle Magie betreibenden Organisationen berücksichtigt und seine, wenn auch begrenzte, Verbindung zu Crowley, ist es sehr wahrscheinlich, dass er die Ritualklinge aus zeremonialmagischen Quellen übernommen hat, nicht aus der Hexen-Überlieferung. Allerdings wissen wir von den Kelten, dass sie mit ihren aus Eisen hergestellten Waffen eine gewisse Zeit hindurch ihren Zeitgenossen überlegen und deshalb weithin gefürchtet waren. Auch ist bekannt, dass gewisse volksmagische Praktiken, bei denen Messer benutzt wurden, in der keltischen Kultur sehr beliebt waren. So hängte man ein Messer über die Tür, um jede Negativität zu durchschneiden, ehe sie ins Haus gelangen konnte (was bedeutet, dass die Messer nicht für das Schneiden auf der physischen Ebene benutzt wurden, sondern zur Verteidigung auf der astralen Ebene). Es ist möglich, dass Gardner die lokale Stammesfolklore (in der das Messer benutzt wurde, um boshafte Feen und andere astrale Ärgernisse zu bannen) mit stärker zeremonialmagisch ausgerichteten Praktiken vermischte und auf diese Weise eine Begründung dafür fand, dass das Ritualmesser auf den Wicca-Altar gehört. Das *skean-dhu* oder »schwarze Messer« der schottischen Highlander besitzt einen Griff in dieser Farbe und liefert uns einen weiteren Hinweis auf die möglichen Ursprünge des Wicca-Athame[10].

Athame, Bolline (ein kleines Messer mit weißem Griff, das benutzt wird, um Kräuter zu schneiden) und Schwert werden heutzutage in manchen Wicca-Traditionen abgelehnt (beachte, dass ich »manche« sage), weil im Umgang mit ihnen Verletzungsgefahr besteht und weil in unserer modernen Gesellschaft Dinge, mit denen man sich und anderen Schaden zufügen kann, im Allgemeinen nicht gerne gesehen sind. Obwohl die meisten Ritualklingen stumpf sind, kann man, wenn man im Ritualkreis stolpert, immer noch sich selbst oder andere damit verletzen. In manchen Fällen werden Eltern oder andere Personen entscheiden, ob du eine Klinge benutzen darfst. Du darfst selbstverständlich kein Athame in die Schule oder ins Flugzeug mitnehmen. Und wenn du Vater oder Mutter eines neugierigen, übermütigen Kindes bist, wäre es sicher keine gute Idee, ein Schwert im Haus herumliegen zu lassen. Ritualwaffen im Auto zu transportieren kann ebenfalls problematisch sein – in manchen Ländern ist es verboten, Waffen mit festen Klingen in der Öffentlichkeit mitzuführen. Für die Polizei ist jede Klinge eine Waffe – man wird sie beschlagnahmen und deiner Erklärung, dass sie ausschließlich rituellen Zwecken dient, keinen Glauben schenken. Dort, wo Athames weiterhin relativ beliebt sind, finden sie sich normalerweise eher in zeremoniell arbeitenden als in schamanischen Gruppen.

Die Hexen-Tradition der magischen Klingen mag auch auf die mittelalterliche Auffassung zurückgehen, dass nur ein freier Mensch einen Dolch mit zweischneidiger Klinge tragen darf und dass die Leute im magischen Kreis das Recht haben, dieses Symbol der Freiheit zu tragen, weil sie freie Menschen sind. Wenn das Schwert im Kreis benutzt wird, ist normalerweise nur ein einziges Schwert im Einsatz, das vom Meister des Kreises (dem Hohepriester) geführt wird. Doch auch die Hohepriesterin darf »sich mit dem Schwert gürten«, was bedeutet, dass sie das Recht hat, den Kreis zu beschwören und die Kreisviertel anzurufen. Auch das ist ein Anklang ans Mittelalter, als der Besitz des Schwertes Menschen vorbehalten war, die in der Gesellschaft einen höheren Rang bekleideten. In der Hierarchie eines Covens gelten Hohepriester und Hohepriesterin als die Anführer und haben daher das Recht, magische Handlungen mit dem Schwert auszuführen. Das zweischneidige Schwert symbolisiert die dualistischen Kräfte und oppositionellen Strömungen (positiv und negativ; männlich und weiblich; Schöpfung und Zerstörung; Leben und Tod), wobei es sich um Polaritäten handelt, die einander bedingen und ergänzen[11].

In der modernen Hexenzunft bekommen die Kinder von Hexen erst dann eine Klinge, wenn die Eltern oder der Hüter das Gefühl haben, dass sie reif genug sind, um verantwortungsbewusst damit umzugehen und die rein rituelle Bedeutung dieses Werkzeugs zu verstehen. Das Alter variiert hier bei den einzelnen Traditionen – sechzehn, achtzehn oder einundzwanzig Jahre. Die feierliche Überreichung der eigenen Klinge ist Bestandteil des Übergangsrituals vom Jugendlichen zum erwachsenen Zunftmitglied.

Nun sagen einige von euch vielleicht: »Ich möchte eine echte Hexe werden, und wenn *echte* Hexen Ritualklingen benutzen, will ich auch eine haben.« Langsam, langsam. Wenn du noch nicht volljährig bist, müssen wir da zunächst einmal deine Eltern berücksichtigen. Das sind diese Leute da, die dich sehr lieben, weißt du? Für die meisten Eltern sollen Messer dazu dienen, in der Küche Gemüse zu schneiden. Sie würden einen ziemlich finsteren Eindruck von der Hexenkunst bekommen, wenn du im Haus herumläufst, ein Athame schwingst und dazu unverständliche Beschwörungen murmelst. Da sehe ich förmlich meine Mutter vor mir, eine Baptistin: »Was, um alles in der Welt, *tust* du denn da?« Und dann steckt man dich vorsichtshalber in ein kirchliches Ferienlager. Zweitens brauchst du überhaupt keine Werkzeuge, um eine gute Hexe zu sein. Dazu genügt dein eigenes, wahres Selbst. Mehr brauchst du nicht.

Wenn du meinst, unbedingt eine Ritualklinge zu benötigen, würde ich dir empfehlen, darüber in aller Ruhe mit deinen Eltern zu sprechen. Für diejenigen unter euch, die noch nicht volljährig sind, führt an einer elterlichen Erlaubnis kein Weg vorbei. Wenn deine Eltern Nein sagen, dann ist daran nicht zu rütteln. Nutze stattdessen deinen Einfallsreichtum. Es gibt im magischen Kreis genügend andere Symbole für Luft und Feuer, und man kann jederzeit auch mit den Fingern einen Kreis schlagen, statt mit einem Messer (so mache ich es übrigens bis heute). Meinen eigenen Kindern habe ich bis zum Alter von fünfzehn Jahren nicht erlaubt, ein Ritualmesser zu besitzen, und auch danach wurde das Messer im Schrank weggeschlossen und nur für Rituale hervorgeholt. Ich kannte einige jüngere Teenager, denen die Eltern erlaubten, ein Buttermesser zu benutzen, dessen Griff mit schwarzem Isolierband umwickelt war, bis sie alt genug für ein echtes Ritualmesser waren. Andere Jugendliche ziehen es dagegen vor, ganz ohne Messer zu arbeiten. Mein erstes Messer war aus Holz geschnitzt. Ich bekam es von meinem Vater geschenkt, als ich dreizehn war.

Diese ganze Diskussion über Klingen führt uns zu einem wichtigen Aspekt der Hexenausbildung: Nicht die benutzten Werkzeuge und Objekte besitzen die verändernde Kraft, sondern *du selbst*. Zugegeben, jeder Gegenstand, den du in der Magie verwendest, wird etwas von deiner Energie speichern und mit deinen Wünschen aufgeladen werden, doch das Werkzeug selbst wird niemals von allein tanzen, den Kreis beschwören, die Kreisviertel anrufen und ein Ritual ausführen. Letztlich gilt immer die Maxime: *Wie oben, so unten*. Da Dion Fortune dies, wie mir scheint, am besten in Worte gefasst hat, möchte ich ihre Argumente hier sinngemäß wiedergeben:

Aus welchem Grund auch immer messen Hexen-Schüler in der Anfangsphase Anzahl, Farbe, Klang oder Form bestimmter magischer Gegenstände eine große Bedeutung bei. Sie glauben, dass die spirituellen Wirkungen dieser Gegenstände irgendwie die Manifestation des Erwünschten bewirken. Zwar stimmt es, dass all diese Korrespondenzen in der magischen Lehre durchaus ihren Sinn haben und wichtig für den Lernprozess sein können, aber dieser Sinn besteht ausschließlich darin, dass sie als Auslöser für geistige Prozesse im Bewusstsein der Hexe dienen. Die Uninitiierten, schreibt Fortune weiter, glauben, dass die angerufene Kraft durch den Gegenstand wirkt, wohingegen die Initiierten wissen, dass das materielle Objekt nicht benutzt wird, um die Energie herbeizuziehen, sondern um dem Bewusstsein der Hexe dabei zu helfen, eine bestimmte gedankliche Fokussierung zu erreichen. Nur durch dich selbst (nicht durch die Hilfsmittel, die du einsetzt) wird die erwünschte Veränderung herbeigeführt. Es kommt also auf *dich* an, nicht auf deine magischen Ritualgegenstände[12].

Wenn dir also die Erwachsenen den Umgang mit scharfen Klingen verbieten, besteht deshalb kein Grund zur Verzweiflung. Schließlich sind solche Klingen lediglich Werkzeuge ohne eigene Zauberkraft.

Aufwecken des Werkzeugs

Wenn ein Werkzeug gereinigt, (dem Großen Geist) geweiht und gesegnet wurde (indem man den Großen Geist bittet, es mit positiver Energie zu erfüllen), soll es anschließend, nach Auffassung vieler Hexen, vor jedem Gebrauch »aufgeweckt« werden. Diese Aktivierung wird häufig von der Gruppe, in der die Hexe arbeitet, gemeinsam durchgeführt. So haben Coven oft spezielle Gesänge für diesen Zweck, oder man klopft mit dem Werkzeug dreimal gegen den Altar. Oder es wird mit der Hand über das Objekt gestrichen, und dabei sagt man: *Hiermit erwecke ich dich zum Leben.*[13] Wie auch immer im Einzelnen vorgegangen wird, in jedem Fall dient dieser Prozess als Auslöser, der dem Bewusstsein der beteiligten Hexen klarmacht, dass nun die magische Arbeit beginnt.

Besen

Wenn bei einer modernen Wicca-Hochzeitszeremonie über den Besen gesprungen wird, steht das in Bezug zu einem ähnlichen Brauch bei den Zigeunern. Die Hebammen im alten Rom verwendeten spezielle Besen, mit denen sie nach der Geburt die Schwelle des Hauses fegten.[14] Damit sollte die Verbindung zwischen der Welt der Lebenden und der Welt der Toten unterbrochen werden, da man glaubte, das Kind sei aus der Welt der Toten gekommen, und man wollte den Weg für eine schnelle Rückkehr dorthin möglichst versperren. Zum Athenischen Fest gehörte es, dass die Seelen der Toten die Häuser der Lebenden besuchten. Dort wurden sie gastfreundlich aufgenommen, dann jedoch ausgetrieben, indem man das Haus mit einem Besen gründlich fegte.

Im alten Mexiko gab es ein Besenfest namens Ochpanitzli. Es war der alten Erdgöttin Teteo-innan (Tlazolteotl) geweiht, die mit ihrem Besen Krankheit und Leid wegkehrte.[15] Die Priester verbrannten schwarzen Weihrauch und legten aus Binsen geflochtene Besen auf die Feuer.[16] Die Totems dieser Göttin waren die Schlange und die Eule.

Im chinesischen Volksglauben lebt die Göttin des Schönen Wetters namens Sao Ch'ing Niang – »das Mädchen, das das Wetter sauberfegt« – auf dem Besenstern, Sao Chou. Bei schweren Regenfällen schneiden kleine Mädchen menschliche Figuren aus Papier aus, die sie mit der Bitte, die Göttin möge schönes Wetter und Sonnenschein bringen, an Toren und Hauseingängen aufhängen[17]. Auch während langer Trockenzeiten wird diese Göttin angerufen, und am chinesischen Neujahr bittet man sie um gutes Wetter.

Erst in der Zeit der Hexenverfolgungen wurden in Europa Hexen mit Besen in Verbindung gebracht. Möglicherweise geht dies auf den heidnischen Brauch zurück, mit einem Besen wie auf einem Spielzeugpferd über die Felder zu reiten, um dadurch die Fruchtbarkeit des Landes zu fördern, den Tod wegzukehren (die alten Feldfrüchte des vergangenen Jahres) und der Wiedergeburt des Lebens den Weg zu bereiten. Man glaubte, in den Enden der Besen wohne eine eigene Lebenskraft, sodass die Besen die Ernte vor schlechtem Wetter schützen könnten. Ein beliebter Name für Hexen im Mittelalter lautete »Besen-Amazonen«[18].

In der italienischen Hexenkunst wird der Besen aus drei verschiedenen Baumarten hergestellt: der Griff aus Esche, die Bürste aus Birkenreisig und die Bindung aus Weide. Diese drei Teile symbolisieren den dreifachen Aspekt der Göttin. Die Esche steht für unsere Fähigkeit, mit den vier Elementen zu arbeiten, die Birke zieht dienstbare Geister an, und die Weide verbindet uns mit der Energie der Dunklen Göttin[19]. In anderen Traditionen besteht der Besen aus sechs Hölzern – Birke, Besenginster, Weißdorn, Haselnuss, Eberesche und Weide[20].

Es ist gut möglich, dass der Besen das älteste magische Werkzeug überhaupt darstellt. In der modernen Hexenkunst wird ein großer Besen verwendet, um dem Boden zu fegen, bevor der Kreis beschworen wird. Doch diese Praxis lässt sich bis ins Jahr 1336 v. Chr. zurückverfolgen, als ägyptische Priester den Ritualplatz mit Besen kehrten und dann den Boden mit gesegnetem Wasser besprengten[21]. Ein kleiner Handbesen kann für ein Reinigungsritual benutzt werden, bei dem alle, die in den Kreis treten, mit heiligem Wasser besprengt werden. Manchmal wird ein Besen auf den Rand des Kreises gelegt, um vorübergehend eine dort hineingeschnittene Tür zu verschließen. An den Kreisvierteln Besen zu kreuzen und dann wieder zu entkreuzen gilt als Möglichkeit, Kreisviertelenergien in den Kreis hereinzulassen. Und wer Besen gekreuzt über die Haustür oder an eine Wand im Haus nagelt, will damit das Haus beschützen und negative Energien zerstreuen.[22]

Frühe Magier in Amerika, vor allem Frauen, benutzten den Besen zu einem ganz anderen Zweck – als Form der Kommunikation. Da ihnen keine Anrufbeantworter und Telefone zur Verfügung standen, diente ein in bestimmten Positionen vor dem Haus aufgestellter Besen zur Information von Freunden und Nachbarn. Ein Besen, der mit den Borsten nach oben dicht neben der Haustür lehnte, bedeutete: »Ich bin woanders zu Besuch.« Stiel nach oben hieß: »Ich bin zu Hause.« Ein liegender Besen bedeutete: »Ich habe zu tun, kommt bitte ein anderes Mal wieder.« Wenn der Besen mit den Borsten nach oben vor einem Fenster lehnte, hieß das, dass die Dame des Hauses unterwegs war, aber in Kürze zurückkommen würde und Besucher eingeladen waren, auf sie zu warten. Für die Allgemeinheit bestimmte Nachrichten wurden durch an den Besen gebundene bunte Bänder übermittelt. Diese Nachrichten signalisierten, ob jemand krank war, in den Wehen lag, ein Kind bekommen oder geheiratet hatte oder Hilfe brauchte. Mit Einführung des Telefons wurde die Besen-Kommunikation überflüssig und verschwand. Doch Hexen, deren Ausbildung länger als dreißig Jahre zurückliegt, benutzen sie bis heute.

Besen kannst du entweder selbst herstellen oder im Handel kaufen. Das musst du entscheiden. Besen mit Metallgriffen sind für magische Zwecke allerdings nicht zu empfehlen. Wie du aus dem historischen Rückblick sehen kannst, werden Besen dazu benutzt, negative Energien zu bannen, die Toten ins Sommerland zurückzuschicken (siehe Seite 261 unter *Übergangsriten*) und Wettermagie zu betreiben. Ist es nicht erstaunlich, wie vielseitig so ein einfaches Haushaltswerkzeug magisch eingesetzt werden kann?

Negativität aus den eigenen vier Wänden verbannen

Benötigte Materialien: Eine Rolle rotes Garn (die Farbe des Lebens); eine kleine Zwiebel; ein Besen; heiliges Wasser (siehe das Kapitel über die Elemente in *Das Zauberbuch der Freien Hexe – Zauberkraft im Alltag*).

Anleitung: Wickle das Garn um die Zwiebel. Du musst nicht das ganze Garn aufbrauchen, nur so viel, dass die Zwiebel gut abgedeckt ist und sich beim Gebrauch nicht häuten kann.

Stell dich bei Sonnenaufgang draußen ins Freie, das Gesicht der Sonne zugewendet. Schließe die Augen und spüre die wärmenden Strahlen auf deinem Gesicht. Atme dreimal tief durch und finde den inneren Punkt der Stille. Halte den Besen und die umwickelte Zwiebel der Sonne entgegen und sprich:

Segne mich, o Großer Geist. Erfülle meine Arbeit mit Freude und Harmonie. Lass die goldenen Strahlen jede Facette meines Seins durchdringen. Möge ich in der Liebe des Göttlichen tanzen.

Beginne im obersten Stockwerk des Hauses. Schiebe die umwickelte Zwiebel mit dem Besen über den Boden, wobei du im ersten Zimmer so viel Fläche wie möglich fegen solltest. Wiederhole die folgenden Worte, während du den Garnball mit dem Besen herumrollst:

Liebe, Harmonie, Freude und Frieden.
Denn höre meine Worte: Alles, worum du bittest und betest, wird dir zuteil werden, wenn du nur fest genug daran glaubst, dass dies möglich ist.
Liebe, Harmonie, Freude und Frieden.

Wenn du das Zimmer verlässt, sprenge etwas heiliges Wasser auf die Schwelle. Nimm dir nun das nächste Zimmer vor und mache so weiter, bis das ganze Haus gereinigt ist. Die Zwiebel und das Garn nehmen alle Negativität auf. Achte darauf, dass das letzte Zimmer, das du auskehrst, eine Tür ins Freie hat. Wenn du fertig bist, öffnest du diese Tür und sagst:

Ich bin umgeben von den Kräften der göttlichen Schöpfung – Liebe, Harmonie, Freude und Frieden. Für das Böse ist hier kein Platz.

Versetze dem Garnball mit dem Besen einen Stoß, sodass er nach draußen fliegt. Während du ihn das Haus verlassen und durch die Luft fliegen siehst, wiederhole: *Liebe, Harmonie, Freude und Frieden.* Besprenge die Türschwelle mit heiligem Wasser. Schubse den Ball dann mit dem Besen in den Rinnstein. Nimm ein Stück Plastikfolie und heb ihn damit auf, ohne ihn zu berühren. Wirf Ball und Plastik dann außerhalb deines Grundstücks in den Müll. Besprenge den Besen mit heiligem Wasser, um ihn zu reinigen.

Wenn du in einer Etagenwohnung lebst, wo du durch Flure oder ein großes Treppenhaus musst, um ins Freie zu gelangen, schiebe den Ball mit dem Besen bis hinunter auf die Straße und in den Rinnstein. Wenn das nicht möglich ist, solltest du den Ball wenigstens aus deiner Wohnung hinausrollen, ehe du ihn mit der Schutzfolie aufhebst. Wenn die Zwiebel im Müll verrottet, wird die Negativität sich erneut verteilen. Daher solltest du den Ball auf keinen Fall mit zurück in dein Haus oder deine Wohnung nehmen.

BUCH

Die meisten Hexen besitzen ein Zauberbuch (unter Wicca-Anhängern auch Buch der Schatten genannt). In der heutigen Zeit hat dieses Buch normalerweise einen schwarzen Einband und wird von seinem Besitzer selbst mit der Hand geschrieben. Die Praxis, ein solches Buch zu besitzen, reicht weit bis in die dunklen Anfänge der Zivilisation zurück, als die Menschen die Schrift entwickelten. Davor und während vieler Krisenzeiten in den Kulturen der Welt (Kriege, Hungersnöte, politische Wirren) wurde das magische Wissen mündlich überliefert, manchmal innerhalb einer Familie, in einer Lehrer-Schüler-Beziehung (in den so genannten Mysterienschulen) oder im Rahmen der Priesterausbildung. Wenn Informationen, Rituale und

Rezepte nur mündlich weitergegeben werden, können sie jedoch relativ leicht verloren gehen. So beschlossen schließlich jene, die schreiben konnten, ihr Wissen in Buchform festzuhalten.

Ägypten, das Land der Geheimnisse und des Zaubers, gilt als die Wiege eines großen Teils des schriftlich überlieferten okkulten Wissens. In Ägypten geht der Gebrauch von magischen Amuletten bis ins vierte vorchristliche Jahrtausend zurück, und magische Bücher finden sich ab dem späten dritten Jahrtausend bis zum fünften Jahrhundert vor Christus[23]. Etwas Kopfrechnen sagt uns, dass Magie sich schon vor sechstausend Jahren nachweisen lässt, und Bücher über Magie gibt es schon seit fünftausend Jahren. Das ist eine ganz schön lange Zeit!

Bei Clemens von Alexandria ist nachzulesen, dass vor dreitausend Jahren die Ägypter über zweiundvierzig geheime Weisheitsbücher verfügten, als deren Verfasser Hermes galt (auch bekannt als Thoth, der ägyptische Gott der Weisheit). Diese Bücher wurden in den Tempeln aufbewahrt. Sie enthielten Gesetze, Hymnen, Rituale, Informationen für die Ausbildung von Priestern und Priesterinnen und Informationen über Götter, Astrologie, Geografie, Medizin, die Kommunikation mit Verstorbenen, Zaubersprüche, Anrufungen von Gottheiten, Puppenmagie und Kosmologie[24] – die gleichen Themen also, die du auch in einem modernen Zauberbuch findest. Und diesen Büchern wurde die gleiche Verehrung entgegengebracht, wie sie auch heute in Hexenzirkeln üblich ist – die Vorschrift zur Geheimhaltung und der Brauch, dieses Wissen stets nur »von eigener Hand« zu kopieren, um nur zwei Gemeinsamkeiten zu nennen. Weiter ist interessant, dass selbst vor Jahrtausenden schon solche Bücher nicht das Produkt nur einer einzigen Kultur darstellten, sondern Einflüsse vieler Völker enthielten, nach

Ägypten gebracht durch Sklaven, königliche Gesandte, Reisende, Gelehrte und sogar pensionierte Soldaten, die auf der Suche nach Ruhe und Erholung zur Königin des Nils strömten. Das bedeutet, dass alle Magie, die du heute praktizierst, von ihren Inhalten her multikulturell ist.

Die Ägypter waren jedoch nicht die einzigen alten Völker, die ihr magisches Wissen in Büchern festhielten. In *Die Arche: Biblische Geschichten im Lichte der Völkerkunde* berichtet J. G. Frazer, dass Noah den Bau der Arche aus einem heiligen Buch erlernte, das Adam von dem Engel Rezial übergeben worden war. Dieses Buch enthielt alles menschliche und göttliche Wissen, einschließlich astrologischer Geheimnisse, und war aus Saphiren hergestellt.[25] Noah bewahrte das Buch in einer goldenen Schatulle auf und nahm es mit an Bord der Arche, wo es ihm als Zeitmesser diente, mit dem er Nacht und Tag voneinander unterschied. Das klingt für mich nun wirklich nach einem magischen Buch! Und nein, es handelte sich nicht um die Bibel, denn jenes Buch ist heute als *Sepher Rezial* bekannt und wird in mehreren historischen Texten und wissenschaftlichen Arbeiten erwähnt. Noah war nicht die einzige biblische Gestalt, die über dieses Wissen verfügte. Es heißt, dass auch König Salomo einen großen Teil seines magischen Wissens aus dem *Sepher Rezial* bezog[26].

Die meisten Bücher der Schatten oder magischen Bücher, die im Lauf der Jahrhunderte niedergeschrieben wurden, enthalten eine nur wenig geordnete oder zum Teil völlig chaotische Mischung magischen Wissens. Schließlich sind sie nichts weiter als magische Notizbücher und lesen sich deshalb ganz anders als moderne Lehrbücher, wie du sie aus der Schule oder der Universität kennst. Und in ihrer ursprünglichen Fassung spiegelt sich darin zumeist deutlich die Persönlichkeit des

Autors oder der Autorin. Denk nur an das Rezeptbuch deiner Großmutter, dann bekommst du eine Vorstellung, wie solche Bücher aussahen. Da manche dieser Bücher von einer Person zur nächsten weitergereicht wurden, fügte man Dinge hinzu oder entfernte ganze Seiten – auch Ausdruck der Persönlichkeit des jeweiligen Besitzers. Und sehr häufig geschah es, dass jemand aus der Familie oder dem Klerus es für seine Pflicht hielt, zu zerstören, was er nicht verstand. Schon im ersten Jahrhundert n. Chr. wurden magische Bücher oft verbrannt, besonders wenn sie sich mit Divination und Weissagung beschäftigten (da man dies als Bedrohung für Kirche und Staat betrachtete). Hey, oder würdest du wollen, dass dir jemand in die Quere kommt, weil er im Voraus von den üblen Machenschaften weiß, die du anzetteln willst, wenn Rom brennt? Wohl kaum.

Ab dem elften Jahrhundert, in der Zeit der Kreuzzüge, drang eine wahre Flut magischen Wissens aus der arabisch/muslimischen Welt über Spanien nach Europa. Eines dieser Bücher hieß *Ghayat Al-Hakim,* was bedeutet »Das Ziel des Weisen«. Es wurde unter dem Titel *Picatrix* ins Lateinische übersetzt. Der arabische Autor verbarg seine Identität sorgfältig – verständlicherweise, denn im Vergleich zu seinem Buch wirkt Lovecrafts *Necronomicon* so harmlos wie *Pu der Bär*.

Das *Sepher Rezial* (Noahs magisches Buch) tauchte im dreizehnten Jahrhundert auf, die Übersetzung wird Eleazer von Worms zugeschrieben. Im fünfzehnten Jahrhundert zirkulierten in Europa mehrere Arten von magischen Büchern, die überwiegend magische Vorstellungen und Praktiken aus den klassischen Kulturen enthielten (von den Griechen und Römern, die ihrerseits bei den Ägyptern und wer weiß wem noch abgeschrieben hatten), vermischt mit den Vorstellungen und Praktiken der germanischen und keltischen Völker. Frühe christliche Magier bedienten sich stark bei den Neoplatonikern und außerdem bei den Juden und Muslimen. Daher ist es superschwierig herauszufinden, was woher stammt! Davon abgesehen, müssen wir bedenken, dass diese Bücher von Menschen wie du und ich geschrieben wurden. Sie waren nicht größer oder besser als wir. Sie waren Suchende, so wie du heute. Manche dieser Bücher wurden von Leuten verfasst, die noch Teenager oder gerade Anfang zwanzig waren.

Aus dem fünfzehnten Jahrhundert sind zwei sehr unterschiedliche magische Bücher erhalten – eines, das Anleitungen für das tägliche Leben enthält (aus dem Schloss Wolfsthurn in Tirol). Es befasst sich mit Naturmagie (Pflanzen, Elementen, Heilung, das Herz einer schönen Dame gewinnen, etc.) ebenso wie mit Fragen der Haushaltsführung – und ein düstereres Buch, das heute in München aufbewahrt wird und in dem einige ziemlich üble Beschwörungen enthalten sind. Historiker glauben, dass es von im Untergrund tätigen christlichen Klerikern verfasst wurde. Es liefert Hinweise darauf, wie es zu den Hexenverbrennungen kam (bei denen Massenhysterie eine Rolle spielte und der Wunsch der Kirche, sich Vermögen und Grundbesitz anzueignen und die Menschen zu beherrschen, indem man ihnen Angst machte)[27]. Manche dieser magischen Bücher, wie das Wolfsthurn-Manuskript und die Münchner Sammlung wurden *Grimoires* genannt, ein französisches Wort, das »magisches Handbuch« bedeutet. Leider stammt das Wort *Grimoire* aus den Hexenprozessen und wurde daher nicht gerade in einem fairen oder angenehmen Licht betrachtet. Tatsächlich behandelte der mittelalterliche Klerus Bücher wie reale Personen, und manchmal wurde sogar einem Buch der Prozess gemacht wie einem Menschen. Und wenn es ihnen nicht gefiel, wurde es verbrannt – die unselige Tradition der Bücherverbrennungen hat sich bei Fundamentalisten bis heute erhalten.

Im siebzehnten Jahrhundert wird in den Inquisitionsakten von Venedig im Prozess gegen eine Frau namens Laura Malipero, die der Hexerei angeklagt war, ein magisches Buch erwähnt. Bei der Durchsuchung ihres Hauses entdeckten die Vertreter der Inquisition ein Exemplar von *Der Schlüssel Solomon* zusammen mit einem privaten, handgeschriebenen Buch mit Sprüchen und Ritualen, in das Laura Teile des *Schlüssels* übertragen hatte[28]. In anderen Aufzeichnungen der Hexenverfolger (ich zögere, von Hexenverfolgern zu sprechen, denn sie töteten nicht nur Hexen, sondern so ziemlich jeden, der ihnen aus irgendeinem Grund nicht passte) wird ein schwarzes, von seinem Besitzer eigenhändig geschriebenes Buch erwähnt – daher rührt also offenbar die Tradition, sein Zauberbuch mit einem schwarzen Einband zu versehen. Vielen historischen Aufzeichnungen zufolge wiesen magische Bücher Einbände in zahlreichen Farben auf, darunter Rot, Grün und Purpur.

Wenn man die Geschichte der Hexenkunst erforscht, fällt es manchmal schwer, Fiktion von Fakten zu trennen. Manche Ausdrücke, die wir heute benutzen, stammen unmittelbar aus der Zeit der Inquisition – solche Worte oder Vorstellungen waren vor den Hexenverfolgungen vielleicht gar nicht gebräuchlich (»Sabbat« zum Beispiel), aber unter der Folter sagten die Leute, was immer ihre Peiniger hören wollten, und so nahm ein ganz neues Vokabular Gestalt an (mittelalterliche Modewörter, sozusagen). Auf wundersame Weise tauchten neue Wörter auf, um Dinge zu beschreiben, für die es zuvor nie eine Definition gegeben hatte. Die Inquisition und die Kirche, in ihrem Bestreben, etwas auszumerzen, was in Wahrheit überhaupt nicht existierte, erfanden Worte und weitschweifige Definitionen, um ihre Fantasien zu untermauern und vor der Öffentlichkeit zu verbergen, dass sie nur so zu ihrem Vergnügen Menschen opferten (*Grimoire* ist auch ein solches Wort). Die modernen Hexen haben einige dieser Wörter übernommen (nachdem diese neuen Begriffe nun einmal da waren, konnte man sie ebenso gut benutzen), andere dagegen fallen gelassen.

Das Herumspielen mit Wörtern (etwas, das viele Menschen lieben) hat in der magischen Zunft, aber auch darüber hinaus schon für eine Menge Verwirrung gesorgt. Bei deinem Studium der Hexenkunde wirst du schon bald erkennen, welches Durcheinander Menschen mit einem unklaren Gebrauch von Wörtern anrichten können. Wenn du also eine bestimmte Form der Magie erlernen willst, musst du dich zunächst einmal genau über die Kultur informieren, in der diese Magie entstanden ist. Sich dabei auf moderne Interpretationen zu verlassen trägt nur zusätzlich zur Verwirrung bei. Doch letztlich wirst du herausfinden, dass praktische Erfahrung durch nichts zu ersetzen ist. Sie wird dir helfen, inmitten all dieser Definitionen den Überblick zu behalten – aber wie alle ernsthaften Studien braucht das seine Zeit.

Praktizierende Wiccas werden dir vermutlich erzählen, dass das Buch der Schatten normalerweise einen schwarzen Einband hat, um die Negativität der »realen Welt« von ihm fernzuhalten und seinen Inhalt zu schützen – was an sich nicht ganz falsch ist. Aber ich wette, dass die einfachen Leute im Mittelalter schlichtweg keinen Zugang zu fuchsiafarbenen Einbänden hatten, und falls doch himmelblaue Einbände mit rosa Punkten zu bekommen waren, hätte das in einem irischen Dorf vermutlich unerwünschte Aufmerksamkeit erregt. Wir wissen, dass einer der Gründe, warum man heute Schülern sagt, dass ein Buch der Schatten schwarz zu sein hat, auf Informationen aus der Zeit der Inquisition zurückgeht (die unter den Qualen der Folter gewonnen wurden, möchte ich hinzufügen). Wenn für das Buch der Schatten die Farbe Schwarz gewählt wird, kann das also auch geschehen, um der Unschuldigen zu gedenken, die während der Inquisition ihr Leben lassen mussten. Der Brauch, diese Bücher handschriftlich zu verfassen, stammt auch aus jener finsteren Zeit vor der Entwicklung der Druckerpresse.

Die Druckerpresse brachte ein neues Zeitalter der Aufklärung, in dem alter Aberglaube dahinschwand und die Wissenschaft rasche Fortschritte machte und den Massen ganz neue Wissensbereiche erschloss. Was einst wenigen Auserwählten vorbehalten geblieben war, wurde nun weitergeleitet wie ein Internet-Witz. Jene magischen Bücher, die von fanatischen Eiferern zerstört worden waren, fanden eine neue, hungrige Leserschaft. Dank der neuen Technik musste magisches Wissen nicht mehr mühsam aus alten, verblichenen Folianten abgeschrieben werden, sondern stand frisch gedruckt zur allgemeinen Verfügung. Natürlich war auch weiterhin Geheimhaltung erforderlich (Kirche und Staat machten immer noch gnadenlos Jagd auf die Hexen), aber wenigstens konnte man das gute magische Wissen nun mit mehr als zwei Schülern teilen. Und im frühen zwanzigsten Jahrhundert war es endlich so weit, dass Menschen wie Dion Fortune ihre magischen Informationen in Form von Studienbriefen an ihre Schüler verschickten.

Die Wicca-Bezeichnung *Buch der Schatten* wird Gerald Gardner zugeschrieben, der als der Begründer der modernen Hexenkunst gilt (obwohl es zu seiner Zeit noch andere prominente Magier gab, die diesen Titel für sich beanspruchen könnten). Doreen Valiente, allen modernen Wiccas durch ihre Gedichte bekannt, gehörte Gardners Gruppe an. Sie berichtete, die Idee vom Buch der Schatten sei 1949 entstanden, als Gardner den Einfall hatte, ein Buch mit Hexen-Ritualen und magischem Wissen *Buch der Schatten*[29] zu nennen, als Ersatz für die traditionelle und nüchterne Bezeichnung *Grimoire*. Valiente fand heraus, dass er den Namen aus einem 1949 in der Zeitschrift *The Occult Observer* erschienenen Artikel entlehnt hatte. Darin war von einem alten Sanskrit-Manual die Rede, das diesen Namen trug. In diesem Manual wird beschrieben, wie sich das Schicksal eines Menschen aus der Länge seines Schattens ablesen lässt[30]. Gardners Buch trug ursprünglich den Titel *Ye Bok of Ye Art Magickal* und wurde mehrfach überarbeitet. Dieses Grimoire taufte er in *Buch der Schatten* um, kurz nachdem sein bahnbrechendes Werk *High Magic's Aid* 1949 in Form eines Romans erschienen war. Teile von *High Magic's Aid* waren aus *Ye Bok of Ye Art Magickal* übernommen. Als 1951 das Hexereiverbot in England aufgehoben wurde, lag mit *High Magic's Aid* das erste moderne Hexen-Handbuch vor.

Am Ende des zwanzigsten Jahrhunderts waren bereits mehr als 1000 Bücher über Hexenkunst erhältlich (davon sind ungefähr ein Drittel fiktionale Literatur, ein Drittel historische Sachbücher und der Rest Hand- und Lehrbücher). Inzwischen gibt es sogar schon Zauberbücher im World Wide Web! Und das zeigt, dass die Magie niemals ausstirbt – sie verändert sich nur im Laufe der Zeit.

Früher wurden in vielen magischen Büchern Symbole benutzt (beispielsweise drei gleicharmige Kreuze nebeneinander), um dem Leser anzuzeigen, wo bestimmte Ritualformate oder Sprüche zu ergänzen waren. Wenn man diesen geheimen Code nicht kannte, konnte man mit dem Buch wenig anfangen. Das erklärt, weshalb man oft von Historikern, die sich bemühen, die Bedeutung der Dinge historisch zu erklären, zu hören bekommt: »... und an dieser Stelle folgt sinnloses Kauderwelsch.« In diesem Buch hier habe ich größtenteils auf diese Praxis verzichtet, du wirst aber doch ein oder zwei Codes finden. Wenn in zweihundert Jahren ein zukünftiger Historiker dieses Buch entdeckt und Seiten darin fehlen, wird er vielleicht nicht wissen, was »SSE« oder »GS« bedeuten. Für ihn wären das unverständliche Buchstabenkombinationen, aber du weißt, dass SSE »So sei es« bedeutet, und GS »Gesegnet sei ...« (Okay, falls du es bisher nicht wusstest, jetzt weißt du's). BDS bedeutet Buch der Schatten. Codes kann man auch zur Abkürzung längerer Formeln verwenden, zum Beispiel: »Hier ADG einfügen« – womit gemeint ist, dass in ein Ritual oder einen Zauberspruch die Anrufung der Göttin eingefügt werden soll. Wenn du während deiner Hexenausbildung je aufgefordert werden solltest, ein Buch der Schatten »eigenhändig niederzuschreiben«, wird dir einleuchten, warum die Codes wichtig sind – sie sparen Zeit, erleichtern deiner müden Schreibhand die Arbeit und sorgen für eine gewisse Geheimhaltung.

Zeremonie zum Aufladen für dein Buch der Schatten

Benötigte Materialien: Geweihtes Wasser; reinigender Weihrauch nach Wahl; zwei weiße Kerzen; eine weiße Decke, ein großes, selbst gezeichnetes Pentagramm; dein Altar; eine etwa einen Meter lange Schnur (Farbe nach Wahl); dein persönliches BDS; und, wenn du möchtest, auch dieses Buch hier.

Anleitung: Breite an einem Vollmond oder Neumond die weiße Decke über deinem Altar aus. Platziere das Pentagramm in der Altarmitte. Lege dein Buch der Schatten darüber und schlage die erste Seite auf. Stell die weißen Kerzen links und rechts neben das Buch. Drapiere die Schnur auf dem Buch und auf dem Altar. Nimm ein spirituelles Bad (siehe Seite 174 unter *Rituelles Bad*) und lege weite, möglichst nicht brennbare unifarbene Kleidung an (sie kann weiß sein, für Reinheit, schwarz, um Negativität abzuwehren, grün für geistiges Wachstum, etc.). Schaffe einen heiligen Raum durch Reinigung mit den vier Elementen (mit Symbolen für Erde, Luft, Wasser und Feuer). Fächere Weihrauch über die Buchseiten. Fahre dreimal mit der brennenden Kerze über das Buch. Besprenge es mit heiligem Wasser. Führe das Esbat-Ritual aus, wie es in dem Kapitel *Esbat* auf Seite 31 beschrieben ist. Wenn du zu Schritt neun kommst, tue Folgendes:

Zünde die weiße Kerze an und bitte den Großen Geist, dieses heilige Ritual zu segnen. Halte deine Hände über das Buch und sprich:

Gnädiger Herr, gnädige Herrin, die ihr das Universum
in Frieden und Harmonie regiert, die ihr eure
verborgenen Kinder der Zunft der Weisen beschützt
und allen ernsthaften Suchern Transformation und
Freude bringt, hört mich an. Segnet und weiht dieses
Buch in eurem Namen, auf dass ich für immer auf
den Pfaden des Lichts wandele und die hier
niedergeschriebenen Worte in dieser Welt und auch
in den jenseitigen Welten Gestalt annehmen.
Mögen von diesen Worten stets nur Frieden, Liebe,
Wohlstand, Schutz, Glück und Harmonie ausgehen.
Mögen, indem ich jede Silbe in der Richtung des Lichts
ausspreche, meine Macht und Weisheit wachsen.

Bitte beschützt dieses magische Buch, damit es niemals gestohlen oder beschädigt wird. Und sollte es doch geschehen, dass es mir abhanden kommt, bitte ich darum, dass seine magische Kraft zum Großen Geist zurückkehrt. Wenn andere Menschen es ohne meine Einwilligung an sich nehmen, es verbrennen oder auf andere Weise zerstören, so mögen diese Menschen eure Namen für alle Zeiten kennen und alle Unwissenheit möge von ihnen abfallen. Ich weiß, dass ihr das für mich tun werdet. Und da ich es will, ist es so.

Zeichne ein Pentagramm zur Erd-Anrufung (wie unten abgebildet) über dem Buch in die Luft, blase dann dreimal sanft über das Buch und visualisiere dabei, dass der heilige Atem des Göttlichen es durchdringt und erfüllt.

Versiegele es, indem du ein gleicharmiges Kreuz über dem Buch schlägst. Schließe das Buch und umwickele es lose mit der Schnur. Zeichne erneut das Kreuz-Siegel in die Luft.

Fahre mit dem Basisritual fort.

Wenn du mit dem Buch arbeitest, trage dabei die Schnur am Körper, als Symbol für deine Verbundenheit mit dem Großen Geist. Der erste Text in deinem Buch sollte der nachfolgende Segen für das persönliche Tage- oder Zauberbuch sein:

Diese Worte hier sind mein,
spiegeln meine Seele wider.
Hülle sie in Liebe ein,
Segen komme auf sie nieder.
Hüte dich, dies Buch zu nehmen,
und die Worte drin zu lesen,
denn mein Zauber ist ganz klar,
legt mir alles offen dar,
und ich weiß, du hast berührt,
was nur mir zu sehn gebührt.

Jedes Mal, wenn du mit dem Buch arbeitest, kannst das Segnungs- und Weihegebet benutzen, das dir hilft, die erforderliche magische Kraft für deine Arbeit aufzubauen.

Glocke

Glocken kennt man in China schon seit 2000 v. Chr., und auch in Ägypten, Indien, Griechenland, Rom und anderen antiken Kulturen waren sie vorhanden. Von frühester Zeit an wurden sie als Signalinstrumente benutzt, als Ritualgegenstände, als magische und Schutzzwecken dienende Amulette (die man über Türen aufhängte oder Tieren um den Hals band), für Fruchtbarkeitszauber, um Götter oder Göttinnen sowie Geister herbeizurufen, und außerdem auch einfach als Musikinstrumente. Der Hohepriester in Israel trug goldene Schellen am Saum seines

Gewandes, weil man glaubte, dass deren Klingeln ihn vor negativen Energien schützte, die an Toreingängen und Türschwellen lauerten. In China läutete man Glocken, um Regen herbeizurufen, und in manchen Kulturen gab es unterschiedlich klingende Glocken für die einzelnen Jahreszeiten. In der Zeit vom sechsten bis elften Jahrhundert verbreiteten sich in Europa die Kirchenglocken, und in der Ostkirche wurden sie erstmalig im neunten Jahrhundert benutzt. Glocken wurden öffentlich getauft und bestimmten Heiligen geweiht. Man schrieb den Kirchenglocken magische Kräfte zu, weil sie oben im Glockenturm »zwischen Himmel und Erde« hingen. Dies ist auch der traditionelle Platz für heidnische Magie: zwischen den Welten[31]. Man erzählte sich, dass manche Glocken von sich aus läuteten, und um die Pflege, den Transport und das Läuten der Glocken rankten sich im Mittelalter unzählige Mythen und Legenden. Der Ausdruck »Glocke, Buch und Kerze«, der oft ganz spielerisch unschuldig mit modernen Hexen in Verbindung gebracht wird, bezeichnete ursprünglich in der römisch-katholischen Kirche jene Zeremonie, die man durchführte, um uns Hexen zu verdammen. Bei dieser Zeremonie läutete eine Glocke, und dann trugen zwölf Priester Kerzen herein und warfen sie auf den Boden, während das Urteil verlesen wurde. Heute gibt es in den USA viele Geschäfte für Hexen- und Zauberartikel, die sich stolz »Glocke, Buch und Kerze« nennen.

In der modernen Hexenkunst werden Glocken zu zahlreichen Zwecken eingesetzt. Ganz ähnlich wie unsere heidnischen Vorfahren verwenden wir sie, um Negativität zu bannen, den heiligen Raum vorzubereiten, Häuser zu segnen, für Fruchtbarkeits- und Schutzzauber, um Kontakt zu den Toten aufzunehmen, die Gottheit anzurufen und um Wettermagie zu betreiben.

* Einmaliges Läuten kündet den Beginn eines Zauberspruchs oder Rituals an.
* Dreimaliges Läuten kündet eine Pause an oder dient dazu, Gegenstände von negativen Energien zu reinigen.
* Viermaliges Läuten beschließt eine magische Handlung.
* Fünfmaliges Läuten ruft die Kreisviertel-Energien.
* Siebenfaches oder einundzwanzigfaches Läuten ruft die Toten.
* Neunmaliges Leuten ruft die Gottheit.

Der Brauch, bei einem Gewitter Glocken zu läuten, um die Energien zu zerstreuen, stammt aus dem Mittelalter, als bei besonders schlimmen Unwettern eigens Männer für ihre Dienste als Glöckner bezahlt wurden. Viele Glocken aus jenen Tagen tragen die Inschrift: »Blitz und Donner weichen heut' meinem Geläut'.«[32] Glockenläuten und das Intonieren dieser Worte wird auch von heutigen Hexen noch praktiziert, um ein heftiges Gewitter zu besänftigen, ebenso werden Glocken geläutet, wenn es gilt, bei anhaltender Trockenheit Regen herbeizurufen. Bei diesem Wetterzauber wird nacheinander dreimal, siebenmal und neunmal geläutet, und dies mindestens dreimal in Folge. Wie oft du läutest und wie viel Zeit du dafür im Freien verbringst, hängt vom Ernst der Lage ab. Je ernster, desto mehr Geläute.

Glocken sollten wie andere Ritualgegenstände gereinigt, geweiht und aufgeladen werden. Sie können allgemein in der magischen Arbeit eingesetzt oder einer besonderen Aufgabe vorbehalten werden, beispielsweise als Schutzamulett für ein Kind, für die Wettermagie oder die Anrufung einer bestimmten Gottheit. Ein mit Glöckchen besetzter Armreif kann dir anzeigen, welche Personen spirituell gut justiert sind und welche viel Negativität in sich tragen. Generell sind die, die den Klang der Glöckchen als angenehm empfinden (momentan) spirituell in guter Verfassung, während jene, die das Klingeln als störend empfinden, bewusst oder unbewusst eine Menge Negativität angesammelt haben. Wenn jemand zu dir sagt, dass du »diese dummen Glöckchen« abnehmen sollst, kannst du darauf wetten, dass er in keiner glücklichen seelischen Verfassung ist. Ein Arm- (oder Fuß)reif mit Glöckchen reinigt bei jeder Bewegung die Luft von Negativität, besonders wenn du die Glöckchen als Schutzzauber aufgeladen hast.

Hexenflasche

Die ersten Behältnisse, die dazu dienten, Zauberei zu »speichern«, wurden in einem ägyptischen Dokument erwähnt. Damals wurden Namen und Beschwörungen auf Papyrus festgehalten und dann in einer Schatulle oder einem kleinen Topf versiegelt, die man auf einem Friedhof vergrub, um so die Hilfe der Toten zu erbitten. Diese Methode magischer Einflussnahme scheint ein Vorläufer der islamischen Tradition gewesen zu sein, bei der man einen Dschinn in einer Flasche versiegelte.[33] Heutige Forscher bezeichnen dergleichen als Defixiones. Eine andere ägyptische Topf-Magie war das Ritual des Roten Topfes, bei dem der Topf bewusst zerschlagen wurde (weitere Informationen zu diesen Themen findest du im dritten Band dieser Reihe – *Zauberkraft im Alltag* – unter *Talismane, Amulette und Defixiones* und *Feinde*). In Australien stellten Aborigines ein kleines Lehmgefäß her, nicht größer als drei Zentimeter im Durchmesser, das Cous-cous genannt wurde. Der Zauberer flüstert einen Spruch in das Gefäß, dann wird es verschlossen und vergraben. Ein solches Cous-cous soll angeblich jedes Geheimnis sicher bewahren. Das Cous-cous dient auch dazu, einen Zauberspruch zur rechten Zeit freizusetzen. Er wird in das kleine Lehmgefäß gegeben, das dann mit einem dünnen Zwirn an einem Baum aufgehängt wird. Wenn der Faden reißt und das Cous-cous zu Boden fällt und zerbricht, wird der Zauberspruch freigesetzt. Im sechzehnten und siebzehnten Jahrhundert verwendeten englische Hexen Steinkrüge und Flaschen als magische Behältnisse. Diese Gefäße wurden nach den wilden Gesichtern benannt, die man in sie einbrannte.[34] Sie dienten dazu, Energien zu bannen und Haus und Besitz der Hexen zu schützen.

Heute verwenden Hexen Flaschen und Krüge in allen Größen und Formen für eine Vielzahl von magischen Zwecken. Obgleich einige wenige mit Gesichtern oder Tierdarstellungen verziert oder auf einzigartige Weise geformt sind, handelt es sich in der Regel doch um schlichte Gefäße, die einfach bei Bedarf aus dem Geschirrschrank geholt werden. Wenn die Flaschenoberfläche relativ eben ist und du über einen Computer verfügst, kannst du dir Motive einscannen und auf ein Etikett drucken, mit dem du die Flasche beklebst. Wenn du keinen Computer besitzt, kannst du stattdessen Zeitschriften durchblättern und dir ein Bild ausschneiden, das zur Absicht deines Zauberspruchs passt, und es auf das Gefäß kleben.

Und nun hat das einundzwanzigste Jahrhundert uns Geräte zur Lebensmittelversiegelung beschert, mit denen man Lebensmittel in Beuteln unterschiedlicher Größe aber auch in Krügen vakuumverpacken kann. Diese bemerkenswerte Technik lässt sich für verschiedene magische Zwecke einsetzen. Du kannst damit beispielsweise deine kostbaren Bücher schützen, Ritualgegenstände versiegeln, Kräuter frisch halten und sehr effektiv die Hexenflasche ersetzen. Das Vakuum-System eignet sich hervorragend, um einen Menschen von Negativität zu befreien. Man schreibt den Namen des Betreffenden auf einen Zettel und packt den Zettel in einen Vakuumbeutel, der auf diese Weise als Schutzzauber wirkt. Wenn du die Luft aus dem Beutel absaugst, wird damit auch die Negativität entfernt. Wenn du die Luft erst heraussaugst und den Beutel dann noch in die Tiefkühltruhe legst, hat die Negativität keine Chance mehr – das kannst du mir glauben!

Du kannst die Anzahl von Zutaten (oder Dingen) in einer Hexenflasche anhand der magischen Bedeutung der Zahlen wählen.

Die Anzahl der Zutaten und die Bedeutung dieser Zahl

EINS
Bedeutung der Zahl: Einheit des Geistes; Unabhängigkeit; Kreativität.
Astrologisches Symbol: Sonne.
Farbe: Weiß.

ZWEI
Bedeutung der Zahl: Ausgewogenheit; häusliches Leben.
Astrologisches Symbol: Mond.
Farbe: Silber.

DREI
Bedeutung der Zahl: Kreative Kraft und Wachstum; jede Form von Dreiheit.

Astrologisches Symbol: Mars.
Farbe: Rot.

VIER
Bedeutung der Zahl: Bauen; Ordnung; Gerechtigkeit.
Astrologisches Symbol: Saturn.
Farbe: Schwarz.

FÜNF
Bedeutung der Zahl: Wandel und Einsicht; Liebe; die Hexenpyramide.
Astrologisches Symbol: Venus.
Farbe: Rosa.

SECHS
Bedeutung der Zahl: Harmonie und Aktivitäten, die dazu dienen, Harmonie zu erzeugen; Fruchtbarkeit.
Astrologisches Symbol: Merkur.
Farbe: Gold.

SIEBEN
Bedeutung der Zahl: Mystik; Sicherheit; Abwehrzauber; Schutz.
Astrologisches Symbol: Neptun.
Farbe: Purpur.

ACHT
Bedeutung der Zahl: Transformation und Erneuerung; der Intellekt.
Astrologisches Symbol: Pluto.
Farbe: Orange.

NEUN
Bedeutung der Zahl: Dreifache Triade: überlegene spirituelle Macht; Heilung.

Astrologisches Symbol: Jupiter.
Farbe: Grün.

ZEHN
Bedeutung der Zahl: Wendepunkt: höchste Manifestation; universelle Gesetze; Schicksal.
Astrologisches Symbol: Uranus.
Farbe: Blau.

ELF
Bedeutung der Zahl: Selbstbeherrschung; Erfolg.
Astrologisches Symbol: Das All.
Farbe: Aquamarin.

Welche Ingredienzen du auswählst, liegt bei dir – Kräuter, Öle, kleine Edelsteine, einen Magneten, auf Pergament geschriebene Zaubersprüche, kleine Amulette oder Talismane aus Ton, eine Haarlocke, um nur einige Vorschläge zu nennen. Sie sollten auf jeden Fall passend zu deinem Wunsch ausgewählt werden.

Wenn diese Inhalte in einem magischen Kreis gemischt und für einen speziellen Zweck aufgeladen wurden, fülle sie in die Flasche. Die ganze Flasche wird dann »beschworen« (aufgeladen), und der Inhalt wird mit langsamen, kreisförmigen Bewegungen durchgemischt, wobei du gleichzeitig intensiv die Verwirklichung deines Zieles visualisierst. Fahre mit deinem Zauberstab, dem Athame oder deiner Hand oben über die Flasche oder den Krug und sprich:

Im Namen Aradias,
der Königin der Hexen,
beschwöre ich dich, o magische Flasche,
mir zu dienen.

Klopfe entsprechend der Anzahl der Zutaten seitlich auf die Flasche. Wenn du fünf Dinge hineingefüllt hast, klopfe fünfmal. Sprich danach deine Absicht aus. Sage anschließend: »Du wirst nicht versagen. So sei es!« Verschließe die Flasche oder den Krug sorgfältig. Versiegele das Gefäß mit heißem Wachs in der Farbe, die zu der Anzahl der Ingredienzien passt. **Hinweis:** Wenn du die Farbe passend zur Anzahl der Ingredienzien wählst, hilft dir das außerdem, auseinander zu halten, welcher Zauberspruch sich in welcher Flasche befindet, falls du mehrere ähnliche Flaschen gleichzeitig in Gebrauch hast.

Ist eine Hexenflasche einmal versiegelt, wird sie normalerweise nicht wieder geöffnet, es sei denn, du willst aus irgendeinem Grund den Zauber brechen, oder du möchtest die Flasche als magischen Katalysator benutzen und sie deshalb zerschlagen, oder du willst einen allgemeinen (unspezifischen) Schutzzauber erneuern. Wenn du daran arbeitest, etwas in dein Leben zu ziehen, kannst du die Flasche auf deinen Altar stellen und sie zwischendurch immer wieder kreisförmig schütteln, damit der Zauber aktiv bleibt. Wenn der Wunsch sich erfüllt hat, dann bringt es zusätzlich Glück, wenn du die Flasche anschließend im Garten vergräbst, sie auf dem Dachboden unter eine Traufe schiebst oder in einen Schrank im Keller stellst. Wenn du dir absolut sicher bist, dass die Flasche dir nicht mehr nützlich sein kann, kannst du sie wegwerfen.

Wenn du daran arbeitest, etwas abzuwehren oder loszuwerden, solltest du die Flasche außerhalb deines Grundstücks vergraben, eventuell an einer Straßenkreuzung. Wie schon die alten Ägypter kannst du die Flasche auch am Grab eines geliebten Menschen aufstellen und ihn um Hilfe bitten. Allerdings solltest du vorher bei der Friedhofsverwaltung nachfragen, was auf das Grab gestellt werden darf und was nicht. Wenn die Flasche dazu dienen soll, dein Zuhause zu schützen, so wie die zuvor erwähnten Steinkrüge mit den wilden Gesichtern, solltest du sie innen gleich an der Haustür aufstellen. Immer an den Sonnenwenden und Äquinoktien leere und reinige sie und erneuere den Inhalt. Und zuletzt sei noch erwähnt, dass im Rahmen eines Rituals eine Hexenflasche auch ins Feuer geworfen werden kann, damit sie explodiert und ihre Kraft ins Universum schleudert. Das solltest du jedoch nur im Freien und mit größter Vorsicht durchführen.

Kerzen und Wachs

Seit über fünftausend Jahren benutzt man Kerzen in der Magie, bei der religiösen Praxis, bei Prozessionen und im normalen Haushalt. Kerzen aus Bienenwachs wurden schon 3000 v. Chr. in Ägypten und auf Kreta verwendet. Auf Reliefs in alten ägyptischen Gräbern in Theben sind kegelförmige Kerzen in an Essgeschirr erinnernden Haltern und Kerzenleuchter abgebildet.[35] Bei den Römern wurden Kerzen zu Ehren der Juno Lucina (Mutter des Lichts) angezündet, von der man sagte, sie herrsche über Sonne, Mond und Sterne. Aus ihrem Fest der Lichter wurde das christliche Fest der Heiligen Luzia[36]. Plinius schrieb, diese Kerzen seien aus mit Pech und Wachs getränkten Flachsstricken gefertigt worden. Das älteste Kerzenfragment Europas, aus dem ersten Jahrhundert n. Chr., wurde in der Nähe von Avignon gefunden.[37]

Da sie zu den einfachsten magischen Techniken gehört, war die Kerzenmagie immer schon beliebt, um mit der Kerzenflamme als Symbol für das heilige Licht des Großen Geistes die Dunkelheit zu vertreiben und durch die Arbeit mit der göttlichen Energie positive Kräfte freizusetzen. Das uralte Ritual, eine brennende Kerze in heiliges Wasser zu werfen und dabei um göttlichen Segen zu bitten, ist eine magische Aktivität, bei der die Kerze mit dem ersten Gott assoziiert wird, der aus dem Leib der Göttin geboren wurde. Im Anschluss an dieses Ritual wird das Wasser verwendet, um Menschen, Wohnungen und magische Werkzeuge zu reinigen und zu weihen.

Im Verlauf der letzten zweitausend Jahre hat sich um die Kerze, wie um Glocke und Besen, ein ganzer Reigen von Mythen, Legenden und Aberglauben entwickelt. Honig, Wachs und Wein, alles Nebenprodukte der fleißigen Bienen, wurden als Geschenke der Göttin betrachtet und, wenn man genau hinhörte, konnte man ihre Stimme im ständigen Summen der Bienen vernehmen. Im Mittelalter galt ein Mädchen, das eine verlöschende Kerzenflamme wieder entfachen konnte, als rein und unbefleckt. Gelang ihr das nicht, konnte ihr daraus resultierender schlechter Ruf ihre ganze Familie ruinieren, denn sie galt fortan als ungeeignet für die Ehe mit einem Mann von Ehre.[38] Kerzen wurden sogar zur Divination benutzt, und man sagte, weise Leute könnten aus den Formen, zu denen in kaltes Wasser gegossener Wachs erstarrt, die Zukunft lesen. Auch heute noch können Kerzen, die man in ein Glas stellt, der Hexe verraten, ob jemand in Gedanken, Worten oder Taten gegen ihre Familie arbeitet. Wenn das Glas trübe wird und sich schwarzer Ruß niederschlägt, ist mit üblen Machenschaften zu rechnen.

Kerzenmagie ist in unserer modernen Kultur sehr beliebt und wird von Menschen jeden Glaubens angewendet (auch wenn manche das nicht unbedingt als »Magie«

bezeichnen würden, bemüht, dieses Wort möglichst zu vermeiden). Dennoch ist es ein symbolischer Akt dafür, das Licht des Geistes in die Dunkelheit unserer Welt zu bringen, wenn wir Kerzen anzünden, sei es bei kirchlichen Fürbitten und zur Beleuchtung von Altären oder bei politischen Protesten. Hier ist eine kurze Liste, wie Kerzen in der Hexenzunft eingesetzt werden können (ich sage »können«, denn in den einzelnen Traditionen und Gruppen gibt es diesbezüglich unterschiedliche Gepflogenheiten).

* Als Repräsentationen für Herr und Herrin auf dem Altar, manchmal Beleuchtungskerzen genannt.
* Um die vier Viertel eines Kreises zu markieren (manchmal entsprechen dabei die Farben der Kerzen denen der Kreisviertel, manchmal nicht).
* Um das Feuer-Element auf dem Altar zu repräsentieren (diese Kerze wird als »erste Kerze« bezeichnet und so von den Beleuchtungskerzen unterschieden).
* Um innerhalb des Kreises ein heiliges Dreieck zu markieren, in dem Gott und Göttin angerufen werden.
* Als Symbol für eine Person, einen Ort oder einen Gegenstand, das als Konzentrationshilfe bei einem Zauberspruch dient. In diesem Fall kann der Name des Betreffenden in die Kerze geritzt werden – oder ein Wunsch, beispielsweise »Erfolg«, wobei in einem magischen Alphabet geschrieben wird. Oder man schreibt den Namen der Person auf einen Zettel, der unter den Kerzenständer gelegt wird.
* Als Hilfsmittel für das richtige magische Timing. Dabei werden Kerben in die Kerze geritzt, entsprechend den Tagen oder Monaten, nach denen die Arbeit vollendet sein soll. Eine Kerze mit sieben Kerben zum Beispiel würde man am ersten Tag bis zur ersten Markie-

rung abbrennen lassen, bis zur zweiten Kerbe am zweiten Tag und so weiter (beliebt bei 7-Tage-Zaubersprüchen).

* Als eigenständiges magisches Werkzeug. Dazu wird die Kerze mit Öl eingerieben und/oder »geladen«, indem man ein kleines Loch in ihre Unterseite schneidet, in das dann Kräuter eingefüllt werden.
* Als eine Opfergabe an den Großen Geist oder an die Ahnen.
* Um Negativität zu vertreiben. Im Mittelalter glaubte man, ein Kreis aus Flammen sei für das Böse ein unüberwindliches Hindernis.

Außer wenn du spezielle Ritualkerzen verwendest, spielen Form und Größe der Kerze bei den meisten Zaubersprüchen und magischen Arbeiten keine Rolle. Solche speziellen Formkerzen für Rituale in Gestalt von Tieren, menschlichen Figuren oder Gegenständen sind in ländlichen Gegenden, wo es keine Hexen-Fachgeschäfte gibt, oft nur schwer zu beschaffen. Diese Formkerzen sind zwar nützlich, doch für erfolgreichen Kerzenzauber keinesfalls zwingend notwendig. In vielen der eher niveaulosen Zauberbücher, die heute auf dem Markt sind, wird eine Menge Wirbel um diese Formkerzen gemacht. Doch du kannst das, was du nicht zur Verfügung hast, immer durch etwas anderes ersetzen und trotzdem mit Erfolg zaubern. Wenn du Formkerzen verwendest, kann dir das die Konzentration auf dein Ziel erleichtern. Kerzen in Form von Totenköpfen oder Teufelsdarstellungen werden keineswegs nur für Schadenszauber benutzt. Eine grüne Schädelkerze kann zum Beispiel gute Dienste bei der Heilung von Körper und Geist leisten. Und eine rote Schädelkerze kann man anzünden, um unerwünschte negative Aufmerksamkeit von sich wegzulenken. Die

Teufelskerze kann abgebrannt werden, um das Böse zu bekämpfen und die Wirkung von Schadenszauber zu neutralisieren. Doch die meisten Wiccas verwenden sie nicht, weil sie eine Abneigung gegen alles haben, was mit Satan zusammenhängt.

Kerzen – Farbe, Form und Verwendungszweck

SIEBEN-TAGE-KERZE

Grün: befreit Geld und Besitz, die unnütz festliegen
Schwarz: befreit etwas, an dem du dich festklammerst
Rot: entfernt Blockaden in der Liebe
Gelb: wirkt gegen Pech und Missgeschicke
Purpur: neutralisiert negative Magie
Blau: wirkt gegen Verwirrung
Orange: entfernt Blockaden im kreativen Bereich.
Verwendung: Brenne jeden Tag ein markiertes Stück der Kerze ab, um die Manifestation deines angestrebten Zieles zu unterstützen, eine unangenehme Situation zu beenden oder Hindernisse aufzulösen. Zweifarbige Kerzen (schwarz und rot) dienen dazu, zunächst durch das Abbrennen des schwarzen Wachses Negatives zu entfernen und zu bannen und dann, wenn das rote Wachs brennt, eine energetische Aktivierung zu bewirken.

SCHWARZE KATZENKERZE

Verwendung: Diese wie eine schwarze Katze geformte Kerze dient dazu, Glück anzuziehen oder die Unterstützung der ägyptischen Göttin Bast (Bastet) zu erwirken, als Schutz für die eigene Person, den persönlichen Besitz und die Haustiere.

Anti-Satan-Kerze

Verwendung: Das Bild des Teufels wird verbrannt, um ein Haus oder eine Person von bösen Einflüssen zu befreien. Wenn die Kerze brennt, nimmt das Böse Reißaus.

Zweifarben- oder Umkehrkerze

Weiß und schwarz: einen Schadenszauber in sein Gegenteil verkehren

Rot und schwarz: jemanden daran hindern, deine Liebesbeziehung zu zerstören

Grün und schwarz: jemanden davon abhalten, dich um dein Geld zu bringen oder dir durch üble Nachrede zu schaden.

Verwendung: Bei diesen Kerzen ist die untere Hälfte anders gefärbt als die obere. Es gibt sie entweder als dünne 7-Tage-Kerzen oder als dicke Säulenkerzen. Wenn es sich nicht um eine Kerze mit Glashülle handelt, wird die Farbe der unteren Hälfte über der anderen Farbe aufgetragen, indem die Kerze in ein Farbbad getaucht wird. Diese Kerzen dienen dazu, Unglück abzuwenden. Während sie brennen und das Wachs herabrinnt, werden durch positive Energie Hindernisse aufgelöst.

Zeremonialkerze/Gedächtniskerze

Verwendung: Weiße Säulenkerze in Glasgefäß. Wird verwendet, um einen besonderen Tag zu feiern, dem Göttlichen zu danken oder an ein Ereignis zu erinnern. Zünde sie bei Tagesanbruch an. Sie brennt vierundzwanzig bis dreißig Stunden.

Obst- oder Gemüseformkerze

Verwendung: Kerzen in Form von Maiskolben, Äpfeln

oder anderen Früchten werden angezündet, um zu bewirken, dass Essen ins Haus kommt, oder um im übertragenen Sinne die Früchte eines Projektes zu ernten, an dem schon längere Zeit gearbeitet wird.

Bilderkerze Adam und Eva

Verwendung: Diese wie ein weiblicher oder männlicher Körper geformte Kerze gibt es in vielen Farben. Sie wurde verwendet, um Menschen und Wissen anzuziehen, oder um bestimmte Menschen von sich fern zu halten. Die Figurenkerzen werden, während sie brennen, auf dem Altar bewegt, entweder aufeinander zu oder voneinander weg. Eine einzelne Figur kann auch zu Heilungszwecken benutzt werden.

Trennungskerze

Verwendung: Rote Säulenkerze, in schwarzes Wachs getaucht. Zünde sie an, wenn du dich von der Bindung an einen Menschen oder eine Situation befreien möchtest. Wenn du ganz nachdrücklich das Band zerbrechen willst, mit dem ein anderer Mensch dich an sich fesselt, ritze eine sich von der Spitze nach unten windende Schlange in die Kerze.

Schädelkerze

Schwarz: bannt den Tod und das Böse

Grün: bringt Heilung und Geld

Rot: bringt Bewegung in eine Situation, vertreibt Negativität

Verwendung: Ihre Kraft dringt zum Kern eines Problems vor und kann dort eine positive Veränderung bewirken. Vielseitig einsetzbar, bis hin zum Bannzauber gegen den Tod bei lebensgefährlich erkrankten Patienten.

Dreifarbenkerze – Haussegen

Verwendung: Säulenkerze in Glasgefäß mit drei Farben, oft Rot, Weiß und Blau oder Rot, Weiß und Grün. Wird verwendet, um das Haus zu segnen, Streitigkeiten zwischen Familienmitgliedern zu schlichten und eine harmonische Atmosphäre zu schaffen.

Wiccas, die über eine zusätzliche Ausbildung in Santería, Voudon oder Hoodoo verfügen oder in einem traditionellen katholischen Umfeld aufgewachsen sind, können in ihrer magischen Arbeit auch Heiligenkerzen einsetzen. Als die antiken Götter zunehmend verdrängt wurden, nahm stattdessen die Zahl der christlichen Heiligen zu, angefangen mit den Märtyrern. Diese Heiligen mit heidnischen Göttern und Göttinnen gleichzusetzen wurde in Europa gängige Praxis und wiederholte sich später in Amerika, als die magisch-religiösen Systeme der Afroamerikaner sich mit dem Katholizismus vermischten.[39] Zwar entfernen manche Wiccas die Heiligenbilder auf den 7-Tage-Glaskerzen, doch andere stören sich nicht an diesen Bildern, da sie glauben, dass alle Religionen letztlich zu derselben universalen Quelle führen. Zu den in der Wicca-Zauberei recht beliebten Heiligenkerzen gehören[40]:

Madonna mit dem Wundertätigen Medaillon: Hilft bei der Wiederherstellung der Gesundheit, um schlechte Gewohnheiten abzulegen, um besondere Vorzüge zu erlangen, als Schutz für Motorradfahrer und steht allgemein für Glück und Segen.

Heilige Barbara: Vertreibt das Böse, beschützt Frauen, räumt Hindernisse aus dem Weg, schützt während Unwettern und hilft bei Rechtsstreitigkeiten.

Heiliger Antonius: Für besondere Bitten, Wunder, um

verlorene Gegenstände wiederzufinden und um finanzielle Schwierigkeiten zu überwinden.

Schutzengel: Für den Schutz von Kindern, um in schweren Zeiten spirituelle Stärke zu gewinnen, für Schutz und Führung bei der Arbeit, in der Schule und bei Sport und Spiel.

Heiliger Franz von Assisi: Verhilft zu Einsicht und innerem Frieden, lässt üble Nachrede und Verleumdung ans Licht kommen und hilft bei Ökologie und Umweltschutz sowie bei magischer Arbeit zum Wohle von Wild- und Haustieren.

Die meisten Hexen bereiten ihre Kerzen vor, indem sie sie mit Duftöl einreiben. Das dafür ausgewählte Öl hat eine symbolische Bedeutung, die zu der jeweiligen magischen Arbeit passt. Deshalb findest du im Handel Öle mit der Bezeichnung »Altar-Öl«, »Sabbat-Öl«, »Segens-Öl« und »Divinations-Öl«. Ich kenne zwei Methoden, eine Kerze vorzubereiten.

1. Wenn du etwas in dein Leben ziehen möchtest, reibe die Kerze leicht (nicht zu stark) von oben nach unten ein. Wenn du etwas vertreiben und fortschicken willst, trage das Öl von unten nach oben auf.
2. Wenn du etwas in dein Leben ziehen möchtest, beginne an der Kerzenspitze und trage das Öl bis zur Mitte hin auf, dann reibe das Öl vom unteren Ende der Kerze bis zur Mitte ein. Wenn du etwas vertreiben und fortschicken willst, trage das Öl erst von der Mitte bis zur Spitze auf, dann von der Mitte bis zum unteren Ende.

Beide Methoden funktionieren. Wenn du kein Öl hast, tut es auch ein wenig Parfüm oder natürliches, lebendiges kalt gepresstes Pflanzenöl, zum Beispiel Olivenöl. Raffinierte, industriell verarbeitete Pflanzenöle werden als »tote Öle« bezeichnet. Ich verwende seit Jahren Floridawasser (Informationen hierzu findest du unter dem Stichwort *Elemente* in *Das Zauberbuch der Freien Hexe – Zauberkraft im Alltag*), um meine Kerzen zu reinigen, und trage dann das Öl auf, das zu dem jeweiligen Ritual passt.

Das wichtigste bei aller Kerzenmagie ist, immer daran zu denken, dass Feuer *brennt*! Feuer ist ein lebendiges Element: Es atmet und frisst Dinge, beispielsweise Tische, Stühle, Vorhänge, ganze Häuser, Tiere und Menschen. Es ist ewig hungrig und besitzt keine wählerischen Geschmacksnerven. Und es kann sich schneller bewegen, als du es je für möglich gehalten hättest. Lege mehrere Kerzen mit etwas Papier in einen Kessel, und du hast ziemlich schnell ein flammendes Inferno. Flammen lieben es, in die Höhe zu schießen, sich auszubreiten und riesengroß zu werden. Denke immer daran. Unfälle können selbst den erfahrendsten Hexen passieren. Obgleich allen Elementen (Erde, Luft, Feuer und Wasser) große Kraft innewohnt, ist doch das Feuer das heikelste Element in jedem magischen Ritual. Es verzeiht keine Fehler. Schon aus kleinen Flammen kann in kürzester Zeit eine große Katastrophe entstehen.

Ratschläge für den Umgang mit Feuer

* Verwende nicht einfach *irgendeinen* Kerzenständer. Ja, ich weiß, es gibt ein paar wirklich hübsche zu kaufen, aber möglicherweise sind sie nicht sicher. Gläserne Gefäße, in denen Kerzen brennen, können bersten, wenn die Flamme dem Glas zu nahe kommt. Wenn sie platzen, können Splitter und umherfliegende Glut Altartücher, Ritualgewänder und Haar in Brand

setzen, und natürlich auch Gardinen oder das Fell der ewig neugierigen Katze. Kerzenhalter aus Keramik sind nicht viel besser. Wenn sie nur bemalt, aber nicht feuerfest glasiert sind, können sie sich entzünden. Die Farbe, vor allem wenn sie auf Metallbasis hergestellt ist, schwelt dann und es entstehen gefährliche Dämpfe. Ehrlich gesagt, ist es am besten, Glas und Keramik überhaupt nicht zu verwenden. Kerzenständer aus Metall sind viel sicherer. Und natürlich solltest du brennende Kerzen niemals unbeaufsichtigt lassen.

* Sei besonders vorsichtig mit allen Arten von feurigen Spezialeffekten wie Pyropapier, Pyrowolle, Wunderkerzen, explosiven Pulvern und Knallfröschen. Am besten, du verzichtest ganz darauf. Ich habe einmal buchstäblich meinen Esstisch abgefackelt, als ich Vesta-Pulver benutzte. Zu spät fand ich heraus, dass Flammen sich auf einer ebenen Fläche flinker ausbreiten, als unsere zahme Ratte umherflitzt. Eine männliche Hexe, ein guter Bekannter von uns, hat sich einmal ein Stück Nase weggesprengt, als er mit handelsüblichen Knallfröschen ein bisschen Spaß veranstalten wollte. Statt an unserem Ritualfest teilzunehmen, verbrachte er die ganze Nacht im Krankenhaus.
* Zwar ist ein Metallkessel normalerweise ein sicheres Behältnis für ein kleines Feuer, doch auch hier drohen Gefahren, wenn man des Guten zu viel tut. Viele für Erwachsene geschriebene Magiebücher enthalten eine Fülle von Rezepturen für selbst gemachte Weihrauchmischungen, Feuereffekte und -rituale. Problematisch wird es, wenn jemand auf eigene Faust mit diesen Zutaten herumexperimentiert. Wenn du mit diesen Büchern arbeitest, halte dich bitte genau an die Anweisungen. Auch wenn du im Zentrum deines Kessels eine Kerze abbrennst und Petitionsmagie betreibst (bei

der kleine Papierzettel verbrannt werden), solltest du sehr vorsichtig sein. Über den Zetteln, die nicht sofort verbrennen, kann sich eine Schicht aus geschmolzenem Wachs bilden. Wenn zu viele solcher mit Wachs überzogenen Zettel im Kessel liegen, kann eine plötzliche Stichflamme entstehen, die einen Meter oder mehr in die Höhe schießt, besonders wenn der untere Teil der Kerze Feuer fängt. Das kann in Sekundenschnelle geschehen, sodass du dir Wimpern und Augenbrauen versengst, wenn du mit dem Gesicht zu nah am Kessel bist, aber die Flamme kann auch Gardinen oder Kleidung erfassen.

* Sei vorsichtig mit Spitzkerzen. Sie sollten auf jeden Fall fest im Kerzenhalter sitzen. Wenn nicht, verwende sie nicht. Manchmal kann man einen festeren Sitz dadurch erreichen, dass man den unteren Teil der Kerze mit Alufolie umwickelt, aber das funktioniert nicht immer, besonders wenn der Kerzenhalter nicht tief genug ist. Wenn die Kerze auch nur ein wenig wackelt, solltest du sie nicht benutzen. Bei Ritualen passieren immer wieder unerwartete Dinge, und es kann durchaus vorkommen, dass eine nicht fest genug im Halter sitzende Kerze herunterfällt und das Altartuch in Brand setzt, besonders wenn du mit rituellem Tanz oder Bewegungen aus den Kampfkünsten arbeitest, aber auch schon, wenn einfach nur im Kreis gegangen wird. Außerdem gilt: Je mehr Leute sich im Kreis befinden, desto weniger Kerzen solltest du benutzen. Es sei denn, einer der Teilnehmer übernimmt die Aufgabe des Feuer-Hüters, der ausschließlich darauf achtet, dass niemand einer Kerze zu nahe kommt. Bei Ritualzirkeln von Erwachsenen fällt diese Aufgabe normalerweise den Clan- oder Covenältesten zu, da sie schon an Hunderten, vielleicht Tausenden von Ritualen teil-

genommen haben und damit zufrieden sind, auf die Sicherheit der jüngeren Gruppenmitglieder zu achten. Aber auch wenn du allein ein Ritual abhältst, solltest du brennende Kerzen niemals unbeaufsichtigt lassen. Sei besonders vorsichtig, wenn du dich für ein wallendes Ritualgewand mit weiten Ärmeln entschieden hast oder dein Haar lang trägst.

* Sei vorsichtig mit diesen Holzkohlestücken, die speziell zum Verbrennen von losem Weihrauch angeboten werden. Am besten verwendest du einen langstieligen Grillanzünder, um sie anzuzünden, denn die Stücke enthalten hoch brennbares Material. Manchmal lassen sie sich extrem schwer anzünden, aber wenn es dann endlich passiert, verbrennt man sich an ihnen schneller die Finger, als man sie sicher wieder hinlegen kann. Weihrauchkegel oder Räucherstäbchen lassen sich viel sicherer und einfacher anzünden.
* Verwende niemals einen Holzkohlegrill in geschlossenen Räumen. Er darf nur im Freien benutzt werden, und das gilt auch für die Grillkohle. Die Holzkohle, die für diesen Zweck angeboten wird, erzeugt bei der Verbrennung giftige Gase. Es sind schon ganze Familien ums Leben gekommen, weil sie versuchten, mit dieser Holzkohle drinnen im Haus Lebensmittel zu grillen.

Viele Hexen ziehen es vor, Kerzen auf einer Steinoberfläche abzubrennen, nicht nur wegen der Verbindung zum Element Erde, sondern auch, um Unfälle zu vermeiden. Sorge dafür, dass immer ein Eimer Wasser oder ein Feuerlöscher bereitstehen. Wenn deine Eltern oder andere Aufsichtspersonen etwas gegen brennende Kerzen haben, solltest du das akzeptieren und darauf verzichten. Schließlich kann durch unachtsames Verhalten der ganze Besitz deiner Eltern innerhalb weniger Minuten in Flammen aufgehen.

Um die richtige Kerzenfarbe für deine jeweiligen magischen Vorhaben auszuwählen, kannst du in *Das Zauberbuch der Freien Hexe – Übung & Meisterschaft* in der Chakra-Übersicht oder der Farbliste nachschauen.

Kerzen löschen

Generell bläst eine gute Hexe niemals eine Kerze aus, weil man mit einer schöpferischen Kraft (hier dem Atem, der den Atem des Lebens symbolisiert) niemals eine andere (die Flamme, die den Funken des Lebens symbolisiert) auslöschen sollte. Verwende einen Kerzenlöscher, einen kleinen Becher aus Metall oder Steingut oder ein Stück Stanniolpapier. (Die Flamme mit den Fingern zu löschen, empfehle ich dir eher nicht.) Kräftig über der Flamme in die Hände zu klatschen ist ebenfalls eine Möglichkeit. Es gibt verschiedene Kerzenzauber, die über einen längeren Zeitraum praktiziert werden. Bei manchen Zaubern ist es zum Beispiel erforderlich, dass du die Kerze jeden Abend für fünf Minuten brennen lässt, die Flamme dann löschst und die Arbeit bis zum nächsten Abend versiegelst.

Anrufungen für Kerzen-Rituale

Rezitiere die folgenden Anrufungen, während du die von dir ausgewählten Siegel oder Worte in die Kerze ritzt. Reibe die Kerzen mit deinem Lieblingsöl ein. Wiederhole dabei die Anrufung.

Falken-Anrufung

Hüter der Sonne,
Hüter der See,
Hüter der Wälder und Geister
der Bäume.
Hüter der Erde,
Hüter des Feuers,
Hüter des Himmels und Musik
in der Leier.
Leiht mir eure Energie,
hört meine Worte!
(Nenne deinen Wunsch.)

Zünde nun die Kerze an und wiederhole den Zauberspruch, während du dich auf die Flamme konzentrierst. Ende mit dem Satz: *Ich weiß, dass ihr das für mich tun werdet. SSE!*

Echo-Anrufung

Die Kerze, das Wachs, der Docht,
die Flamme.
Die Bänder der Magie entfalten sich erneut.
Die Worte, der Klang, der Wille,
der Zauberspruch
– wissen, wagen, und es niemandem
verraten.

Wiederhole die Anrufung dreimal, zünde die Kerze an, verkünde dein Ziel oder deinen Wunsch, sprich danach die Anrufung weitere drei Male. Ende mit dem Satz: *Ich weiß, dass ihr das für mich tun werdet. SSE,* besiegele dann das Ritual, indem du über der Kerze ein gleicharmiges Kreuz in die Luft zeichnest.

Kerzenzauber zur Auswahl der richtigen Kurse oder Seminare

In der Oberstufe deiner Schule, an der Fachhochschule oder Universität musst du wählen, welche Kurse oder Seminare du im nächsten Schuljahr oder Semester belegen willst. In jedem Fall ist es eine gute Idee, mit Mitschülern oder Kommilitonen zu sprechen, die diese Kurse bei dem jeweiligen Dozenten schon absolviert haben. Finde heraus, welche Kurse als besonders schwierig gelten, und achte darauf, dir als Ausgleich für den Stress in diesen anspruchsvolleren Kursen genügend Freizeit zu gönnen. Bitte auch deine Eltern oder andere Vertrauenspersonen um Rat. Das kann allerdings eine besonders schwere Hürde sein. Vielleicht wollen deine Eltern, dass du etwas anderes tust als das, wozu dein Herz dir rät. Doch meistens sind Kompromisse möglich: Kombiniere angenehme Kurse, die dir mehr Freude machen, mit solchen, die harte Arbeit und fleißiges Lernen erfordern. Das ist besser, als ins eine oder andere Extrem zu verfallen (nur Spiel und Spaß einerseits oder nur harte Arbeit ohne jeden Spaß andererseits). Der nachfolgende Zauberspruch hilft dir bei der Entscheidungsfindung.

Benötigte Materialien: Kreide; ein flacher Stein (mit mindestens dreißig Zentimetern Kantenlänge); eine weiße Kerze. Die Wahl, die du treffen musst, notiert auf einem Zettel (oder die Entscheidung, die du bereits getroffen hast, wenn du lediglich um Segen für diesen Schritt bitten möchtest). Wähle deine Lieblingsritualform.

Anleitung: Lege den oder die Zettel unter den Stein. Ziehe mit der Kreide einen Kreis auf die Oberfläche des Steins. Zeichne ein Quadrat in den Kreis. Reibe die

Kerze mit deinem Lieblingsöl ein. Stell die Kerze in die Mitte des Kreises. Beschwöre einen magischen Kreis. Rufe die Gottheit an (siehe Seite 19 unter *Anrufung und Beschwörung*). Halte die Hände über die Kerze und intoniere das Wort »Weisheit«, während du dich erdest und zentrierst. Zünde die Kerze an und wiederhole die folgenden Worte:

Dich, o Flamme der Liebe, will ich loben.
Steig empor und bringe Segnungen von oben.
Hilf mir bei dieser schwierigen Wahl,
magisch-weise, klar und ganz ohne Qual.
Erhelle meinen künftigen Pfad,
erteile mir deutlichen, sinnvollen Rat.
Das Feuer soll meine Zukunft beschwören
mit Weisheitsgesängen von himmlischen Chören.
So folge ich meiner Herzensstimme,
auf dass meine Liebe niemals verglimme.
Lang ist die Straße, der Pfade viel,
doch ich finde unfehlbar und sicher mein Ziel.
Niemand und nichts wird mich je davon ablenken,
der Welt in Liebe meine Gaben zu schenken.

Danke der Gottheit. Hebe den magischen Kreis auf. Lass die Kerzen ganz herunterbrennen. Triff nun deine Entscheidung (falls du das noch nicht getan hast), füll die Anmeldeunterlagen aus und mach dir eine Kopie davon. Bewahre die Kopie mit dem Kerzenstummel an einem sicheren Ort auf. Wenn du eine 7-Tage-Glaskerze verwendet hast, bewahre die Kopie während des ganzen Schuljahres oder Semesters in dem leeren Glas auf. Wenn du Hilfe bei einem bestimmten Kurs oder Seminar benötigst, lade eine Münze auf, wirf sie in den leeren gläsernen Kerzenhalter und bitte um zusätzlichen Segen für deine zu Beginn des Jahres oder Semesters getroffene Wahl.

Magische Riesenkerze

Benötigte Materialien: Eine Riesenkerze (große, dicke Säulenkerze) in der von dir bevorzugten Farbe; ein magisches Öl, das zu deinem Wunsch passt; ein Bleistift; ein sicherer Ort, an dem du die Kerze gefahrlos herunterbrennen lassen kannst; eine Trommel oder ein anderes Musikinstrument; Kerzenlöscher. Wähle deine Lieblingsritualform.

Anleitung: Denke an deinen Wunsch. Zeichne mit dem Bleistift Markierungen auf die Kerze, die sie in sieben gleich große Abschnitte unterteilen. Reibe die Kerze mit dem Öl ein. Zünde die Kerze täglich immer zur selben Zeit an. Versenke dich für fünfzehn bis zwanzig Minuten meditativ in den Anblick der Flamme, während du trommelst, singst, chantest oder ein Musikinstrument deiner Wahl spielst. Anschließend sage: *Ich begehre …* (wiederhole deinen Wunsch). Sage: *So sei es!*, während du die Kerze löschst. Am Ende der siebten Meditations-/Trommelsitzung sprich: *Mein Wille geschieht.* Wenn die Kerze abgekühlt ist, schlage sie in ein weißes Handtuch ein und vergrabe sie anschließend.

Statt an sieben Tagen hintereinander kannst du auch an drei aufeinander folgenden Wochenenden Trommel-Sessions mit deinen Freundinnen oder Freunden veranstalten. In diesem Fall brauchst du die Kerze nicht zu markieren. Lösche sie einfach immer am Ende jeder Session.

Talismane gibt es schon ziemlich lange. Sie werden sowohl im *Picatrix* als auch in Agrippas *Drei Bücher über Okkulte Philosophie* erwähnt. Oft wurden sie unter Berücksichtigung planetarer oder allgemeiner astrologischer Gesichtspunkte hergestellt.

Zutaten: Parfümiertes Wachs, Paraffin, oder Potpourri-Wachs; kleine magische Objekte deiner Wahl (natürliche wie eine Ahornfrucht oder ein Kristall, menschengemachte aus Ton oder Holz); Kräuter, die zu deinem Wunsch und Ziel passen; Gussformen für Süßigkeiten. (**Optional:** Ätherisches Öl nach Wahl.) Wähle selbst eine Ritualform.

Anleitung: Reinige, weihe und lade alle Zutaten und Utensilien auf. Bringe das Wachs im Wasserbad zum Schmelzen.(Wachs nicht unmittelbar über Herdplatte oder Flamme erhitzen, sondern immer nur im Wasserbad, da sonst Brandgefahr besteht!) Wachs vorsichtig in die Formen gießen. Wenn die Form halb gefüllt ist, magisches Objekt und Kräuter hinzugeben, dann die Form ganz mit Wachs auffüllen. Zum Aushärten in den Kühlschrank legen. Wenn der Talisman ganz ausgehärtet und fest ist, löse ihn aus der Form. Lade die Talismane im Ritualkreis für ihre jeweiligen Aufgaben energetisch auf. Wachs-Talismane können am Körper getragen oder Gris-gris-Beuteln, Stoffpuppen und anderen magischen Anwendungen beigegeben werden. Sie können zu bestimmten Zeitpunkten während eines Rituals geschmolzen werden, um ihre Magie freizusetzen, oder man kann sie als magische Geschenke weitergeben. Wenn du dich mit klassischer astrologischer Literatur aus dem Mittelalter beschäftigst, wirst du feststellen, dass Wachs-Talismane in jener Zeit eine wesentliche Rolle in der magischen Praxis spielten, vor allem, wenn Magie anhand der Häuser des Mondes betrieben wurde (siehe dazu auch *Das Zauberbuch der Freien Hexe – Übung & Meisterschaft* unter dem Stichwort *Mond*).

Kessel

Das zentrale Bild der keltischen Zaubertradition ist der Kessel, das Gefäß von Hitze, Fülle und Inspiration. Zu den herausragenden keltischen Kesseln gehört der des Dagda, aus dem allen stets zur Genüge gegeben wird; der Kessel von Diwrnach, der niemals Feiglingen dient; der Kessel von Bran, dem Gesegneten, der die Wiedergeburt schenkt; und der Kessel der Göttin Cerridwen, aus dem die Gabe des Wissens empfangen wird.[41] Die Menschen im alten Gallien (das sich über das heutige Frankreich, Belgien und einen Teil Deutschlands erstreckte) kannten eine ähnliche Gottheit, Sucellus, die mit dem Hammer und dem Topf der Fülle assoziiert wurde.[42] Diese Eigenschaften wurden auch der späteren Manifestation des Kessels als heiligem Gral zugeschrieben: Fülle, Heilung und spirituelle Weisheit. In Dänemark wurde der Kessel von Gundestrup gefunden, ein mächtiger, silberner Kessel, datiert auf die Jahre 300 bis 400 v. Chr. Das belegt, dass solche rituellen Töpfe in Europa schon seit über 2000 Jahren existieren.[43] Tatsächlich waren bei den Kelten mannsgroße Kessel verbreitet. Manchmal stellten sie die Kessel selbst her, und manchmal erwarben sie sie von Händlern aus so weit entfernten Ländern wie Griechenland und Ägypten. Solche Kessel wurden beim Tod ihres Besitzers oft zusammen mit diesem beigesetzt. Die ägyptische Hieroglyphe für die große weibliche Tiefe, aus der das Universum und die Götter geboren wurden, bestand aus der symbolischen Darstellung dreier Kessel. Und in der nordischen Mythologie standen die drei Kessel für die weibliche Kraft der kosmischen Schöpfung. Hier repräsentiert der Kessel den Geburtsvorgang. Die griechische Geschichte schenkte uns den Kessel der Medea. Den berühmten Monolog dieser Priesterin der Hekate (der Mondgöttin) findest du in *Das Zauberbuch der Freien Hexe – Übung & Meisterschaft* unter dem Stichwort *Mond*. Während die Kelten oft von unter Wasser in der Unterwelt begrabenen Kesseln sprachen, war bei den Römern von heiligen Kesseln die Rede, die in Höhlen verborgen gewesen sein sollen. In skandinavischen Legenden heißt es, dass der »Tosende Kessel« die Urquelle aller Flüsse war.[44] Der Blick in die Geschichte zeigt uns also, dass der Kessel sowohl mit männlicher als auch mit weiblicher Göttlichkeit assoziiert wurde und offenbar in vielen Kulturen ein wichtiger Ritualgegenstand war. Und in Heiligenlegenden über den christlichen Evangelisten Johannes wird behauptet, er sei in einem kochenden Kessel zur Welt gekommen und habe über spirituelle Kräfte verfügt.[45]

Bei genauerer Betrachtung ist die kulturelle Bedeutung des Kessels ein exaktes Ebenbild der modernen Neuen Physik, der zufolge das Unmanifeste (in diesem Fall als Flüssigkeit betrachtet) manifest wird durch die Transformation von Licht (der erhitzte Kessel). Das brodelnde Geräusch der Flüssigkeit ist der »Knall«, der auftritt, wenn aus dem »Nichts« ein »Etwas« wird. Ist es nicht faszinierend, dass Mythen aus der ganzen Welt uns zu den gleichen wissenschaftlichen Prinzipien zurückführen? Die Grundlagen der gesamten neuen Wissenschaft werden in jeder alten Kultur auf andere Weise erklärt, und doch führen diese Mythologien uns zu der gleichen Erkenntnis.

Kessel und Kelch gehören bei den meisten modernen Hexen zur festen Ausstattung des magischen Werkzeugkastens und werden für zahlreiche Zwecke eingesetzt. Ganz ähnlich wie bei den alten Kelten wird der Kessel benutzt, um Dinge zu erhitzen (oder als Behältnis für das Feuer). Dies steht in den Ritualen für Inspiration und Transformation (die keltische Göttin Cerridwen). Außerdem wird er mit Fülle und Wohlstand assoziiert, manchmal in Verbindung mit dem keltischen Gott Dagda. Allein arbeitende Hexen oder kleine magische Gruppen sollten sich auf einen kleinen Eisenkessel beschränken (fünfzehn bis dreißig Zentimeter im Durchmesser), der »Zigeunertopf« genannt wird. Für größere Gruppen, die seit mehreren Jahren zusammen praktizieren, lohnt die Investition in größere Eisenkessel (sechzig bis neunzig Zentimeter im Durchmesser), die sich oft auf Trödelmärkten beschaffen lassen. Der Kelch (gewissermaßen eine etwas verfeinerte Version des Kessels) wird bei unserer heiligen Kommunion verwendet.

Kessel mit drei Füßen repräsentieren in der Hexentradition die drei Gesichter der Göttin – Jungfrau, Mutter und weise Alte. Kessel mit vier Füßen werden mit den vier Elementen assoziiert, den vier magischen Winden, den vier Wachtürmen (astrologischer Bezug) und den vier großen Festen (Rad des Jahres). Andere Schlüsselbegriffe im Zusammenhang mit dem Kessel sind Wasser, Transformation, Tod und Wiedergeburt.

Kesselritual: Es ist an der Zeit, weiterzureisen

Manche Leute halten es für besonders mutig, wenn man seine Gefühle vor der Umwelt verbirgt, aber solche unterdrückten Emotionen verschwinden nicht einfach. Irgendwann brechen sie sich Bahn – das kann in Form einer Krankheit geschehen oder in veränderten Verhaltensmustern. Das folgende Ritual heißt »Es ist an der Zeit, weiterzureisen«, womit gemeint ist, dass es zwar wichtig ist, die durch ein schmerzhaftes Erlebnis ausgelösten Gefühle anzuerkennen, aber dass man sich auch klar machen sollte, dass das Leben weitergeht und dass bessere Zeiten kommen werden. Das Ritual hilft dir, dich wieder auf den Weg zu machen, erfüllt von innerem Frieden und begleitet von den Segnungen des Großen Geistes. Es kann auch an dem Tag gefeiert werden, an dem dir bewusst wird, dass du kein Kind mehr bist, oder zu Beginn eines Studiums oder einer Berufsausbildung. Oder aber, wenn du dein Examen bestanden hast. Wenn du es etwas umarbeitest, eignet es sich auch für eine Hochzeit.

Benötigte Materialien: Ein Kessel; Quellwasser; dein hautfreundliches Lieblingszauberöl; weiße Rosenblätter; ein neuer Holzlöffel; dreizehn weiße Votivkerzen. (**Hinweis:** Wenn dir keine Kerzen erlaubt sind, bastele dir symbolische Kerzen aus Papier, die nicht angezündet werden.) Eine weiße Kerze, auf die du das schreiben wirst, was du verloren hast (das kann eine Person sein, ein Haustier, eine enge Freundin, die in eine andere Stadt weggezogen ist, eine Niederlage, die du einstecken musstest, der Verlust eines kostbaren Besitzes) oder der Grund für deinen Aufbruch zu neuen Ufern (Examen, Volljährigkeit, Umzug) ist. Halte diese Kerze griffbereit. Ein Päckchen Papiertaschentücher, um Tränen zu trocknen; dünne rote, weiße und schwarze Bänder von einem Meter Länge; ein schwarzes Tuch. Wähle deine bevorzugte Ritualform.

Anleitung: Beginne mit dem Schlagen des magischen Kreises und der Anrufung der Kreisviertel. Stell den Kessel und alle Utensilien in die Mitte des Kreises. Platziere die dreizehn noch nicht angezündeten Kerzen rings um den Kessel. Während du sie aufstellst, sprich:

Die erste für die Segnungen des Großen Geistes.
Die zweite für die sich ergänzende Energie
des Herrn und der Herrin.
Die dritte für die Einheit der heiligen Triade.
Die vierte für die Liebe, die niemals stirbt.
Die fünfte für alle Elemente -
Erde, Luft, Wasser, Feuer und Geist.
Die sechste zu Ehren dessen, was früher war.
Die siebte für die sichere Reise vorwärts
zu den Veränderungen, die mich erwarten.
Die achte für die Gestaltung der Zukunft.
Die neunte für die Erfüllung aller Wünsche.
Die zehnte für schmerzlose Abschiede.
Die elfte für den Sieg über alle Furcht.
Die zwölfte, um das Glück herbeizuholen.
Die dreizehnte, um alles Böse zu vertreiben.
So sei es.

Binde die Bänder an den Löffelstiel und sprich dazu:

Rot für das Blut des Lebens, Weiß für die Reinheit
des Geistes, Schwarz, um alle Negativität
abzuwehren.

Gieße das Wasser in den Kessel und sprich dazu:

Wasser reinigt und erneuert. Wasser wäscht
alle Schmerzen und Sorgen fort. Wasser segnet
und erzeugt Harmonie.

Gib die Rosenblätter in das Wasser, rühre dreimal im Uhrzeigersinn mit dem Holzlöffel um und sprich dazu:

Einmal für die Liebe, einmal für die Freude
und einmal für die Harmonie.

Halte die Hände über den Kessel und rezitiere die Anrufung der Sternengöttin, durch die die göttliche Energie angerufen wird:

Hört die Worte der Sternengöttin, der die Gestirne
des Himmels zu Füßen liegen wie Staub und
deren Körper das ganze Universum umschließt.

Ich, die ich die Schönheit der Grünen Erde
und des Weißen Mondes bin, unter den Sternen
und über den geheimnisvollen Wassern wohne,
ich, nach der jeder Mensch sich im Herzen sehnt,
ich rufe nach euch. Mögen eure Seelen sich erheben
und zu mir kommen. Denn ich bin die Seele
der Natur, die dem Universum Leben schenkt;
aus mir entspringen alle Dinge,
und zu mir müssen alle Dinge zurückkehren.
Ihr, die Geliebten der Götter und Menschen, deren
innerstes göttliches Selbst sich entfalten wird
in der Ekstase des Unendlichen, betet mich aus vollem
Herzen an. Freut euch, denn sehet: Alle Handlungen
der Liebe und der Freude sind Rituale in meinem
Namen. Also sollen in euch wohnen: Schönheit und
Stärke, Macht und Mitgefühl, Ehre und Demut,

Heiterkeit und Hingabe. Ihr, die ihr nach mir sucht,
wisset, dass ihr nur finden werdet, wonach ihr sucht,
wenn ihr das Geheimnis kennt, das da lautet:
Wenn ihr das, wonach ihr sucht, nicht in euch selbst
findet, werdet ihr es nirgendwo finden. Denn sehet!
Ich bin bei euch seit dem Anbeginn der Zeit,
und ich bin das wahre Ziel all eurer Wünsche
und Bestrebungen!

Zünde dann nacheinander alle Kerzen an. Sage bei jeder Kerze noch einmal, wofür sie steht *(Die erste für die Segnungen des Großen Geistes ...)*. Zünde die beschriftete Kerze an und sprich:

Große Herrin, lass nun einen neuen Tag anbrechen,
eine neue Zeit
des Lachens und der Freude,
des Glücks und der Liebe.
Mögen die Segnungen des Großen Geistes
mich von nun an
immer begleiten, auf allen meinen Wegen.
So sei es.

Wenn es gefahrlos möglich ist, lass die Kerzen brennen, bis sie von selbst erlöschen. Falls nicht, lösche sie mit dem Holzlöffel, wobei du bei jeder Kerze erneut wiederholst, wofür sie steht. Lass die beschriftete Kerze vollständig abbrennen. Danke der Gottheit, entlasse die Kreisviertel, hebe den Kreis auf und schütte das Wasser außerhalb deines Grundstückes weg. Wenn du die Kerzen löschen musstest, wickle sie und den Löffel in das schwarze Tuch ein. Leg das Bündel unter dein Bett. Wenn die Zeit für dich besonders hart war, solltest du das Ritual mit denselben Materialien nach dreißig Tagen wiederholen. Wenn du das Ritual für eine andere Person durchgeführt hast, gib ihr den Löffel mit der Anweisung, ihn gut zu verwahren.

Korb

Obwohl er nicht zur Standard-Hexenausrüstung gehört, benutzen viele Hexen doch einen speziellen Korb, in dem sie Kräuter, Steine und andere magische Objekte aus der Natur sammeln. Dieser üblicherweise aus reinen Naturmaterialien hergestellte Korb wird auch bei Ritualen benutzt, um während der Zeremonie Gegenstände zu den Kreisvierteln zu tragen. Du kannst deinen Korb mit Bändern, Glöckchen und anderen magischen Gegenständen dekorieren. Vor dem Gebrauch wird der Korb in einem kurzen Ritual gereinigt, geweiht und gesegnet.

Uns Hexen erinnert der Korb an unsere Verantwortung für die Natur, für andere Menschen und für uns selbst. Die gewölbte Form des Korbes sagt uns, dass unsere Probleme und Sorgen gut aufgehoben sind, wenn wir sie im Gebet der Gottheit übergeben. Die Gottheit wird unsere Bitten mit Liebe aufnehmen und empfangen. Das bedeutet nicht, dass du immer alles bekommst, worum du bittest, aber jede deiner Bitten wird angehört und auf die jeweils richtige Weise beantwortet. Bei vielen Hexen steht ein Korb auf dem Altar. Wenn Menschen die Hexe um Hilfe bitten, schreibt sie diese Bitten auf kleine Zettel, reinigt die Zettel mit Weihrauch, legt sie in den Korb und bittet das Göttliche, den Großen Geist, um Hilfe. Einmal im Monat geht die Hexe alle Zettel durch und verbrennt jene, bei denen die darauf notierten

Bitten inzwischen erfüllt wurden. Die anderen lädt sie erneut auf und legt sie wieder in den Korb zurück. Wenn eine Bitte nach einiger Zeit immer noch nicht erfüllt wurde, solltest du darüber nachdenken, warum das Gewünschte sich nicht manifestiert hat. Die göttliche Weisheit kann sich manchmal gerade im Schweigen, in der Nichterfüllung eines Wunsches offenbaren. Du musst nur innerlich offen für die Antwort sein.

PUPPEN

In der Geschichte nahezu aller Kulturen weltweit war die Verwendung von Puppen zu magischen Zwecken bekannt. Die alten Ägypter glaubten, dass bestimmte Menschen über besondere magische Kräfte verfügten, und je höher der Rang war, den ein Mensch bekleidete, desto größer seine Lebens-Kraft: *Mana*. Da die Ägypter von theokratischen Monarchen regiert wurden, machte dieser Glaube Sinn – ihr König war die Verkörperung Gottes auf Erden. Wenn man sich eine Statue von ihm anfertigte und in den eigenen vier Wänden aufstellte, holte man sich damit das göttliche Licht an den Abendbrottisch. Wenn jemand eine Statue einer mächtigen Person anfertigte, um diese zu verehren, erwarb er damit, so glaubten die Ägypter, Anteil an der göttlichen Energie des Universums, die sich in dieser Person manifestierte. Im fruchtbaren Land am Nil wurden Bilder (oder Statuen) wie lebendige, aktive Wesen behandelt, deren okkulte Kräfte die natürliche Welt beeinflussen konnten.[46] Die Ablehnung solcher »Götzenbilder« und »Götzenanbetung« entstammte dem alten jüdischen Glaubenssystem, demzufolge Gott so gewaltig war, dass er/sie keine Gestalt besaß. Die Juden der damaligen Zeit legten auf diese Tatsache einen solchen Wert, dass sie in ihren Städten alle Formen von Götter- oder Herrscherbildnissen verboten. Deswegen organisierten sie so manchen Sitzstreik gegen die römische Regierung. Manchmal gewannen sie, und manchmal verloren sie. Einer dieser Aufstände gegen die Römer endete in Masada auf besonders blutige Weise.

Die alten Ägypter verwendeten weiche Materialien wie Ton, Wachs, Tierfette und Brotteig für ihre Figuren von Göttern und Feinden. Eine der frühesten Beschreibungen der Puppenmagie findet sich in einem ägyptischen Text aus dem mittleren Königreich im zweiten Jahrtausend v. Chr.[47] Die formelle Anwendung der Puppenmagie gibt es also seit mindestens viertausend Jahren. In diese kleinen Figuren wurden Kräuter oder winzige magische Schriftrollen hineingestopft, auf denen die Absicht des Magiers notiert war. In manchen Fällen wurde der Wunsch auf Papyrus geschrieben und der Figur um den Hals gebunden. In der späteren Antike, im vierten Jahrhundert v. Chr., setzten griechische Stadträte bei öffentlichen Zeremonien Puppen ein, um das Volk psychologisch zu einen und so den Sieg über die Feinde zu ermöglichen[48] – ein frühes Beispiel für geschickte Propaganda.

Von dem legendären Pharao Nektanebo hieß es, er habe Invasoren abgewehrt, indem er kleine Wachsnachbildungen von seinen Schiffen und Soldaten und von denen der Angreifer bauen ließ. Er setzte sie in eine Wasserschale und rief dann mit seinem Elfenbeinstab die Götter an, damit sie die Modelle zum Leben erweckten und die feindlichen Schiffe versenkten.[49] Dabei sollte man aber nicht vergessen, dass in der ägyptischen Gesellschaft, wie auch in der modernen Hexenkunst, notwendiges praktisches Handeln niemals zugunsten der Magie vernachlässigt wurde. Tierpuppen spielten in der ägyptischen Magie ebenfalls eine Rolle. So gab es einen Zauber gegen Skorpionstiche, bei dem die Wachsfigur einer Katze auf einen Menschen gelegt wurde, der von einem Skorpion gestochen worden war. Da Katzen die natürlichen Feinde des Skorpions (und der Schlange) darstellten und bei den Ägyptern als heilig galten, glaubte man, die Katze würde das Gift unwirksam machen und bei der Heilung des Patienten helfen[50]. Unter Verwendung des heiligen Atems wurde der Puppe Leben eingehaucht, wobei man verschiedene Beschwörungsformeln anwendete.

In anderen Kulturen stellte man Puppen aus Stoff, Stroh, Maishülsen, Weidenzweigen und anderen Pflanzenmaterialien her, etwa Gemüse wie Karotten, Rüben, Kartoffeln und Mandrakewurzeln oder Früchten wie Zitronen, Orangen, Mangos und Äpfel. Ein schönes Beispiel sind die beliebten Apfelpuppen bei amerikanischen Erntedankfesten. Als Füllung für magische Puppen verwendete man beispielsweise eine Haarlocke der Person, die von der Puppe verkörpert werden sollte, Kräuter, die zu der Absicht des Zaubers passten, magische Symbole oder Objekte, und kleine Zettel mit dem Namen der Person und kurzen Reimen oder Zaubersprüchen (ganz so, wie es schon die Ägypter praktiziert hatten). Heute verwenden Hexen statt einer Puppe häufig ein Foto. Andere halten die beim Herstellen der Puppe eingesetzte Energie für ebenso wichtig wie das Foto und setzen daher Puppe und Foto zusammen ein. Besondere handarbeitliche Fähigkeiten sind nicht erforderlich, da die magische Absicht wichtiger ist als die handwerkliche Qualität der fertigen Puppe. Wenn du dich im Umgang mit Nadel und Faden schwer tust, kannst du auch auf Bastelsätze aus

Spielwarenläden zurückgreifen oder dich aus der Vielzahl kleiner Stofftiere oder anderer Figuren bedienen, die man schon für ein paar Euro bekommt. In der modernen Hexenkunst werden Puppen hauptsächlich für Heilungszauber und zur magischen Förderung von Harmonie und Erfolg eingesetzt. Strohpuppen dienen bei Erntedankfesten zur Verkörperung des Herrn und der Herrin (wobei es hier in den einzelnen Traditionen Unterschiede gibt).[51]

Als Insiderwissen für angehende Magie-Experten sei noch verraten, dass die Voodoo-Puppe eine reine Erfindung Hollywoods und der Tourismusindustrie von New Orleans ist. In den realen Formen des Voodoo (von dem es mehrere populäre Varianten gibt), wird dir dieses interessante kleine Biest nicht begegnen. Im Voodoo von Haiti und Louisiana wirst du allerdings Geldpuppen und Paquettes antreffen – geometrische, mit Ziermünzen bedeckte Objekte, die als Symbole für die Götter gelten.

Allgemeine Regeln für die Puppenmagie

* Lass dir von der Person, für die du zauberst, eine Haarlocke oder einen anderen persönlichen Gegenstand geben. Wenn das nicht möglich ist, benutze ein Foto. Oder, wenn sich auch kein Foto beschaffen lässt, kannst du, als letzte Möglichkeit, den Namen auf einen Zettel schreiben. Achte darauf, dass er richtig geschrieben ist, und nimm dir genug Zeit, den Zettel in der Hand zu halten und dabei das Gesicht der Person zu visualisieren, damit sich eine gute geistige Verbindung zwischen euch aufbauen kann.
* Wähle Kräuter, Öle und Weihrauch, die zur Absicht der magischen Arbeit passen (Herbeizaubern von Liebe, Geld, Gesundheit, Schutz und so weiter).

* Arbeite immer innerhalb eines magischen Kreises, ganz besonders gilt das bei Heilungszaubern. Je spirituell reiner der magische Raum, desto besser funktioniert die Magie.
* Wenn du einem Menschen mit einem chronischen Leiden zu helfen versuchst, solltest du bedenken, dass dieser Zustand nicht über Nacht entstanden ist und daher höchstwahrscheinlich auch nicht über Nacht wieder verschwinden wird. Arbeite über einen längeren Zeitraum mit derselben Puppe und erneuere den Zauber an Tagen, an denen der Patient sich schlechter fühlt, und zusätzlich alle dreißig Tage.
* Ist das Band zwischen der Person und der Puppe einmal geschmiedet, solltest du die Puppe an einem sicheren Ort aufbewahren. Wenn du sie eines Tages im Nest deiner zahmen Hausratte wiederfinden würdest, wäre das nicht so gut.
* Wenn dein Zauber zum gewünschten Resultat geführt hat, musst du die Puppe entzaubern, indem du das magische Band zwischen der Puppe und der Person durchtrennst und die Puppe mit heiligem Wasser besprengst. Zerlege die Puppe und verbrenne alle Teile, begleitet von der Bitte, dass der betreffende Mensch auch weiterhin den Weg der Harmonie und Heilung beschreiten möge.
* Gesundheitspuppen – aufgeladen zur allgemeinen Steigerung des Wohlbefindens, nicht für eine bestimmte Person oder ein bestimmtes Haustier – eignen sich gut als Geschenke für Freunde und Verwandte. Verwende solche allgemein aufgeladenen Puppen anstelle von gezielt (durch eine Haarlocke oder einen anderen persönlichen Gegenstand) für eine bestimmte Person aufgeladenen Puppen, wenn die Gefahr besteht, dass die Puppe beschädigt wird, verloren geht oder von den

Haustieren der Familie als Spielzeug missbraucht wird.

* Geburtspuppen enthalten eine Haarlocke oder einen anderen persönlichen Gegenstand von beiden Eltern und werden mit sieben Gaben für das kommende Kind aufgeladen: Liebe, Intelligenz, Mitgefühl, Urteilsvermögen, Gesundheit, Wohlstand und Schutz. Viele Frauen nehmen diese Puppen zur Entbindung mit ins Krankenhaus und hängen sie als zusätzlichen Schutz über dem Säuglingsbett auf.
* Geldpuppen werden mit mindestens drei Geldscheinen und je einem Stück aller in deinem Land benutzter Geldmünzen gefüllt. Stecke außerdem einen Zettel mit deinem Namen, Kräuter, die mit Geld und Erfolg assoziiert werden, und einen Magneten oder Magneteisenstein hinein. Befestige zusätzlich außen am Körper der Puppe einen Geldschein mit einer Stecknadel. Einmal in der Woche (oder im Monat) wird die Puppe durch Weihrauch und ein Gebet reaktiviert und ein neuer Geldschein angeheftet. Aus zwei Gründen solltest du diese Puppe gut verstecken: Um die Integrität deiner magischen Arbeit zu schützen und um zu vermeiden, dass Leute, die dringend Geld brauchen, sich an dem angehefteten Schein vergreifen. Wenn jemand dennoch das Geld von der Puppe nimmt, musst du die Puppe wegwerfen und eine neue anfertigen.
* Tierspielzeuge (zum Beispiel Spielmäuse für Katzen oder Beißspielzeug für Hunde) kannst du mit Energie aufladen, sodass sie Gesundheit und Sicherheit deiner Haustiere fördern. Da diese Spielzeuge von den Tieren zerbissen werden, solltest du nicht die Energie deines Tieres magisch mit den Spielzeugen verbinden, sondern sie so aufladen, dass sie heilende Energie freisetzen, während sie sich auf natürliche Weise zersetzen und zerbissen werden.

Benötigte Materialien: Zwei weiße Beleuchtungskerzen; die Puppe; Kräuter und Weihrauch nach Wahl; Repräsentationen für die vier Elemente; Haarlocke oder anderen persönlichen Gegenstand; Parfüm; Nadel und Faden; Schere; Foto der Person, für die du arbeitest, und ein kleiner Zettel, auf dem der vollständige Name der Person notiert ist.

Anleitung: Stelle alle Hilfsmittel zusammen und platziere sie auf dem Altar, wobei du dich an der von dir gewählten Mondphase und Mondstellung (oder vielleicht dem Wochentag) orientierst. Erde und zentriere dich. Besprenge die Beleuchtungskerzen mit etwas Parfüm. Zünde sie dann an und sprich:

Aus der Dunkelheit wurde die Schöpfung geboren,
und so werde auch ich in dieser Nacht …
(nenne deine Absicht) *erschaffen.*

Ziehe den magischen Kreis und rufe die Himmelsrichtungen an. Reinige und weihe die Puppe mit den vier Elementen. Beschwöre die Kräuter mit der folgenden Beschwörungsformel:

Ich beschwöre dich, o Blatt und Knospe der Natur,
im Namen des Herrn und der Herrin, sende
deine Energie in dieses Gebräu und bring in
die geschaffne Welt … (das, was du dir wünschst).

Wenn du unsicher bist, welche Ritualform du benutzen sollst, schau dir Silvers Zauberritual in *Zauberbuch der Freien Hexe – Übung & Meisterschaft* an. Stopfe die

Kräuter – zusammen mit der Locke (oder einem anderen persönlichen Gegenstand) und dem Zettel, auf dem der Name der Person steht – in die Puppe. Nähe die Puppe anschließend zu. Wiederhole bei jedem Stich deinen Wunsch (zum Beispiel Heilung, Wohlstand und dergleichen) und visualisiere die Person, für die du die Puppe anfertigst. Halte die Puppe und das Foto zusammen in beiden Händen (du kannst Puppe und Foto mit einem Band zusammenbinden, das eine zu deinem Wunsch passende Farbe hat). Segne Puppe und Foto erneut mit den vier Elementen und sage dabei:

Die Erde verbindet dich mit (nenne den Namen der Person). *Die Luft verbindet dich mit* (wiederhole den Namen). *Das Feuer verbindet dich mit* (Name). *Das Wasser verbindet dich mit* (Name).

Halte die Puppe mit beiden Händen über den Altar und sprich:

Das Band ist geschmiedet. Die Puppe und (Name der Person) *sind eins, die Verbindung kann nicht unterbrochen werden, bis ich es verfüge oder bis die Arbeit nach dem Willen des Großen Geistes vollendet ist.*

Hauche dreimal deinen Atem auf die Puppe und sag dabei jedes Mal:

Der Atem des Lebens umgibt dich.
Der Atem des Lebens ist in dir. So sei es!

Trage Puppe und Foto in die Mitte des Kreises. Halte die Puppe hoch in die Luft und bitte um den Segen des Großen Geistes (oder deiner Patronatsgottheit) für deinen magischen Wunsch. Trage die Puppe in jede Richtung, wobei du mit dem Norden beginnst. Bitte jede Element-Energie, diesen Zauber zu segnen. Bring die Puppe zum Altar zurück. Erde und zentriere dich. Danke der Gottheit. Entlasse die Kreisviertel entgegen dem Uhrzeigersinn und hebe dann den Kreis auf. Wenn du möchtest, kannst du die Energie des Kreises in die Puppe ziehen.

Zauberstab, Rute, Stange und Stab

Vier Werkzeuge, die dazu dienen, den magischen Energiestrom zu lenken, normalerweise innerhalb des Ritualkreises.

Zauberstab

Die meisten von uns glauben, ein Zauberstab müsse ein gerader Stock sein, aber einige der frühesten Zauberstäbe in Ägypten[52] und bei den nordischen Völkern[53] waren eher flach und als Halbkreis geformt, reich mit geschnitzten magischen Symbolen und mythischen Ungeheuern verziert. Diese »magische Messer« genannten Zauberstäbe dienten dazu, das Böse abzuwehren. Die ältesten bekannten Zauberstäbe in Ägypten waren aus Nilpferd-Elfenbein hergestellt und lassen sich auf etwa 2800 v. Chr. datieren. An ihren Spitzen trugen sie Nachbildungen der Köpfe wilder Tiere wie Panther oder Schakal. Um 2100 v. Chr. wurden die Tierköpfe durch eine Vielzahl anderer Dekorationen ersetzt. Archäologen und Historiker glauben, dass die gebogene Form des Zauberstabes möglicherweise auf einen Wurfstab zurückgeht, mit dem Vögel und andere kleine Tiere erlegt wurden. Der gebogene Stab, der ursprünglich einer praktischen Verwendung gedient hatte, wurde zu einem magischen Handwerkszeug, das die Herrschaft der Ordnung über das Chaos symbolisierte. Persönliche Zauberstäbe wurden sogar als Symbole und Siegel verwendet, die auf Schminktöpfe, Kopfstützen und andere Haushaltsgegenstände gemalt wurden.

Heutige Zauberstäbe gibt es in zwei Längen: vom Ellbogen zum Handgelenk oder vom Ellbogen zum Daumen. Das Holz wird meist entsprechend den magischen Korrespondenzen der jeweiligen Holzart gewählt. Nicht alle Zauberstäbe werden aus Holz hergestellt. Manche bestehen aus Kupferrohr, das mit Leder umwickelt wird und an dessen Ende man einen Kristall befestigt. Oder sie werden aus mundgeblasenem Glas oder Kristallglas gefertigt, mit Einsätzen aus Kupfer, Silber, Edel- und Halbedelsteinen. Art, Größe und Form des Zauberstabes, den du verwendest, sollte ganz deinen Vorlieben entsprechen, denn schließlich ist er dein persönliches magisches Werkzeug.

Rute

Ägypter, Babylonier, Sumerer, Griechen und Römer trugen außerdem Ruten und Stäbe als Symbole ihrer Autorität, im Alltag ebenso wie bei der magischen Arbeit. Manche Ruten wurden für spezielle Zwecke hergestellt, etwa als Schutz für gebärende Frauen, und waren dem

Gott Bes geweiht. Die Rute ist ein besonders interessantes magisches Werkzeug, deren Symbolik mit Macht, Autorität und dem Weltenbaum (Baum des Lebens/Yggdrasil/Polarstern) verknüpft ist. Sie taucht in magischen Geschichten aus Ägypten, Griechenland, dem Judentum und dem Islam auf. Jemand, der eine Rute trug, hatte die Macht, Streitigkeiten zu schlichten, besonders wenn die Rute während eines Gewitters, im Angesicht von Blitz und Donner, aufgeladen worden war. In der europäischen Magie verlieh eine während eines Halloween-Vollmonds aufgeladene Rute ihrem Träger große Autorität über die Geister des Himmels und der Erde. In vielen alten Zivilisationen gab es den Glauben, dass man mit der Rute Macht über alle Arten von Geistern habe und den Göttern und Göttinnen Nachrichten übermitteln könne. Die Länge einer Rute soll drei Fuß betragen (gut 90 Zentimeter) oder das Maß von den Schultern bis zu den Fingerspitzen. Moderne magische Ruten werden entweder in der Farbe einer Wicca-Tradition oder Gruppe bemalt, oder es werden magische Symbole und Siegel aufgemalt oder hineingeschnitzt, die der Rutenträger oder die Trägerin selbst auswählt. Große Holzlöffel mit einem Griff, der mindestens drei Fuß lang sein sollte, können ebenfalls geschnitzt, bemalt und aufgeladen und dann wie eine magische Rute eingesetzt werden.

Stange

Bei der Stange handelt es sich um einen geraden Ast mit einer Gabelung, einem Y, an einem Ende. Sie wird hauptsächlich als eine Art Mittelstück im Ritualkreis verwendet, wo sie die Drei[54] – die Dreifaltigkeit – in folgender Hinsicht repräsentiert: Erde, Meer und Himmel; Körper,

Geist und Seele; Gott, Göttin und Einheit; die drei Gesichter des Gottes; die drei Gesichter der Göttin und die Kreuzungspunkte, die Scheidewege des Lebens. Die heute benutzten Stangen sind normalerweise einen Meter fünfzig bis einen Meter achtzig lang und werden oft mit Bändern und Blumen geschmückt, die zum jeweiligen jahreszeitlichen Ritual passen. Die Stange steht auch in Bezug zur Legende des Weltenbaums, und in manchen Ritualgruppen ist sie der Opferpfahl, an dem die Speise- und Trankopfer dargeboten werden. Dieser Pfahl ähnelt dem so genannten Ponteau Mitan im Voodoo-Ritual, der Damballah geweiht ist. Die Stange wird normalerweise im Norden aufgestellt (am Sitz aller Macht) oder unmittelbar hinter dem Altar. Einige wenige Gruppen, oft solche, deren Arbeit stark druidisch orientiert ist, stellen die Stange ins Zentrum des magischen Kreises.

Stab

Heutzutage wird ein Stab passend zu deiner Körpergröße angefertigt. Er muss genau die richtige Größe haben, um einen guten Wanderstab abzugeben, auch wenn es einige Hexen gibt, die einen kürzeren Stab bevorzugen. Unter den magischen Werkzeugen ist der Stab dasjenige, das am stärksten mit Ehre und Autorität in Verbindung gebracht wird. Normalerweise schmückt der Träger seinen Stab mit magischen Symbolen, Talismanen, Glöckchen, Amuletten und kleinen, nicht teuren Schmuckstücken, die ihm von Freunden geschenkt wurden. Bei Gruppen wird auf dem Stab des Hohepriesters oder der Hohepriesterin meistens angezeigt, wie viele Covens sie schon geleitet und wie viele Mitglieder sie initiiert haben. Wie Zauberstab und Rute wird der Stab benutzt, um die magische Energie zu lenken, oft draußen im Freien. Aber wenn der Platz es erlaubt, können diese Werkzeuge auch im Haus eingesetzt werden. In eher schamanisch orientierten Gruppen hat der Stab das Schwert abgelöst. Ein geschnitzter, knotiger Stab mit der hölzernen Nachbildung eines menschlichen Schädels wird benutzt, um die Toten zu ehren, besonders an Samhain, aber auch bei anderen Festen, in denen die Ahnen eine wesentliche Rolle spielen: eine Anleihe bei kanadischen Indianerstämmen ebenso wie beim haitianischen Voudon – und wohl weniger bei den alten Kelten, die die Köpfe ihrer Feinde auf Pfähle spießten, um ihre Macht zu binden und ihre Tapferkeit zu ehren. So weit treiben es die modernen Hexen in ihrem Bestreben, alte Rituale wiederzubeleben, dann doch nicht.

Mit der Zeit wirst du dir eine ziemliche Kollektion von Zauberstäben, Ruten, Stangen und Stäben zulegen. Während du manche als Allzweck-Werkzeuge benutzen wirst, werden andere sich als besonders nützlich für bestimmte Arten von Magie erweisen, was davon abhängt, wie und wann sie zum ersten Mal aufgeladen wurden und aus welchem Holz sie gemacht sind. Gelegentlich wird auch einmal ein Werkzeug in deine Hände gelangen, das nicht für dich bestimmt ist. Normalerweise wirst du das deutlich spüren. Es kommt in der magischen Zunft durchaus vor, dass eine Hexe zu einer anderen sagt: »Dies hier wurde mir geschenkt, aber ich spüre, dass ich nur ein Teil seiner Reise war. Es ist eigentlich für dich bestimmt.« Oder jemand sagt: »Ich habe mit diesem Werkzeug viele Jahre lang gearbeitet, aber jetzt fühle ich, dass es Zeit ist, es an jemand anderen weiterzugeben.« Wenn dann die richtige Person des Weges kommt, wird ihr das Werkzeug geschenkt. Geschenke auf eine solche Weise zu recyceln ist keineswegs undankbar. Es bedeutet nur, dass der Träger die unbeständige Natur alles Irdischen begreift und bereit ist, in der begrenzten Zeit, die wir hier verbringen, großzügig mit anderen zu teilen. In der Hexenzunft gilt es als besondere Ehre, etwas zu besitzen, das zuvor einem Lehrer, Mentor oder nahen Freund gehörte. Solche Dinge werden sehr geschätzt und mit großem Respekt behandelt.

Anhand der folgenden Liste kannst du auswählen, welches Holz sich am besten für das magische Werkzeug eignet, das du dir zulegen möchtest.

Magische Hölzer und ihr Gebrauch

Ahorn: Liebe, Geld, langes Leben
Apfel: Liebe, Heilung, Unsterblichkeit
Aprikose: Liebe
Bambus: Schutz, Glück, Neutralisierung von negativem Zauber
Birke: Schutz, Bannen, Reinigung
Birne: Liebe
Eberesche: eignet sich für jeden Verwendungszweck
Eiche: eignet sich für jeden Verwendungszweck
Esche: Schutz, Wohlstand, Gesundheit, das Meer
Feige: Divination, Fruchtbarkeit, Liebe
Hartriegel: Wünsche, Schutz
Haselnuss: Glück, Wünsche, Schutz, besonderer Schutz gegen Blitze
Hickory: langes Leben, juristische Angelegenheiten
Holunder: Bannen, Schutz, Heilung, wehrt Angreifer ab, Wohlstand, Schlaf. **Hinweis:** In manchen Wicca-Traditionen glaubt man, dass der Holunder der Göttin geweiht ist und deshalb nicht gefällt oder beschnitten

werden soll. Die Blätter und Früchte werden aber für magische Zwecke benutzt.

Kastanie: Liebe, Stärke, Geld, Heilung

Kiefer: Heilung, Schutz, Bannen, Geld, wirkt gegen Hunger

Kirsche: Liebe, Divination

Magnolie: Treue, Freude, Reichtum

Maulbeerbaum: Schutz, magische Konzentration, Stärke

Mesquitebaum: Heilung

Mimose: Schutz, Liebe, Träume, Weissagung, Reinigung

Orangenbaum: Liebe, Geld, Glück, Divination

Pappel: Geld, Erfolg, persönlicher Reichtum

Pfirsich: Liebe, Fruchtbarkeit, Wünsche, Bannen, langes Leben

Pflaume: Heilung

Stechpalme: Schutz, Glück, Traummagie

Ulme: Liebe

Wacholder: Liebe, Bannen, Gesundheit, Schutz, besonderer Schutz vor Dieben

Walnuss: Gesundheit, geistige Kräfte, Wünsche.

Weide: Divination, Liebe, Schutz, Heilung

Weißdorn: Fruchtbarkeit, glückliches Leben

Zypresse: langes Leben, Heilung, Trost, Schutz

Beschaffung und Vorbereitung eines magischen Holzes

Die meisten Hexen ziehen es vor, einen Ast zu wählen, der bereits heruntergefallen ist, statt einen frischen Ast abzuschneiden, weil sie das Gefühl haben, dass es respektlos gegenüber dem Baum wäre, ihn mit Säge oder Messer zu verletzen. Andere Hexen fragen den Baum, ob er einverstanden ist. Dann legen sie die Hand sanft auf die Rinde. Wenn sich dabei eine unglückliche, traurige Empfindung einstellt oder man das Gefühl hat, dass die Hand weggestoßen wird, bedeutet das, dass der Baum keine Einwilligung gibt. Verspürt man aber ein fließendes Wärmegefühl, signalisiert der Baum damit seine Einwilligung. Wenn man einen Ast abschneidet, sollte man stets eine Opfergabe am Fuß des Baumes zurücklassen.

Ein frisch geschnittenes Holz sollte an einem warmen, vor Nässe geschützten Platz getrocknet werden. Abgefallene Äste sind unter Umständen bereits trocken genug. Wenn du unsicher bist, behandele sie wie frisch geschnittenes Holz. Manche Hexen ziehen es vor, die Rinde am Holz zu lassen, andere entfernen sie mit dem Taschenmesser und bearbeiten die Oberfläche dann mit Sandpapier, bis sie sich angenehm glatt anfühlt. Das glatte innere Holz eignet sich besser als die Rinde zum Bemalen und um Symbole einzubrennen. Aber das musst du selbst entscheiden. Zu guter Letzt kannst du dann das als Griff vorgesehene Ende noch mit Leder oder weichem Stoff umwickeln. Manche Hexen bringen an der Spitze Kristalle oder Edelsteine an, die den Energiestrom leiten sollen. Sie werden entweder mit Klebstoff oder mit dünnem Kupfer- oder Silberdraht befestigt.

Aufladungszeremonie für Zauberstäbe, Ruten, Stangen, Stäbe und Besen

Zeitpunkt: Neumond (es sei denn, das Objekt soll speziell für Bannzauber eingesetzt werden. In diesem Fall eignet sich der Dunkelmond oder der Mond im Skorpion besser.)

Benötigte Materialien: Eine rote Kerze; geweihtes Wasser oder Floridawasser (siehe *Das Zauberbuch der Freien*

Hexe – Übung und Meisterschaft unter *Magische Wasserrezepte*); Salz; Aufladungsöl; Weihrauch nach Wahl; ein Schnitzmesser oder Werkzeug, um etwas ins Holz einzubrennen; eine Auswahl magischer Symbole; ein Bleistift (um die Muster für das Schnitzen oder Brennen vorzuzeichnen); dreizehn Ziegelsteine oder weiße Steine; ein Kessel.

Ritualvorbereitung: Wähle die magischen Symbole aus und schnitze sie in das Holz. Lege mit den Steinen einen Kreis aus. Besprenge das Holz und den Kreis mit geweihtem Wasser oder Floridawasser. Bringe den Göttern ein Trankopfer dar.

Das Ritual: Ziehe deinen Kreis (siehe Seite 21) rings um den Steinkreis, sodass dieser sich in der Mitte deines magischen Kreises befindet. Stelle den Kessel in den Steinkreis. Zünde die Feuer-Kerze an und stelle sie in den Kessel. Nun folgt die Anrufung der Richtungen, dann die Anrufung der Gottheit. Lege das hölzerne Zauberwerkzeug, das du aufladen willst, in den Steinkreis. Halte die vier Elemente über das Holz (Feuer, Weihrauch, Salz und geweihtes Wasser). Stell dich vor den Steinkreis, hebe die Arme zum Himmel und sprich:

Herrin (Herr) *des Universums!*
Ich rufe zu dir
und bitte dich, reinige und weihe
(nenn den Gegenstand).
Lade (den Gegenstand)
im Namen der universellen
Vollkommenheit auf!

Strecke beide Hände nach dem Gegenstand aus.

(Gegenstand), *ich beschwöre dich im Namen der Herrin* (des Herrn) *des Universums, alle Formen der Magie für mich zu wirken! Du sollst beschwören, bannen, aufladen oder negative Energie abwehren, wenn ich es dir befehle. Du sollst alle Hindernisse überwinden, die der Erfüllung dieser Aufgaben entgegenstehen. Sobald ich dich berühre, sollst du zum Leben erwachen und bereit sein für jedwede magische Arbeit und vollkommen meinem Willen gehorchen. Und du sollst deine Kraft auch während jener Tage bewahren, an denen keine magische Arbeit stattfindet. Das ist mein Wille, und so sei es!*

Reibe den Gegenstand mit heiligem Öl ein und versiegele deine Arbeit dann, indem du ein gleicharmiges Kreuz über dem Gegenstand in die Luft malst. Vollende das Ritual durch ein Trankopfer an die Götter. Danke der Gottheit. Entlasse die Richtungen. Zieh die magische Energie des Kreises in deinen Finger und übertrage sie auf das magische Werkzeug, indem du deinen Finger darauf richtest und visualisierst, wie die Energie aus dem Finger in das Werkzeug fließt. Leg das Werkzeug beim nächsten Vollmond für mindestens eine Stunde ins Mondlicht.

Anmerkungen

zu Teil 2

1 Walker, B.: *The Woman's Dictionary of Symbols and Sacred Objects. S. 82 (Die geheimen Symbole der Frauen.* München: Heyne, 2000).
2 Ridpath, I.: *Stars and Planets.* New York: Dorling Kindersley, 2000. S. 68 (*Der große BLV-Himmelsführer.* München: BLV, 1999).
3 Weitere Diagramme zur Altargestaltung findest du in meinem Buch *Zauberschule der Neuen Hexen – Sprüche & Beschwörungen.*
4 In Hugh Ross Williamson's Roman *The Silver Bowl* (1948) wurde, basierend auf den Theorien von Margaret Murray, ein Hexenkult aus dem siebzehnten Jahrhundert beschrieben, den seine Mitglieder die »Zunft der Weisen« nannten. Diese Bezeichnung übernahm Gerald Gardner für seine Religion, die in den fünfziger Jahren offiziell als moderne Hexenzunft bekannt wurde. Hutton, R.: *The Triumph of the Moon,* S. 233
5 Valiente, D.: *An ABC of Witchcraft,* S. 23.
6 Grimassi, R.: *Encyclopedia of Wicca & Witchcraft,* S. 468.
7 Pinch, G.: *Magic in Egypt,* S. 78, 79.
8 Valiente, D.: *Witchcraft for Tomorrow,* S. 78, 79.
9 Hutton, R.: *The Triumph of the Moon,* S. 230.
10 Valiente, D.: *Witchcraft for Tomorrow,* S. 78.
11 Cooper, J. C.: *An Illustrated Encyclopedia of Traditional Symbols.* New York and London: Thames and Hudson, Ltd., 1978. S. 166 (*Das große Lexikon traditioneller Symbole.* München: Goldmann, 2004).
12 Fortune, D.: *What is Occultism?* Hg. G. Knight. York Beach: Samuel Weiser, Inc., 1967, 2001. S. 73. Dion Fortune (1891–1946) war die Gründerin der *Society of the Inner Light* und gilt als eine der bedeutendsten und brillantesten Figuren im Bereich der Esoterik des 20. Jahrhunderts.
13 Diese Zeile stammt höchstwahrscheinlich aus dem poetischen Werk von Doreen Valiente.
14 Walker, B.: *Die geheimen Symbole der Frauen.*

15 Biedermann, H.: *Dictionary of Symbolism: Cultural Icons & the Meanings Behind Them,* S. 50 *(Knaurs Lexikon der Symbole).*
16 Cunningham, S., und D. Harrington: *The Magickal Household: Empower Your Home with Love, Protection, Health and Happiness.* St. Paul: Llwellyn, 1983. S. 114.
17 *Standard Dictionary of Folklore, Mythology, and Legend,* S. 165.
18 Walker, B.: *The Woman's Dictionary of Symbols and Sacred Objects, S. 123. (Die geheimen Symbole der Frauen).*
19 Grimassi, R.: *Encyclopedia of Wicca & Witchcraft,* S. 49. Das zentrale Thema der Göttinnen-Symbolik von der paläolithischen Zeit bis in die Gegenwart ist das Mysterium von Geburt und Tod und die ständige Erneuerung des Lebens auf dem Planeten. Vom Irak bis nach Schottland fanden sich in proto-neolithischen Gräbern Malereien, in denen Vögel kombiniert mit der weiblichen Anatomie auftauchen. Dies deutet auf die Verbindung zwischen der Göttin, Geburt, Tod und Erneuerung hin. Geier mit enormer Flügelspannweite und Flügeln, die wie Besen aussehen, in Rot (der Farbe des Lebens) auf Höhlenwände gemalt, zeugen von dem Glauben an die Macht der Todesgöttin (Gimbutas, M.: *Die Sprache der Göttin*). Dies wäre eine mögliche Erklärung, warum Besen-Figuren in der modernen Hexenkunde eine so wichtige Rolle spielen. Das Motiv der Verwandlung der Göttin in eine Vogelgestalt ist von Ägypten über Griechenland wohlbekannt. Ebenso begegnet es uns bei der Morrigan im keltischen Glaubenssystem, und sogar die germanische Walküre wird mit dem Raben gleichgesetzt, dem dunklen Vogel des Todes, der den großen Kriegern hilft, auf die andere Seite zu gelangen. Statt eine Quelle der Furcht zu sein, wird die Todesgöttin als Symbol für beständige Erneuerung auf der Erde ebenso wie in anderen Seinsbereichen betrachtet.
20 Drury, N.: *The History of Magic in the Modern Age: A Quest for Personal Transformation.* New York: Carroll & Graf Publishers, Inc., 2000. S. 175.
21 Pinch, G.: *Magic in Egypt,* S. 77.
22 Cunningham, S.: *The Magickal Household,* S. 115.
23 Pinch, G.: *Magic in Egypt,* S. 9.
24 Ebd., S. 61.
25 Frazer, J. G.: *Folklore in the Old Testament, vol. 1. London: MacMillan, 1918. S. 143 (Die Arche: Biblische Geschichten im Lichte der Völkerkunde.* Stuttgart: Koehler, 1960).
26 Savedow, S.: *Sepher Rezial Hemelach: The Book of the Angel Rezial.* York Beach: Samuel Weiser, Inc., 2000. S. 11.
27 Kieckhefer, R.: *Magic in the Middle Ages,* 2nd ed. Cambridge: Cambridge University Press, 1989, 2000. S. 3–9. (*Magie im Mittelalter.* München: dtv, 1995).

28 Grimassi, R.: *Encyclopedia of Wicca & Witchcraft,* S. 47.
29 Drury, N.: *The History of Magic in the Modern Age,* S. 304.
30 Hutton, R.: *The Triumph of the Moon,* S. 232, 233.
31 Walker, B.: *The Woman's Dictionary of Symbols and Sacred Objects, S. 120 (Die geheimen Symbole der Frauen).*
32 *Standard Dictionary of Folklore, Mythology, and Legend,* S. 133.
33 Pinch, G.: *Magic in Egypt,* S. 87.
34 Valiente, D.: *An ABC of Witchcraft,* S. 38.
35 Malbrough, R. T.: *The Magical Power of the Saints.* St. Paul: Llwellyn, 1998. S. 68.
36 Walker, B.: *The Woman's Dictionary of Symbols and Sacred Objects, S. 123 (Die geheimen Symbole der Frauen).*
37 Malbrough, R. T.: *The Magical Power of the Saints,* S. 68.
38 Spitzer, K. D. »Candle Dipping.« 1999 *Llwellyns Moon Sign Book and Gardening Almanac,* S. 4, 83, 84.
39 Malbrough, R. T.: *The Magical Power of the Saints,* S. 2.
40 Ebd., S. 11, 14, 21, 27.
41 Matthews, C. J.: *The Encyclopedia of Celtic Wisdom.* Boston: Element Books, 1996. S. 219.
42 Hutton, R.: *The Pagan Religions of the Ancient British Isles: Their Nature and Legacy.* Malden: Blackwell Publishers Ltd, 1991. S. 150.
43 Matthews, C. J.: *The Encyclopedia of Celtic Wisdom,* S. 219.
44 Cooper, C. J.: *An Illustrated Encyclopedia of Traditional Symbols, S. 31 (Das große Lexikon traditioneller Symbole).*
45 Diese kirchliche Überlieferung wurde 1960 aus dem Kanon gestrichen. Walker, B.: *The Woman's Dictionary of Symbols and Sacred Objects, S. 125 (Die geheimen Symbole der Frauen).*
46 Seligmann, K.: *The History of Magic and the Occult.* New York: Pantheon Books, 1948. S. 31 (*Das Weltreich der Magie: 5000 Jahre geheime Kunst.* Eltville am Rhein: Bechermünz, 1988).
47 Gager, J. G.: *Curse Tablets and Binding Spells from the Ancient World.* New York: Oxford University Press, 1992. S. 15.
48 Ebd., S. 15.
49 Pinch, G.: *Magic in Egypt,* S. 91.
50 Ebd., S. 99.
51 In meinem Buch *Halloween* findest du eine Anleitung zum Herstellen von Strohpuppen und Informationen über deren kulturelle Ursprünge.
52 Pinch, G.: *Magic in Egypt,* S. 41.
53 Kieckhefer, R.: *Magic in the Middle Ages, S. 49 (Magie im Mittelalter).*
54 Valiente, D.: *An ABC of Witchcraft,* S. 50.